中国特色社会主义经济理论丛书

HIGH-QUALITY DEVELOPMENT
OF URBAN ECONOMY FROM THE PERSPECTIVE
OF COMMON PROSPERITY

共同富裕视域下
城市经济高质量发展

葛涛安◎著

经济管理出版社
ECONOMY & MANAGEMENT PUBLISHING HOUSE

图书在版编目（CIP）数据

共同富裕视域下城市经济高质量发展/葛涛安著 . —北京：经济管理出版社，2023. 9
ISBN 978-7-5096-9247-9

Ⅰ. ①共… Ⅱ. ①葛… Ⅲ. ①共同富裕—研究—中国 ②城市经济—经济发展—研究—中国 Ⅳ. ①F124. 7 ②F299. 21

中国国家版本馆 CIP 数据核字（2023）第 181972 号

组稿编辑：王光艳
责任编辑：王光艳
责任印制：黄章平
责任校对：徐业霞

出版发行：经济管理出版社
　　　　　（北京市海淀区北蜂窝 8 号中雅大厦 A 座 11 层　100038）
网　　　址：www. E-mp. com. cn
电　　　话：（010）51915602
印　　　刷：北京市海淀区唐家岭福利印刷厂
经　　　销：新华书店
开　　　本：720mm×1000mm/16
印　　　张：15. 25
字　　　数：266 千字
版　　　次：2023 年 9 月第 1 版　　2023 年 9 月第 1 次印刷
书　　　号：ISBN 978-7-5096-9247-9
定　　　价：68. 00 元

前　言

　　全面建成小康社会后，接续在高质量发展中推进共同富裕，是全面建成社会主义现代化强国的必然要求。如何实现共同富裕是一个重大的世界性难题。为此，2021年5月，党中央赋予浙江省高质量发展建设共同富裕示范区的光荣使命，以探索可操作、可复制、可推广的经验做法。率先实现现代化、推进共同富裕需要区域范例，更需要城市范例。在全面建设社会主义现代化国家新征程上，城市是经济社会发展和人民生产生活的重要载体，推动城市经济高质量发展，不仅关乎能否持续推进经济社会持续健康发展，更关乎能否实现人民对美好生活的向往、人的全面发展以及全体人民共同富裕的终极使命。因此，必须完整、准确、全面贯彻新发展理念，坚持以推动高质量发展为主题，将其全面融入城市经济社会发展过程中，着力推进城市创新发展、协调发展、绿色发展、开放发展和共享发展，推动经济实现质的有效提升和量的合理增长，这对加快推进中国式现代化进程，实现全体人民共同富裕具有重要的理论和现实意义。

　　党的十八大以来，我国城市经济高质量发展取得显著成效，城市经济发展无论是在可持续性和稳定性方面，还是在投入产出效率方面以及质量效益同步优化方面都有了质的提升和突破。但是，城市经济发展也面临着诸多的挑战，合理识别这些挑战对于未来更好推动城市经济高质量发展，不断满足人民日益增长的美好生活需要有着重要的意义。本书基于共同富裕的视角，以新发展理念为背景，采用理论与实证相结合、定性与定量分析并重的论证方法，选取样本城市进行个案分析，进一步探索加快推进城市经济高质量发展的有效路径。

　　本书在系统梳理国内外研究动态和阐述共同富裕、高质量发展等内涵的基础上，深度剖析了共同富裕与高质量发展的内在逻辑和共同富裕下城市经济高质量发展的核心要义，揭示了共同富裕视域下城市经济高质量发展的可行性路径。同时，选取样本城市为研究对象，围绕创新驱动、新旧动能转换、城乡融合体制机制、全方位高水平对外开放、城乡居民共享发展等进行实证分析，为更好促进共同富裕、推进经济高质量发展提供支撑。最后，根据研究结果提出相应的建议，以期为地方政府在全面建设社会主义现代化国家新征程上制定和实施促进经济高质量发展的政策措施、扎实推进共同富裕提供参考。

目　录

第一章
共同富裕与高质量发展的内在逻辑

　　共同富裕是社会主义的本质要求，是中国式现代化的重要特征。党的十九大报告六次提到共同富裕，并将其明确为我国社会主义现代化强国建设的最终目的。2021 年 8 月中央财经委员会第十次会议提出，要坚持以人民为中心的发展思想，在高质量发展中促进共同富裕。① 党的十九届六中全会进一步强调在高质量发展中推进共同富裕，稳步迈向第二个百年奋斗目标。② 党的二十大报告提出，中国式现代化是全体人民共同富裕的现代化，高质量发展是全面建设社会主义现代化国家的首要任务。③ 因此，在我国全面建设社会主义现代化国家、向着第二个百年奋斗目标迈进的新征程上，高质量发展贯穿整个发展过程，而共同富裕又是中国式现代化的中国特色和本质要求。

第一节　共同富裕的科学内涵与重大意义

　　2021 年 8 月 17 日，习近平总书记在主持召开中央财经委员会第十次会议时指出，共同富裕是全体人民的富裕，是人民群众物质生活和精神生

---

　　① 习近平谈治国理政（第 4 卷）［M］．北京：外文出版社，2022：144.
　　② 中共中央关于党的百年奋斗重大成就和历史经验的决议［M］．北京：人民出版社，2021：66.
　　③ 习近平．高举中国特色社会主义伟大旗帜为全面建设社会主义现代化国家而团结奋斗：习近平同志第十九届中央委员会向大会作的报告摘登［N］．人民日报，2022-10-17.

活都富裕，不是少数人的富裕，也不是整齐划一的平均主义，要分阶段促进共同富裕。要鼓励勤劳创新致富，坚持在发展中保障和改善民生，为人民提高受教育程度、增强发展能力创造更加普惠公平的条件，畅通向上流动通道，给更多人创造致富机会，形成人人参与的发展环境。

一、共同富裕内涵界定

全面准确理解共同富裕的深刻内涵，需要从四个维度来把握，即生产力与生产关系、物质与精神、共建与共享、目标与过程的有机统一。

1. 共同富裕是生产力与生产关系的有机统一

"富裕"反映的是整个社会总体的财富水平，是社会生产力发展水平的集中体现。"共同"反映的是社会成员对财富的占有方式，是社会生产关系性质的集中体现。因此，共同富裕不仅体现了社会生产力发展的内在要求，而且体现了社会生产关系运动的内在要求，是生产力与生产关系的有机统一。所以，要实现共同富裕，既要不断解放和发展社会生产力，不断创造和积累社会财富，通过全国人民共同奋斗把"蛋糕"做大做好，又要防止两极分化，通过合理的制度安排把"蛋糕"切好分好。

2. 共同富裕是物质与精神的有机统一

共同富裕是全面富裕，是人民群众物质生活和精神生活都富裕，其目标归根到底就是实现人的全面发展和社会文明全面进步。物质富裕为精神富足创造条件。"仓廪实而知礼节，衣食足而知荣辱"，即只有具备了一定的物质基础，精神生活才具备相应的条件而得以展开。精神富足为物质富裕提供价值引导。先进的思想文化一旦被群众掌握，就会转化为强大的物质力量。两者相辅相成、缺一不可。因此，只有在物质富裕和精神富裕的良性互动中不断推进社会发展，人的物质生活和精神生活都得到改善，人的进步才能全面推进，进而实现共同富裕。

3. 共同富裕是共建与共享的有机统一

"天赐食于鸟，而不投食于巢。"共建是共享的前提，要共享"蛋糕"，就必须先共建"蛋糕"。"共建"就是要鼓励勤劳创新致富，激发广大人民群众的劳动热情，让共建共富的动力源源不断地迸发。"水至平而邪者取法，镜至明而丑者无怒。"共享是共建的保障，将做好的"蛋糕"公平合理地分配给每个社会成员，才能释放社会各阶层的创造潜能，避免"内卷""躺平"。共同富裕是共建共享的共同富裕，只有充分"共建"，才能实现充分"共享"；只有实现充分"共享"，才能推动更高水平的"共建"。

4. 共同富裕是目标与过程的有机统一

共同富裕既是奋斗的目标又是历史的发展过程，具有阶段性、长期性、艰巨性和复杂性。共同富裕是在动态中向前发展的过程，不是所有人都同时富裕，也不是所有地区同时达到一个富裕水准，不同人群不仅实现富裕的程度有高有低，时间上也会有先有后，不同地区富裕程度还会存在一定差异，不可能齐头并进。要坚持尽力而为，量力而行，不能做超越阶段的事情，不能提过高的目标，搞过头的保障，坚决防止落入"福利主义"养懒汉的陷阱。同时也要坚持循序渐进，推动共同富裕等不得，也急不得，要把能做的事情尽量做起来，尽力解决面临的实际困难，不断朝着全体人民共同富裕的目标前进。

二、共同富裕的战略意义

当前，我国社会已经发展到了扎实推动共同富裕的历史阶段。实现共同富裕对建设中国特色社会主义、实现中国式现代化、实现中华民族伟大复兴、夯实党的执政基础都具有重大意义。

1. 价值取向

实现共同富裕是中国共产党接续奋斗的基本目标。中国共产党的一百年是践行初心和使命的一百年，是始终围绕人民的美好生活而不懈奋斗的一百年。中国共产党的第一个纲领，就明确提出要消灭社会的阶级区分、消灭资本家私有制等，体现了共同富裕的要求。

在社会主义革命和建设时期，毛泽东同志十分重视共同富裕问题，他强调："要巩固工农联盟，我们就得领导农民走社会主义道路，使农民群众共同富裕起来，穷的要富裕，所有农民都要富裕，并且富裕的程度要大大地超过现在的富裕农民。"

改革开放以后，邓小平同志同样高度重视共同富裕问题，强调"要逐步实现共同富裕"，并多次指出"让一部分人、一部分地区先富起来，大原则是共同富裕"。同时，他也指出："可以设想，在本世纪末达到小康水平的时候，就要突出地提出和解决这个问题。"

在庆祝中国共产党成立 70 周年大会上的讲话中，江泽民同志明确提出，有中国特色社会主义的经济，必须坚持以生产资料社会主义公有制为主体，允许和鼓励其他经济成分的适当发展，既不能脱离生产力发展水平搞单一的公有制，又不能动摇公有制经济的主体地位，不能搞私有化；必须实行以按劳分配为主体、其他分配形式为补充的分配制度，既要克服平均主义，又要防止两极分化，逐步实现全体人民的共同富裕。

党的十六大以后，胡锦涛同志从贯彻落实科学发展观的要求、构建社会主义和谐社会的要求出发，明确提出要继续实施区域发展总体战略，深入推进西部大开发，全面振兴东北地区等老工业基地，大力促进中部地区崛起，积极支持东部地区率先发展。

党的十八大以后，习近平总书记把共同富裕问题放在了一个更高的位置。习近平总书记多次强调共同富裕，指出消除贫困、改善民生、逐步实现共同富裕，是社会主义的本质要求，是我们党的重要使命；共享发展注重的是解决社会公平正义问题。

2. 主要矛盾

实现共同富裕是适应我国社会主要矛盾变化的必然选择。党的十九大报告指出，我国社会主要矛盾已经转化为人民日益增长的美好生活需要和不平衡不充分的发展之间的矛盾。矛盾的双方是人民日益增长的美好生活需要和不平衡不充分的发展，矛盾的内容是当前阶段的不平衡不充分的发展不能满足人民日益增长的美好生活需要。城乡发展不平衡、区域发展不平衡、收入分配不平衡等属于不平衡的发展。此外，产业结构、要素投入结构、排放结构、经济增长动力结构等方面也存在着不平衡的问题。质量和效益、创新能力、实体经济、生态环境、民生、就业、教育、医疗、居住、养老、社会文明、依法治国、国家治理、国家安全、党的建设等方面所存在的不足，就是发展不充分的具体表现。共同富裕解决了发展的不平衡不充分问题，尤其是不平衡不充分中的突出问题。未来，实现了平衡和充分发展，人民的美好生活需要就能够得到满足了，人民的美好生活需要和不平衡不充分的发展之间的矛盾也就解决了。那时，我国的经济发展和社会进步就迈向了一个更高的台阶。

3. 世界意义

实现共同富裕是增强"四个自信"的重要探索。实现共同富裕是人类社会的共同目标，也是目前各国共同面对的世界难题。2021 年 8 月 17 日，习近平总书记在其主持召开的中央财经委员会第十次会议上强调，"全球收入不平等问题突出，一些国家贫富分化、中产阶层塌陷，导致社会撕裂、政治极化、民粹主义泛滥，教训十分深刻"。公正、平等、自由、生产力极大丰富等蕴含共同富裕的内涵要义自社会主义概念提出以来，一直是社会主义道路探索者追求的价值目标。社会主义发展阶段与本质认知的理论创新为中国共产党人打破传统体制束缚、开辟中国特色社会主义实践道路奠定了理论根基。在带领全国人民走中国特色社会主义现代化道路的实践上，中国共产党人始终把共同富裕作为终极目标，并将其视为社会主义本质的重要体现。从中国现代化的推进进程来看，随着新时代社会主要矛盾转变、全面建设小康社会完成和向第二个百年奋斗目标迈进，适应新发展态势、格局、理念和要求，适应世界发展变化的大势和现代化竞争新趋势，顺应人民日益增长的美好生活需要，探索先富带动共富的实现路径以充分彰显"四个自信"，成为中国共产党人不断夯实中国共产党长期执政基础，兑现对全体人民庄严承诺的重要使命。

第二节 高质量发展内涵界定

党的十九大报告首次提出高质量发展，并强调中国经济已由高速增长阶段转向高质量发展阶段。高质量发展是一个看似简单却不易把握的概念，其本质性特征具有多维性和丰富性[①]。相对高速发展，高质量发展的评价是多维的，非常复杂。[②] 因此，高质量发展的内涵体现在多个维度，

① 金碚. 关于"高质量发展"的经济学研究 [J]. 中国工业经济，2018(4)：5-18.
② 刘志彪. 理解高质量发展：基本特征、支撑要素与当前重点问题 [J]. 学术月刊，2018(7)：39-45，59.

不是简单指经济总量和物质财富数量层面的增长，而是包括经济、政治、文化、社会、生态等方面的全面提升，需要着重解决经济社会发展中突出的不平衡不充分问题。

一、高质量发展的内涵

全面准确理解高质量发展的深刻内涵，需要从以下四个方面来把握。

1. 高质量发展是能够产生更大福利效应的发展

中国特色社会主义进入新时代，我国社会主要矛盾已经转化为人民日益增长的美好生活需要和不平衡不充分的发展之间的矛盾。不平衡不充分的发展就是发展质量不高的直接表现。高质量发展能够更好满足人民日益增长的美好生活需要，给人们带来更大获得感、幸福感、安全感。具体言之，高质量发展不仅能给人们提供更加丰富、更高质量、更高层次、更低成本的私人产品和服务，而且能使 GDP 数字增大；还能给人们提供更加丰富、更高质量、更高层次、更低成本的公共产品和服务，而不只是最基本的教育、就业、医疗、卫生、社保等。公共物品或服务的种类、数量、质量、层次、水平，是反映一个国家人民生活质量和水平、经济社会发展质量和水平的重要标志。目前，我国产能和供给过剩，主要是指私人产品和服务，公共产品和服务的数量尽管与以往相比有很大增加，质量也有很大提高，但是与发达国家相比、与人们的需要相比，还有较大差距。增加公共物品和服务的供给，提高公共物品和服务的质量，实现幼有所育、学有所教、劳有所得、病有所医、老有所养、住有所居、弱有所扶，是提高人们获得感、幸福感的重要途径，是高质量发展的重要任务。

2. 高质量发展是动力活力更强、效率更高的发展

高质量发展的动力和活力主要体现在创新上，创新驱动成为主要引领和支撑，科技创新对经济增长的贡献更大，企业的创新能力和创新水平更高、竞争力和成长力更强。效率主要体现在消耗和产出上，资源消耗更少、环境代价更小、产出效率更高，劳动生产率、资本产出率、全要素生产率全面提升，单位 GDP 资源消耗和废弃物排放更少，绿色 GDP 总量更大。

3. 高质量发展是更高水平、层次、形态的发展

一是产业发展的水平和层次更高，即产业体系更加齐全、产业层次更加高端、生产技术更加先进、产品种类更加丰富，实现了由无到有、由有到优、由制造到创造、由产品到品牌、由生产到技术的持续跃升。二是产品和服务的层次和质量更高。从根本上讲，经济的发展，不仅是 GDP 数字的增加，而且是社会所生产、人民所消费的物品和服务种类的增多，满足人们需求的程度更高，给人们带来的福利效应更大。三是经济形态的层次更高，即新产业、新业态、新模式不断涌现，快速发展。四是人民生活水平和质量普遍提高。人们的消费水平、消费层次大为提升；教育、医疗、卫生、就业、居住、社保等公共服务体系更加健全，基本公共服务均等化水平显著提高。

4. 高质量发展是更加全面协调可持续的发展

经济结构更加合理，空间布局更加科学，产业分工更加精细。产业部门之间发展的协调性、联动性、均衡性更强，新型工业化、信息化、城镇化、农业现代化同步发展，发展的全面性不断提高。城乡区域之间实现融合发展、联动发展、均衡发展，发展差距明显缩小，发展成果共享程度更高，发展的整体性不断增强。经济系统中主要的平衡关系，如实体经济部门中物品和劳务总供求之间的平衡关系、货币金融部门中货币总供求之间的平衡关系、实体经济本部与货币金融部门之间的平衡关系，以及对内和对外经济部门之间的平衡关系更加协调，从而使经济运行更加稳健、系统性风险更小。

综上所述，高质量发展即是贯彻新发展理念的根本体现。发展理念是否正确，从根本上决定着发展成效乃至成败。党的十八大以来，以习近平同志为核心的党中央直面我国经济发展的深层次矛盾和问题，提出创新、协调、绿色、开放、共享的新发展理念。只有贯彻新发展理念才能增强发展动力，推动高质量发展。应该说，高质量发展就是能够很好满足人民日益增长的美好生活需要的发展，是体现新发展理念的发展，是创新成为第一动力、协调成为内生特点、绿色成为普遍形态、开放成为必由之路、共享成为根本目的的发展。

二、推动高质量发展的战略意义

实现什么样的发展、怎样实现发展，这是党领导人民治国理政必须回答好的重大问题。习近平总书记在党的二十大报告中对全面建设社会主义现代化国家的战略布局进行了科学谋划，明确指出"高质量发展是全面建设社会主义现代化国家的首要任务"，强调"我们要坚持以推动高质量发展为主题"。这是在深入分析我国发展新的历史阶段、全面认识和把握我国现代化建设实践历程以及各国现代化建设一般规律的基础上，作出的一个具有全局性、长远性和战略性意义的重大判断。

1. 推动高质量发展是顺利跨越中等收入陷阱的必然要求

2018 年，我国人均国民收入已接近 1 万美元（9732 美元），距高收入国家的门槛约有 2100 美元，但我国能否跨过这段距离，顺利进入高收入国家行列，尚存在不确定性。从国际经验来看，陷入中等收入陷阱的发展中国家并不少，甚至已跨过高收入门槛又退回到中等收入阶段的国家也不乏先例。跌入"中等收入陷阱"主要有两大原因：从经济增长来看，一国在发展过程中缺乏增长的新动力；从发展的环境来看，尖锐的社会矛盾使一国陷入频繁的政权更迭和持续的政治动荡之中。这两点是发展质量不高的主要表现，甚至可以说，发展质量不高和中等收入陷阱是一个硬币的两面。

对于中国而言，从新中国成立到 1978 年，经过全体中国人民的艰苦努力，我国建立起了比较完整的工业体系和国民经济体系，人口识字率和预期寿命迅速提高，达到了发展中国家中的较高水平，为改革开放后工业化、城镇化的快速推进奠定了坚实的基础。改革开放进一步激发了全社会的积极性，加之集中统一领导和地方竞争体制在资源动员方面的强能力和高效率，我国利用技术上的后发优势实现了快速的经济追赶。但我国发展的"质量"短板也相当突出，存在着经济结构有缺陷、技术瓶颈凸显、收入分配差距拉大等矛盾。

只有通过高质量发展，解决这些问题，我国的现代化才能走上坦途。第二次世界大战以来全球发展的实践表明，凡是追赶型经济体在快速追赶阶段结束后进一步跨入高收入行列并继续发展的，都是发展质量迈上新台阶的。相反，凡是追赶型经济体在快速追赶阶段结束后未能顺利跨入高收入行列的，或者一度跨入高收入行列但后来又退回到中等收入行列的，都是发展质量不能明显提升的。因此，我国必须推动发展质量迈上新台阶，否则我国就有落入"中等收入陷阱"的危险，发展成果也可能得而复失。

2. 推动高质量发展是更好满足人民对美好生活需要的根本途径

改革开放以来，我国城乡居民的收入水平、住房水平、耐用消费品拥有率、营养水平、受教育水平、医疗保障水平和文化旅游消费水平等，均有了极大提高。随着发展进入新时代，城乡居民特别是年轻一代越来越追求生活的质量和品位。

然而，我国供给侧的现实却令人担忧，有些方面的发展不仅不能满足人们对于美好生活的需要，甚至不能满足人们在生活质量方面的一些基本要求。比如，食品、药品安全问题迟迟得不到很好的解决，人民群众长期反映强烈，有些问题甚至对人民群众的生命财产造成不可逆转的负面影响；大气、水、土壤污染和重要生态涵养区功能退化、农村环境质量差等问题，也对人民群众的日常生活质量乃至健康带来不可忽视的负面影响；看病难、看病贵、上学难的问题严重影响了人民群众的获得感和幸福感；日常生活便利设施缺乏，比如城市低层住房电梯、轮椅通道等，在人口老龄化程度加深的背景下也凸显为制约千家万户生活质量的重要问题。因此，只有通过推动高质量发展解决这些问题，才能让人民过上更高质量的生活。

3. 推动高质量发展是在百年未有之大变局中抢占战略制高点的重要途径

第二次世界大战结束以来，国际政治经济格局发生了深刻变化，世界迎来了百年未有之大变局。这种变局的主要内容包括两个方面：一方面，新技术革命成果的广泛应用正推动着生产、生活方式的变革，带来了社会结构的深刻变化，各国政府都采取相应的国家战略以适应和影响这一过程；另一方面，旧矛盾的积累和新矛盾的出现，诱发各国特别是大国进行战略调整，重新制定国家对外战略，一些大国甚至一反过去支持经济全球化的立场，经济民族主义的倾向愈演愈烈。

在这种"变局"之下，各国的相对地位必然发生变化。决定这种变化的是以经济为基础的综合国力，包括经济规模、经济结构、技术水平和创新能力等因素。2008年国际金融危机之后，包括中国在内的新兴发展中国家快速发展，新兴经济体在全球经济中的份额明显上升。然而，中国经济虽在规模上位列全球第二，但大而不强，高端产业少而弱，核心科技创新能力不足，目前在全球格局中所处的地位并不稳固。我国只有推动高质量发展，才能改变经济"大而不强"的局面，提高产业、技术水平和在全球分工体系中的相对地位，才能在国际"变局"中为进一步提高中国的国际地位创造条件。

第三节　共同富裕与高质量发展的内在关联

高质量发展和共同富裕是摆在新时代共产党人面前的两个重要命题。既要高质量发展，又要逐步实现共同富裕，两者是什么关系？高质量发展和共同富裕并不是两个毫无联系的理论概念。一方面，共同富裕是高质量发展的根本目的，高质量发展要把共同富裕作为主要目标，不能弱化，不能偏离；另一方面，高质量发展是实现共同富裕的重要途径，实现共同富裕必须依靠高质量发展。实际上，高质量发展的基本要求包括共同富裕，不利于共同富裕的发展不能算是高质量发展。从这样的意义上说，高质量发展与共同富裕两者具有统一性，统一于新发展理念的指导和贯彻，统一于全面建设社会主义现代化国家、实现中华民族伟大复兴的实践中。

一、高质量发展是促进共同富裕的基础和动力

习近平总书记指出，高质量发展，就是能够很好满足人民日益增长的美好生活需要的发展，是体现新发展理念的发展，是创新成为第一动力、协调成为内生特点、绿色成为普遍形态、开放成为必由之路、共享成为根本目的的发展。发展是解决我国一切问题的关键和基础，实现共同富裕需要以经济发展为基础，但粗放式发展不能有效实现共同富裕，只有高质量发展才是促进共同富裕的根本路径。高质量发展就是用更有效率、更加协

调、更为环保的方式把"蛋糕"做大做好，为促进共同富裕提供基础和动力。

首先，高质量发展有利于降低经济增长的投入代价，拓展共同富裕的发展空间。粗放式发展方式往往需要高投入，包括大量劳动力、资本及物质资源的低效投入，不仅资源耗费过多，还导致劳动报酬在国民收入分配中的份额较低、提升空间小，劳动者在物质和精神上都不能真正享有共同富裕。高质量发展旨在推动粗放式发展方式向集约式发展方式转变，使创新成为发展的第一动力，积极利用新一代信息技术，加快产业结构转型升级，提高劳动生产率和全要素生产率，减少生产者的劳动时间和劳动强度，改善单位工资水平和收入待遇，提升劳动报酬在国民收入分配中的份额，实现居民收入增长和经济增长基本同步，劳动报酬提高与劳动生产率提高基本同步，从而在物质层面和精神层面不断拓展共同富裕的空间。

其次，高质量发展有利于解决经济增长的环境问题，提升共同富裕的实现程度。粗放式发展方式对能源资源的高消耗引起对生态环境的高污染，使经济增长付出了沉重的环境代价，影响了全体人民的身心健康，也影响到子孙后代的生存环境。高质量发展旨在使绿色发展成为普遍形态的发展，把推进经济发展与保护生态环境有机结合起来，把人民身心健康和后代生存环境放到更加重要的位置，注重在发展中保护自然生态，加强环境污染治理。统筹推进经济发展与环境保护，坚持绿色发展、循环发展、低碳发展，是提升全体人民共同富裕实现程度的重要路径。

最后，高质量发展有利于防范通货膨胀和经济波动，保障共同富裕的稳定推进。粗放式发展方式使经济增长过度依赖投资拉动，需求持续扩张易推动物价上涨和通货膨胀，引起经济周期性波动，引发局部乃至系统性金融风险。城乡低收入群体由于物质基础和风险承受能力较弱，在通货膨胀、经济波动中往往受到更大的冲击。高质量发展的特点是，经济增长由主要依靠投资拉动转变为主要依靠创新驱动，在由全要素生产率提高带动经济较快增长的条件下，总需求不会出现过度扩张，不易引发通货膨胀和经济波动，进而不会对社会群体尤其是低收入群体产生周期性的风险冲击。从根本上说，高质量发展本身就有利于保持物价总水平相对稳定，避免经济出现较大波动，防范较大金融风险，不但能为推进共同富裕提供动力支持，而且能为实现共同富裕创造稳定的条件。

二、共同富裕是高质量发展的应有之义

党的十九大提出，我国经济已由高速增长阶段转向高质量发展阶段。相比高速增长重视解决总量问题，高质量发展更加重视解决结构问题。从高质量发展的目的及内涵来看，推进共同富裕是高质量发展的内在要求。

一方面，共同富裕是高质量发展的根本目的。当前我国社会主要矛盾已经转变为人民日益增长的美好生活需要和不平衡不充分的发展之间的矛盾，人民的诉求更多表现为对高质量发展的追求。高质量发展，通俗地说，就是从"有没有"转向"好不好"，不仅需要满足人民对物质、生态、精神、社会和政治等方面的需求，更要通过解决城乡差距、地区差距和收入差距等问题，增强发展的平衡性、协调性和包容性，推进高质量发展，最终实现共同富裕。

另一方面，共同富裕是高质量发展的重要内容。高质量发展是"能够很好满足人民日益增长的美好生活需要的发展，是体现新发展理念的发展，是创新成为第一动力、协调成为内生特点、绿色成为普遍形态、开放成为必由之路、共享成为根本目的的发展"。实现共享发展，强调坚持人民主体地位，广大人民既是成就的创造者，也是成果的享受者。坚持共享发展就是要实现全民共享、全面共享、共建共享和渐进共享，缩小收入分配差距，促进社会公平正义，让全体人民都能享受到改革发展的成果。全面共享就是要统筹推进经济建设、政治建设、社会建设、文化建设和生态文明建设，使各方面的发展相互协调，全面保障人民各方面的合法权益和利益。共建共享就是要汇聚民智、激发民力，形成人人参与、全民共建的生动局面。渐进共享是指实现共享发展是一个从低级到高级、从不均衡到均衡的渐进过程。实现共享发展任重道远，需要全党全国各族人民的持续共同努力。

三、共同富裕与高质量发展的最终目的都是实现人的全面发展

在全面建设社会主义现代化国家新征程上，共同富裕的内涵不仅体现了经济学传统概念中的增长和分配，更体现了人的全面发展。全体人民共

同富裕的目标真正体现的是以人民为中心的发展思想，把增进人民福祉、促进人的全面发展作为发展的出发点和落脚点。

实现共同富裕不仅需要经济富裕，还需要全面提升人民群众的生活质量。新中国成立以来，不同群体、不同维度的居民的生活质量均有极大改善，人民群众的幸福感、获得感、安全感显著提升。在高质量发展阶段，进一步提升全体居民的生活质量是实现共同富裕的必要条件。然而，当前我国的主要矛盾是人民日益增长的美好生活需要和不平衡不充分的发展之间的矛盾。特别是，居民生活水平的差距还比较大，生活质量还有待全面提升。

高质量发展的本质内涵，是以满足人民日益增长的美好生活需要为目标、兼顾效率与公平的可持续发展。高质量发展与共同富裕都是为了使人民群众过上幸福美好的生活，必须在提高居民收入、消费水平、教育程度、健康状况、住房条件、环境水平等的同时，提升百姓幸福感、社会融入程度、工作满意度等。

综上所述，共同富裕与高质量发展是高度统一的。两者在理论上是相辅相成、相得益彰的关系，在实践上需要协同发力、共同实现。高质量发展是共同富裕的基础，扎实推进共同富裕也会促进经济高质量发展。

第二章
共同富裕下城市经济高质量
发展的挑战与路径选择

改革开放 40 多年来，中国城市数量随着改革浪潮快速增长，城市规模急剧扩张，城市人口快速聚集，城市经济高速发展，是我国社会经济实现高速发展的主阵地与动力源。相关数据显示，截至 2022 年末，我国城市数量已经由 1979 年的 132 个增加到 684 个，城市化率达到了 64.7%，GDP 超万亿城市 24 个。在开启全面建设社会主义现代化国家新征程、向第二个百年奋斗目标进军的新阶段，推动城市经济高质量发展，不仅关乎能否持续推进经济社会持续健康发展，更关乎能否实现人民美好生活、人的全面发展以及全体人民共同富裕的终极使命。因此，精准把握共同富裕下城市经济高质量发展的核心要义，深入研判共同富裕下城市经济高质量发展面临的一系列挑战，积极探索共同富裕下城市经济高质量发展的推进路径，对于加快推进中国式现代化进程、实现全体人民共同富裕具有重要的理论和现实意义。

第一节 共同富裕下城市经济
高质量发展的核心要义

党的二十大报告明确提出，高质量发展是全面建设社会主义现代化国家的首要任务，中国式现代化是全体人民共同富裕的现代化。对于城市而言，必须完整、准确、全面贯彻新发展理念，坚持以推动高质量发展为主题，将其全面融入城市经济社会发展过程中，着力推进城市创新发展、协调发展、绿色发展、开放发展和共享发展，推动经济实现质的有效提升和量的合理增长，扎实推进共同富裕。

一、创新发展

创新发展是城市经济高质量发展的战略支撑。当前，新一轮科技革命和产业变革深入发展。在此背景下，知识和技术的创新速度在以惊人的幅度增加，以互联网、物联网、云计算等技术为核心的新的经济模式和业态也在不断涌现，为了顺应这一发展趋势，使创新成为促进城市经济发展的重要内生动力，城市经济的高质量发展必须摒弃高速增长阶段对劳动力数量优势和物质资源投入的依赖，实现从劳动力与资本驱动的模式向创新驱动模式转变。目前，中国城市对理论、制度、科技、文化等重要领域的创新的关注度都有所提升，创新对经济社会发展的支撑和引领作用也有所加强，但整体水平还不足以达到城市经济高质量发展的要求，制约着城市经济的发展，因此需要推进以科技创新为核心的全面创新。创新发展不仅有利于突破当前城市经济发展中资源与环境的约束，提高资源配置效率，提高各生产要素的作用，强化经济发展的效率与效益，还有利于帮助城市建立起经济发展的核心优势和新的经济增长点，实现城市产业的转型升级和经济社会的可持续发展。只有持续推进创新体系和能力建设，提高创新在实体经济发展中的贡献，才能使创新发展真正成为城市经济高质量发展的强大动能，推动城市经济在实现动力变革的基础上，实现效率与质量的同步提升。因此，将创新发展作为城市经济高质量发展的核心要义，既符合创新驱动的新要求，又能够化解科技基础薄弱问题，有着十分关键的作用。

二、协调发展

协调发展是城市经济高质量发展的内生特点，着重解决城市经济社会发展的不平衡不充分问题。目前城市经济发展中不平衡不协调不可持续等问题仍然突出，这些问题若得不到解决，高质量发展就难以真正实现，特别是在城市经济和社会发展、物质文明和精神文明建设等方面，存在较为严重的不平衡不协调的问题下，实现城市经济高质量发展就具有紧迫性和现实性。这就要求政府必须正确处理好发展中的重大关系，贯彻落实乡村振兴战略和深入推进区域协调发展战略，不断增强发展的整体性和协调性，实现更加公平、更为协调的发展。另外，协调发展也表现为经济重大关系协调、循环顺畅的发展，需要利用整体性思维，注重整体效率的提升。协调发展，要求政府从整体的角度出发，充分发挥宏观调控的作用，完善经济协调机制，实现由高速增长阶段追求的总量扩张向追求结构合理优化转变，实现城市经济社会效率与效益不断提升、抗风险能力和可持续发展能力不断增强的高质量发展。因此，将协调发展作为城市经济高质量发展的核心要义，能够有效化解各种可能产生的不平衡与不协调问题，在实现城市经济高质量发展中起着适配器的作用。

三、绿色发展

绿色发展是城市经济高质量发展的普遍形态，是实现城市经济可持续发展的重要保障。当前，发达国家经济增长的生态环境成本仅占实际 GDP 的 3.99%～4.22%，① 而发展中国家高达 20.79%～23.02%，体现了发展中国家绿色发展力度的不足。因此，强化绿色发展动力、提升绿色发展水平成为城市经济高质量发展的重要使命和特征。高速发展阶段长期存在的高投入、高消耗、高污染的经济增长模式，导致了资源约束趋紧、环境污染严重、生态系统退化等一系列问题。在新时代的背景下，若要实现城市经济高质量发展，必须坚持绿色发展理念，加快推进生态文明建设，推动生态补偿机制的市场化，在创造更多物质财富与精神财富的同时，也要注重为人民创造更加优美的生态环境，提供更加优质的生态产品，满足人民日益增长的美好生活需要以及对和谐生态环境的期盼。同时，绿色发展需要在生产方式上实现绿色与环保，建立高循环的产业发展模式，切实提高资源利用效率，这不仅有利于城市产业的可持续发展，而且有利于延长产业价值链。另外，绿色发展也表现为城市发展过程中对生态、环保、绿色等的相关政策、法律法规、机制体制的建立健全，以此作为绿色可持续发展

---

① 徐娟，常金华，黎娇龙. 经济增长的环境成本及国民健康：一个国际比较的视角［J］. 南方经济，2016(7)：32-47.

的城市经济运行体系的制度和法律保障，推动形成人与自然和谐发展的现代化建设新格局。因此，从这两方面而言，坚持绿色发展，对于实现城市经济高质量发展具有重要的保障作用。

四、开放发展

开放发展是城市经济高质量发展的必由之路。全球化、信息化仍然是世界经济发展的主流，并处在持续加深的阶段，这也就意味着中国的城市经济与世界经济之间的联系与影响也会进一步深化，在这样的国际背景下，中国的城市经济要想实现高质量发展，就必须坚持开放发展，在拓展开放范围的同时提高开放档次，完善城市对外开放的结构布局和体制机制。开放发展一方面表现为政府在对外开放层面发挥更大作用，进一步扩大对外开放程度和水平，推动城市对外开放新格局的形成；另一方面表现为充分利用自身的比较优势，以寻求在全球的资源配置，在提高自身在国际上的竞争力、获得自身经济发展的同时，也要注重推动世界经济包容性增长，为全球的发展做出贡献，实现真正的城市经济高质量发展。因此，只有坚持开放发展，才能对外部环境变化做出及时响应和积极应对，才能充分利用城市经济的固有优势，利用高水平开放推动城市经济高质量发展。

五、共享发展

共享发展是城市经济高质量发展的根本目的。共享发展的实质是以人民为中心的发展，体现了逐步实现共同富裕的要求。目前我国城市发展面临着收入分配差距过大这一涉及社会公平的问题。当前我国社会主要矛盾的深刻转变，意味着城市经济要实现高质量发展，就要坚持共享发展，努力推动社会公平的实现，这样才能不断满足人民对美好生活的需要和对高质量生活的追求。共享发展的具体要求一方面是要促进收入公平，缩小居民收入差距，实现居民收入与经济发展的同步增长，实现居民收入与劳动报酬和劳动生产率的同步增长，使人民共享城市经济高质量发展的成果；另一方面是共享发展要求政府从社会公共利益以及社会公平与正义出发，着重解决公平与效率之间的冲突，完善社会保障制度和相关政策，提高公共物品和服务的供给水平，坚持实施积极的就业政策和就业战略，以此提高居民收入水平，缩小居民收入差距，提高居民生活水平，加快建成覆盖全民、城乡统筹、权责清晰、保障适度、可持续的多层次社会保障体系，实现真正的幼有所育、学有所教、劳有所得、病有所医、老有所养、住有所居、弱有所扶，真正体现共享发展的理念，使城市经济高质量发展成果惠及全民。因此，共享发展从覆盖面上深化了城市经济高质量发展的内涵，若要实现城市经济高质量发展，必须将实现城市经济的共享发展作为重要的环节。

第二节　共同富裕下城市经济高质量发展面临的挑战

党的十八大以来，我们经受住了来自政治、经济、意识形态、自然界等方面的考验，党和国家的事业取得了历史性成就、发生了历史性变革。城市经济高质量发展取得显著成效，城市经济发展无论是在可持续性和稳定性方面，还是在投入产出效率方面以及质量效益同步优化方面都有了质的提升和突破。但是，我们也面临着诸多的挑战，合理识别这些挑战对于未来更好地推动城市经济高质量发展，不断满足人民日益增长的美好生活需要有着重要的意义。

一、创新驱动能力仍需提升

城市经济增长动力必须由资源要素驱动转向科技创新驱动，要充分利用科技创新的强劲动力，以创新带动中国城市经济新一轮的稳定增长，以技术促进城市经济高质量发展。目前来看，城市科技创新水平虽呈现逐年递增的趋势，科技创新力度也有所增强，但成就的背后也面临着严峻的挑战，存在着一系列突出的问题。例如，核心科技自主创新水平偏低，对外依赖性强。在现有的技术创新中，企业自主创新能力明显不足，更多的企业为降低生产运作成本以获取短期利益倾向于选择技术引进而非自主创新，技术上的核心竞争能力不强，对关键技术把握不足，对外依赖程度很高，无法实现由对外依赖向自主创新和研发转变，影响着城市经济高质量发展。此外，科技成果转化率低。由于缺少资金投入，很多的科技创新无法得到资金保障，且中国中小企业偏多，长期存在融资难融资贵的困境，资金缺口较大，不仅科技创新意识不强，对科技创新的支撑能力也不足，技术创新和产品开发严重滞后。同时，科技创新与市场需求严重脱节，真正能转化成实际生产力的科技创新较少。这些都影响甚至决定着城市经济高质量发展的实现程度。

二、经济发展的新动能培育亟待加强

在当前逆全球化趋势愈演愈烈、出口受阻的国际环境下，我国以要素投入和外需驱动为特征的传统增长模式难以为继，拉动经济增长的"投资、消费和出口"三驾马车集体乏力，经济增长出现结构性减速现象。与此同时，在国外实施技术封锁的背景下，制造业处于全球产业链中下游这一问题进一步凸显。近年来，在国家的大力扶持和推动下，制造业部分领域在核心技术上有所突破，然而某些关键领域仍受制于西方国家，已经成为制约中国经济发展的"阿喀琉斯之踵"。与此同时，分税制导致地方财政困难，以土地出让为核心的财政模式难以为继。居民消费受储蓄偏好和预期收入影响，投资意愿下降。因此，当今中国亟待培育经济发展的新动能。

三、城乡融合进程趋缓

当前，我国城乡二元结构问题仍然较为突出，城乡关系协调难、工业与农业发展不相容等问题仍然突出，导致城乡融合进程缓慢。农村在公共服务、基础设施建设、生活生产设施上与城市的差距仍然较大。不仅如此，城市中尚有近 2 亿非城市户口的常住人口[1]，人口市民化进程迟缓，大量转移人口无法融入城市生活，其子女在城市上学面临着上学难、费用高的问题，"城里人"和"进城农民"之间的不平等，促使城乡老二元结构转化为城市内部户籍居民与城市流动人口的"新二元分割"。[2]

---

[1] 李兰冰，刘秉镰."十四五"时期中国区域经济发展的重大问题展望［J］. 管理世界，2020(5)：36-51.

[2] 陈云松，张翼. 城镇化的不平等效应与社会融合［J］. 中国社会科学，2015(6)：78-95.

第三节　共同富裕下城市经济高质量发展的路径

转变发展方式、优化经济结构、转化增长动力是我国城市经济高质量发展的应有之义。在推进我国城市经济高质量发展过程中必须将新发展理念贯穿始终，不断增强城市创新力和竞争力，更好地满足人民日益增长的美好生活需要，扎实推动共同富裕。

一、强化创新驱动能力

发展是第一要务，人才是第一资源，创新是第一动力。创新驱动能力是城市经济高质量发展的重要推动力，创新发展是加快我国城市经济实现高质量发展的战略保障。首先，强化科技创新能力。作为引领发展的首要动力，创新是构建城市现代化经济体系的战略支柱。城市各级政府部门要在创造有利的创新创业环境上加大力度，持续激发企业创新的潜力，适度放权，不断释放企业创新活力，营造公平公正的市场环境，在财政政策和税收政策层面给予企业充分的支持，提高自身服务水平，给予企业发展与成长条件。同时，充分发挥创新型企业的示范带头作用，推动城市高校科研中心与创新创业基地的深度合作，并持续完善科技成果转化的体制机制。其次，加强创新人才的吸引、集聚和培养。人才是第一资源，科技创新人才是科技创新的重要驱动力，要积极借鉴国内外成功城市建设人才强市的宝贵经验，在制度建设和功能完善层面寻求新的突破，逐渐提升龙头企业和高精尖人才的比重，为城市创新发展营造良好的生态环境。各城市结合产业结构实际有针对性地吸引专业人才创新创业，定期组织产业带头人聚集活动，做好创新创业带头人队伍建设工作、完善优秀产业人才遴选机制，加快高精尖行业人才聚集。最后，营造城市经济创新发展的制度环境，探索形成城市经济特色。城市经济创新包括产业结构、交通系统、城市规划和综合配套设施创新，要将其统一纳入城市经济综合创新战略，集中力量，重点突破，并解决在推进城市创新中经济、物联网等各子系统中存在的问题，大力提供技术援助，为科技园区、工业园区等营造良好的制度环境，进而协调与周边功能板块的关系，保障人力、土地、信息等资源要素的整合利用，规避资源浪费现象。同时，积极探索形成具有特色的城市经济创新发展模式。积极融入中国经济创新网络，并以更加开放的姿态参与其中，探索科学领域开放合作新模式、新体制，力求通过积极参与创新管理，充分利用区域间的创新资源，结合城市经济发展实际，建立具有特色的优势创新产业，确立在不同功能区和产业领域中的战略地位，实现城市经济高质量发展。

二、加快经济发展新动能培育

"城无产不兴，产无城不立"，城市的繁荣发展与产业的兴衰息息相关。尤其是在农村人口转化这一新型城镇化的核心要求上，有序地推进产业发展、实现"量质双提"的就业发展模式成为推动城市可持续发展、提升城市生活品质、实现高质量城市化的必然要求。具体而言，一是在就业导向产业的发展上，应当充分发挥服务业高就业弹性的产业特征，推进生活服务业和生产服务业协调有序发展。一方面，持续扩大生活服务业规模，着力解决当下的就业问题，提升城市生活服务业供给的数量和质量，推动夜市经济有序发展，大力发展文化旅游等产业，提升家政、物流和康养产业的规模和服务质量；另一方面，稳步发展与当地产业结构、人力资本水平相适应的生产性服务业，做好制造业的服务工作，形成生产性服务业与制造业互融互促、协调发展、良性互动的产业发展新格局。以当地制造业需求为导向，大力推进工业设计、商务中介等服务业的发展，努力推进金融业服务实体经济。不仅如此，还应该以生产性服务为抓手，提升服务质量，优化营商环境，挖掘创业机会和潜力，推动创业、就业两者协调耦合，解决突出的就业问题。二是在规模导向产业的发展上，引导规模导向型产业良性发展，为城市经济的可持续增长提供支撑。我国是发展中国家，经济发展是基础，只有保持社会经济稳定地持续增长，才能保证城市的生机和活力。这就要求进一步激发资本密集型产业的发展潜力，稳步推进资本密集型产业集群化高效化规模化发展，从而实现拉动经济增长、实现社会经济稳步发展的城市发展格局。三是在创新导向产业的发展上，适宜性地推进其发展，避免盲目复制、低水平竞争和"千城一面"的怪象。要根据当地的产业发展状况、技术和人力资本禀赋条件，推动与当地禀赋条件相适应的、与当地工业产业结构相匹配的技术密集型产业的发展，以培育产业发展新动能，以高质量的产业发展推动城市高质量发展。不仅如此，也应借助"两重一新"的东风，从更高层级、更大空间上谋划区域产业发展格局，既要立足当下，又要谋划好未来，形成各具特色的城市高质量发展新格局。

三、加快推动城乡融合发展

新中国成立以后，为服务于重工业优先发展战略，我国逐渐建立起城乡分割的体制，虽然自改革开放以来国家大力协调城乡关系，但是长期以来的城乡差距和户籍分割仍然深深制约着我国城市发展质量的提升。要解决城乡发展难题，需从以下四个方面发力：一是以产业高质量融合为抓手，以建设现代化产业体系为导向，升级农村和农业产业体系。以精准导向、靶向定位的支持政策推动农业现代化进程，探索乡村产业融合新模式，培育农村经济新动能，通过释放城市化的产业红利助推高质量发展。二是打破制度束缚，以高质量、创新性、具有前瞻性的制度创举推动城乡要素双向流动，释放要素市场红利。破除城乡要素流动障碍，提高对转移劳动力的包容度，稳步推进科研成果入乡转化和资本入乡，改善以城市"虹吸"为主的单向要素流动的局面，为推进新农村建设提供高质量的要素支持。三是建立健全城乡一体化基本公共服务体系，进一步打破城乡地理上的分割，提升城乡之间道路等公共设施的连接性。不仅如此，"新基建"也应当在缩小城乡公共服务差距上持续发力，为推进高质量的城乡融合发展搭建好、维护好、保障好公共服务平台。四是紧抓数字经济和互联网发展的"东风"，以新技术、新业态实现农村地区的高质量发展。积极推动互联网在农村和农业的应用，以互联网和数字经济下乡为契机，促进乡村治理水平的提升，借助新技术、新业态、新发展模式的"东风"推动三农发展，实现城乡高质量融合。

四、加快生态文明建设

经济进入高质量发展阶段，更加注重人与自然的和谐问题，强调经济发展不能一味追求高速和总量提升，要保证在良好的生态环境前提下发展经济，绝不能走过去"先污染后治理"的老路，因此必须摒弃过去粗放式、低效率的发展模式，倡导绿色发展观，减少污染排放，加强环境治理，建立资源节约型和环境友好型社会，提高经济高质量发展的可持续性。城市是人们生活和经济社会发展的重要场所，实现城市绿色发展不仅能满足人们健康生活的要求，还能扩大城市经济发展转型的空间。加快推进城市经济高质量发展需要通过以下三个方面的措施进一步破解绿色发展的难题：一是控制污染源头，从根源上彻底解决污染问题，主要通过监管"三废"污染控制污染排放，来达到污染防治的目的；二是加大治理力度，通过提高工业固体废物综合利用率、城市生活垃圾无害化处理率、污水处理厂集中处理率，来达到加强治理能力的目的；三是检验绿化环保成果，绿色发展的目的是形成绿色的生活环境，进而形成绿色的经济发展方式。

五、推进全方位高水平对外开放

在"东西共济、陆海空协同开放"的新格局下，我国的城市发展应当积极参与到经济全球化中，充分利用国际市场推动价值链攀升、空间结构优化和产业链升级，挖掘新形势下以高质量开放实现城市经济高质量发展的路径。一是分类推进城市建设，对于有条件有能力的一线城市应该着力建设具有国际影响力的城市，提升城市品质，增强城市功能，构建高水平的大城市治理体系，形成集贸易、科技、高端金融、创新等于一体的国际化大都市。对于小城市而言，也应当紧抓对外开放机遇，实现社会经济良性发展，打造生态宜居、文明和谐的城市新风貌，从而实现城市的高质量发展。二是中西部地区应当抓住对外开放新机遇，在东西互济开放格局下迎头赶上，挖掘发展潜力和优势，持续扩大开放力度，推动区域间产业分工协作、要素配置优化和产业链协同发展，在区域间优化城市空间发展格局。三是充分发挥对外开放先锋的典型示范作用和空间载体功能，完善以自由贸易区为主体的新开放格局的制度设计，鼓励自由贸易区在制度创新、吸引外资上持续发力，使其成为城市乃至区域外向型经济发展的新引擎，实现经济社会的高质量发展。

第三章
创新驱动城市经济高质量发展的
机理与实现路径

　　党的二十大明确提出，坚持创新在我国现代化建设全局中的核心地位。强调要坚持面向世界科技前沿、面向经济主战场、面向国家重大需求、面向人民生命健康，加快实现高水平科技自立自强。以国家战略需求为导向，积聚力量进行原创性引领性科技攻关，坚决打赢关键核心技术攻坚战。加强企业主导的产学研深度融合，强化目标导向，提高科技成果转化和产业化水平。强化企业科技创新主体地位，发挥科技型骨干企业引领支撑作用，营造有利于科技型中小微企业成长的良好环境，推动创新链、产业链、资金链、人才链深度融合。创新发展将成为未来全面建设社会主义现代化国家新征程上中国经济结构实现战略性调整的关键驱动因素，中国已走上全面创新发展之路。

　　经过 40 多年的改革发展，淮安市经济规模迅猛扩张，工业化和城市化水平得到全面提升，但与此相伴生的生产要素利用效率低下、资源和环境代价大、经济整体呈现粗放型增长，也给淮安市经济发展带来了相当大的压力。基于此，近年来淮安市努力推进创新型城市建设，区域科技进步水平和自主创新能力得到了进一步提升。2021 年发布的城市创新蓝皮书——《中国城市科技创新发展报告 2020》中，淮安市城市科技创新发展指数为 0.3746，在全国地级市中居第 78 位。但影响和制约淮安市科技进步和创新的一些深层次问题并没有得到根本解决：企业自主创新能力不强；科技与经济结合不紧，科技成果转化率不高；企业尤其是重点骨干企业还没有成为技术创新的主体，产学研用仍缺乏紧密有效的结合；研究与发展（R&D）经费投入占地区生产总值比重甚至低于全国平均水平；科技资源的整合与开放共享不足；影响创新动力和效率的深层次机制体制问题仍然存在。当前，淮安市发展正处于转型升级的关键阶段，必须大力推动发展模式从投资驱动、资源依赖为主向创新驱动为主转变，加快深入实施创新发展战略，这既是转变经济发展方式的内在要求，又是增强综合竞争力和破解发展难题的有效途径。

第一节　创新驱动城市经济
高质量发展的现实基础

一、创新主体逐步发展壮大

企业是创新的主体，企业数目的增减、企业的规模结构及高端产业状况都是影响一个地区创新发展能力的重要因素。

淮安市规模以上工业企业数目发展迅速。2021年，淮安市规模以上工业企业1941户，规模以上工业企业利润总额192.21亿元，比2012年的1695户增加了246户，年均增加27.3户。

高新技术企业数有了大幅增加，效益显著提升。2022年新批高新技术企业297家，有效期内高新技术企业670家，分别比2013年增加了158家、218家。成功入选首批国家知识产权强市建设试点城市。

特色产业集聚发展，具有较好的基础，富有创新潜力。"4+2"优势特色产业实现产值4670.85亿元，其中电子信息、食品、特钢与装备制造、盐化新材料、生物技术与新医药产业产值增长超过10%。时代芯存、比亚迪智能制造等重大项目相继落户淮安，德淮半导体、澳洋顺昌、敏安电动汽车等一批高新技术项目加快建设，特色产业加速集聚，发展后劲持续增强，这些产业需求收入弹性大，同时科技创新能力也比较强。

二、创新资源要素不断积聚

1. R&D 经费投入大幅增长

2021 年，淮安市地区生产总值达到 4550.13 亿元，比上年增长 10.0%，两年平均增长 6.5%。人均 GDP 约 99768 元，增速达到 11%。淮安市的快速发展为建设创新型城市打造了良好的基础，积累了丰富的创新资源。近年来，淮安市创新投入不断提升，2021 年 R&D 经费投入 81 亿元，比 2012 年 R&D 经费投入 27.30 亿元，增加近 2 倍。2017 年全社会 R&D 活动经费占地区生产总值比例达 1.78%，R&D 投入占比较 2012 年有明显的提升。

2. 实施"人才强市"战略，人才培养能力不断提升

根据城市创新系统理论，城市创新主体主要包括政府、大学、研发机构和企业，各主体间相互联系、相互作用。大学是企业与政府交互的首选起点，也是城市可持续创新的基础，对城市经济有重要影响。淮安市高校资源缺乏，仅有淮阴工学院、淮阴师范学院两所本科院校，人才培养能力不足。为此，淮安市政府十分重视人才引进，实施了"人才强市"战略，2017 年全市人才总量 87.02 万人。其中专业技术人才 41.86 万人，高技能人才 20.02 万人；海外留学回国人员 540 名，国务院政府特殊津贴专家 117 名，省级突出贡献中青年专家 61 名。

3. 创新平台数量不断提高

2021 年新增国家高新企业 160 户、专精特新"小巨人"企业 8 户、两化融合贯标企业 47 户和省级企业工程技术研究中心 12 家、众创空间 1 个，市级以上"两站三中心"93 个。

三、创新创业环境不断优化

1. 政策环境

近年来，淮安市先后出台了《淮安市政府关于促进金融业创新发展的

实施意见》淮政发〔2012〕184 号、《关于 2012 年科技人才工作实施意见》淮科〔2012〕22 号、《关于加快国家创新型试点城市创建的若干政策的通知》淮政发〔2013〕198 号、《关于进一步加强高技能人才队伍建设的实施办法的通知》淮政办发〔2015〕116 号、《关于聚力产业科技创新建设国家创新型城市若干政策措施》淮政发〔2017〕8 号、《关于印发高技能人才培育三年行动计划(2018—2020 年)的通知》淮人社发〔2018〕89 号等一系列支持创新驱动发展战略实施的政策措施,积极推进创新创业、科技投入、人才引进、供给侧改革,有效激发了江苏省全社会科技创新的热情。2021 年,新增专利授权量 14831 件,比上年增长 26.0%,年末有效发明专利量 4374 件,万人发明专利拥有量 9.59 件。

2. 城市环境治理逐年提升

2021 年,淮安市新创成省级生态文明建设示范区 1 个、示范乡镇(街道)9 个、示范村(社区)15 个。$PM_{2.5}$ 年均浓度 36 微克/立方米,比上年下降 14.3%,优良天数比率 81.6%,比上年提升 1.3 个百分点;全部消除劣 V 类水体,57 个国省考断面优Ⅲ比例达到 87.7%;农村生活污水治理行政村覆盖率 71.9%。污染地块、受污染耕地安全利用率均达 100%,危险废物处置能力提升至 12.6 万吨/年。

3. 交通大幅改善

在交通方面,淮安宿扬高速淮安段沿线率先建成,503 省道淮安机场连接线建成通车,235 及 346 省道涟水绕城段、235 国道盱眙明蛤段、348 省道洪泽南环段等项目建成通车。连淮扬镇、徐宿淮盐两条高铁桩基、墩身基本完成。淮安东站 4.5 万平方米高架站房方案得到中国国家铁路集团有限公司认可,综合客运枢纽完成项目核准和工可审查,新港二期建成投入试运行,大幅促进一体化发展。

第二节　创新驱动城市经济高质量
发展的制约因素

一、自主创新能力不强，创新主体缺乏活力

1. 科研投入少、创新企业力量薄弱

尽管淮安市一直把增加科技投入作为科技工作的第一要务，但全市 R&D 经费投入 2021 年为 81 亿元，占 GDP 比重的 1.78%，仍然低于全省平均水平的 2.95%，与江苏省 13 个地级市比较居倒数第 2 位。截至 2021 年，淮安市规模以上企业数达 1941 户，建立研发机构的仅有 62.7%，中小企业中开展科学技术学习活动的则更少。另外，淮安缺少一批拥有核心自主知识产权、规模大、处于市场主导地位的地标型企业，高端领域的企业竞争力不强。

2. 内生型高端人才培养能力较弱

在高等院校建设方面，淮安市拥有普通高等院校 2 所，高等院校数量较少。近年来，淮安吸引人才聚集能力有所提高，但我们也应看到，淮安市本身培养高端人才的能力较弱，淮安本地高校培养高层次人才的能力较弱，与本地的产业发展联动性较弱，在数量和结构上都不能很好地适应淮安产业的发展。

3. 创新主体各自为政、缺乏活力

淮安建立了功能多样、层次丰富的创新产业园区，这些园区也较好地发挥了提供科技创新服务平台、集聚各类精英人才、转化各类科研成果和孵化高新技术产业的作用，但由于长期以来形成各自为政的状态，即使聚集到园区的企业也表现出了"形聚而神不聚"的状况，创新主体联系松散，企业间缺乏互动协作，影响了区域的创新发展速度。加之能够为创新主体

企业提供的创新配套服务尚不健全，无法生成研发服务完整的产业链，形成创新主体散而不聚的现象。

二、创新文化氛围较弱，产业品牌效应不高

从创新思路来看，淮安市文化创意产业在发展上还存在许多问题，规模化程度不够、创新产业层次较低、龙头企业带动性不强、创新理念难以得到有效实践等问题都制约了淮安创新产业的发展。

1. 宏观政策难以得到有效实践

淮安市与文化创意产业相关的政策大多较为宏观，而对土地、税收等开发商最为关心的问题的优惠力度远不能满足他们的需求，这在某种程度上对政策的实施力度造成了一定影响，导致了政策"定位高，实施难"的状况。

2. 人才结构有待优化

淮安市人才结构呈现"低端多，高端少"的金字塔模式，低端产业就业者如加工业员工较多，而中高端人才较为不足，尤其是高端管理经营类人才极为短缺。这也与院校的专业设置存在一定关系，学科教育的"供给"与企业的"需求"存在一定偏差，人才培养机制有待完善。

3. 文化创意产业集群程度不均衡

淮安市文化创意产业的集聚效应相对较低，整体呈现分散的状态。

4. 文化创意产业的品牌效应较弱

文化创意产业的规模相对较小，缺少大型企业的辐射带动，对核心科技的控制力度较弱，科研能力低下，对具有核心竞争力的文化产业品牌的培育有待提高。

三、人才结构优化不足，产业转型对接阻力大

随着科学技术的不断发展，国际产业结构逐步优化，新兴产业人才对

经济发展的促进作用越来越明显。以推动产业升级为目的，实现人才资源带动产业发展，优化人才结构，推动城市经济的快速发展。

淮安已进入产业转型的关键时期，地区产业结构优化对人才结构也提出了新的要求，在人才需求度增加的基础上，人才结构也需要不断调整，另外，产业调整对人才的岗位任职能力的要求也有所提升。淮安当前面临着产业结构与人才结构不相适应的问题，人才储备无法满足企业发展要求。跨地区的人才流动所导致的人力资源结构分布不合理也阻碍了产业的发展。

淮安应该注重对软环境条件的逐步改善，以更好地满足由产业结构调整所带来的人才需求的变化。在市场导向尚未完全发挥作用以前，淮安可以通过一些途径来完善人力资源结构、促进人才供需平衡，如拓宽各领域各产业人才引进平台、加大对淮安地区就业培训的投入、发展信息化就业服务等。

四、产业空间聚集不高，市场资源配置效益低

淮安拥有以淮安经济技术开发区、淮安高新技术开发区为龙头的2个国家级开发区和8个省级开发区，大部分规模以上企业和高新技术产业都聚集于此。2017年淮安开发区实际利用外资3.43亿美元，出口总额10.43亿美元，实现公共财政预算收入59.30亿元，占全市的比重分别为29.12%、34.73%和25.71%。各类开发区成为淮安产业聚集的创新载体。

淮安市产业用地呈现"大分散、小聚集"特点，产业布局以载体为依托，但载体之间各自为战，联系度较差，资源共享不足，导致资源配置效益偏低，产业区之间联系的硬件和软件通道都不通畅。

五、创新协同水平不高，规划实施推进障碍多

1. 创新载体布局机制

开发区建设是淮安市产业空间布局的重要载体，近年来，淮安市开发区建设发展较快，只注重形态的开发，而忽略了开发区本身的自主创新；同时，开发区功能同质化问题严重，缺乏协同合作。因此，淮安开发区建设须优化空间结构、实现错位发展、特色发展和高新技术区域平衡协调发

展；建立高效的开发区创新体制机制，引导科学技术、财政资本、人才资源等创新因素的集聚，加快开发区协作创新机制建设，形成创新网络体系，促进开发区自主创新。

2. 产学研协同创新机制

产学研协同创新的载体主要有科技孵化器和大学科技园等。产学研协同创新意味着大学和科研结构的知识创新和企业的技术创新在孵化阶段融合，而融合的基地就是科技孵化器和大学科技园。淮安市政府应积极引导，在加强公共技术服务平台、重大研发机构及重点实验室等科技基础设施建设的同时，在产学研协同创新载体建设中发挥积极作用。目前，淮安有 6 个产学研协同创新联盟，产学研协同发展获得了一定的成果，但协同创新水平不高，一是缺乏与主导产业相符合的人才、技术，二是缺少与创新环境相符合的体制机制。因此，为促进产学研协同创新水平的提升，淮安应做好顶层设计，为产学研协同创新发展提供政策支持；加快区域经济转型升级，促进科技与经济协调发展；优化产学研协同创新平台建设，推进知识创新和技术创新的融合；加大产学研协同创新的人才供给，完善人才发展机制；拓宽投融资渠道，为产学研联动发展提供资金支持；做强科技中介，推动产学研协同创新成果转化。

3. 科技创新企业培育机制

由于受外向型经济的影响，淮安市企业自主创新能力不强。随着产业转型与科技进步，淮安不断提升科技型企业发展质量，完善创新型企业培育机制。

六、创新空间有待优化，创新示范引领性不足

1. 创新型空间互动关系有待加强

开发区作为淮安创新发展的主要空间，是淮安市探索自主创新发展的重要保障。当前，淮安拥有以淮安经济技术开发区、淮安高新技术开发区为龙头的 2 个国家级开发区和 8 个省级开发区，构成了淮安经济发展的重要组成因素，也是淮安城市空间扩张的主体。淮安各开发区建设在推动城

市发展的同时，也带来了许多弊端，如各开发区间各自为政，缺少产业间互动发展，造成资源浪费。加强开发区之间的互动发展关系，有利于淮安创新型空间结构的优化，提高淮安自主创新能力。

2. 未形成引领性创新集聚区

当前，淮安处于产业转型发展的关键时期，顺应创新发展趋势，联合推动"创新+产业"发展新模式，带动产业转型。各类开发区建设为淮安提供创新发展平台，但缺少引领性创新示范集聚区，使创新资源或要素难以聚集，不能更加有效地推进淮安自主创新进程。

第三节　国内外典型城市创新驱动经验借鉴

一个城市的基础条件、内外环境、资源禀赋以及经济发展水平的不同决定着其实施的创新驱动发展战略是多种多样的，但从创新驱动的特征看，不同城市战略的体系构造、内涵和特征又具有一致的参照形式，即属于同一种战略模式。因此，尽管不同城市实施创新驱动发展的过程有所不同，但仍存在主导的创新驱动发展战略模式。同时，一种创新驱动发展战略模式还对应着特定的形成路径，两者存在着紧密联系，但也有不同之处。模式是对城市创新驱动发展战略的本质特征进行归纳与总结，而路径是依据城市本质特征所作的创新驱动发展战略的内容设计。通过对国内外典型城市的创新驱动发展战略模式与路径进行研究，将为淮安市实现创新驱动发展战略提供经验借鉴。

一、波士顿：研发驱动城市发展

波士顿，世界著名的创新型城市，美国重要的创新、创意和金融中心。波士顿境内创新资源聚集，研究机构林立，全市有超过 100 所大学和学院，著名的哈佛大学、麻省理工学院、东北大学、波士顿大学和美国国家宇航局电子研究中心等就坐落于此，三大医学科研中心享誉世界，是美国高等教育与医疗保健中心。波士顿的高校是区域经济发展的重要推动力，高校的集聚使波士顿产生并聚集了众多的生物工程企业、计算机与软件企业等高新技术产业的公司，并且推动了与之配套的金融业、信息技术与通信业的发展。波士顿人力资本储备丰富，人力资本储备的教育水平居于世界首位。众多的大学毕业生在波士顿创办公司，带动了大量创新人才就业，也促进了风险投资的发展。政府对创业公司在政策和资金上的倾斜也不断地支持着新公司的成长。

波士顿采取的是研发驱动型战略模式，研发驱动型战略是坚持以技术研发为驱动核心，通过自主创新突破科技发展前沿并转化为巨大的现实生产力，实现区域创新驱动发展的战略。采取研发驱动型战略的城市自主创新能力强，是区域创新驱动力的产生中心和创新文化的诞生温床，其不仅具有研发成果的领先优势，并且能够迅速实现科技成果的产业化，从而成为区域经济增长的引擎。与政策驱动型战略模式不同，在研发驱动型战略模式下，创新活动的主导权完全由企业、高校与科研院所掌握，政府的作用在于协调创新资源、规范市场秩序，为经济发展提供制度保障。技术、人才则是经济增长与生产力提高的最终来源。人才、资金、技术的结合推动区域创新能力不断提升，确保区域始终保持产业竞争优势。

在实施研发驱动型战略模式过程中，高校、科研单位在区域创新中占据着重要位置。以区域内众多具有较强科研实力的高校、科研单位为依托，建设大学科技园，充分发挥高校、科研单位自主创新能力强的优势，从而成为区域经济发展与行业技术进步以及创新创业的主要源泉。具体而言，高校、科研单位的重要性反映在以下几点。第一，高校、科研单位是区域知识与技术的提供主体，在知识创新方面，大学、科研单位具备扎实的理论基础、齐全的学科门类以及大量的科研人才，使其能够在区域创新中提供更加符合区域发展的知识创新成果；在技术创新方面，因为有系统的知识创新体系、先进的科研设备以及充足的科研经费作为基础，所以能够结合社会对技术的新需求，形成在技术创新领域的优势地位。第二，高校、科研单位是企业初次孵化的行为承担主体，初次孵化是指高校、科研机构的科研人员借助科技创新孵化器成立新的科技型企业，从而实现技术成果的初步商业化。第三，在技术渗透和扩散过程中，高校、科研单位还承担着向企业和社会输送技术和人才的双重职责。高校、科研单位在完成新技术开发后，将逐渐出现技术的渗透与扩散。同时高校、科研单位也向企业输送了科技人才，从而推动区域科技型大企业的发展。在这一过程中，由于科技成果的转化可以形成市场利益诱导，因此能够不断吸引更多类似企业，并形成以大企业为引领的新兴科技产业，最终形成新兴企业集群，实现创新驱动发展。

二、东京：政府主导型的产业集聚驱动城市发展

东京位于日本群岛的东南侧，是日本的政治、经济中心，也是日本最大的城市。东京一直是日本国民生产总值的经济龙头，也是整个亚洲地区经济发展比较快速和充满活力的城市。日本东京之所以具有如此高的经济地位，更多地应该归功于东京这座城市创建创新型城市的各项政策和措施。

在实施创新发展过程中，东京政府的主要经验主要包括以下四点：一是各项减免税政策的实施。从 2000 年开始，根据日本政府颁布的《促进基础技术开发税制》，东京政府对辖区内的高新技术企业实施税收优惠，采取各种各样的减税和免税的政策，比如高新技术企业的计算机类物产税和固定资产税免于征收，高新技术企业如果购置电子设备可以少缴纳 7%的所得税，并且允许高新技术企业当年计提 30%的特别折旧费用。二是扶持信息产业的发展。东京政府关注信息产业的发展，增加科研税务贷款，增幅高达 25%。同时在信息产业中专门增设软件研发储备金和意外损失储备金，储备金是免税的。为了鼓励信息产业的快速发展，东京政府还规定免征 7%的技术开发资产税。三是提供各种贷款优惠，加大力度支持高新技术企业发展。对高新技术企业实施特别贷款制度，专门成立了服务于小企业的金融公库，振兴地方技术的小型高新技术企业都可以从这里获取优惠 10%的贷款利率的低息贷款，有的贷款年息低至 2.7%。同时贷款期限可以适度拉长，有的长达 25 年。四是培育一体化的创新型城市体系。加大力度支持原始创新，尤其是日本原来发展比较薄弱的那些基础性领域。东京政府鼓励高校联合产业界共同创建研究中心，政府会拨专款进行补贴。东京政府会拨款支持高校的研究人员进行研发，对于开发出的成果研究人员可以获得 50%~80%的专利收入。

基于以上的政策和措施，东京地区的高科技企业蓬勃发展，技术含量逐步提高，原材料消耗越来越少，环境污染程度降低，城市经济增长逐步实现了由要素驱动向创新驱动的快速转变，东京地区由此在创建创新型城

市方面取得了巨大成功。

三、上海：产业集群驱动城市发展

上海是中国四大直辖市之一，是中国经济、贸易、金融与航运中心。长期以来，上海是中国重要的工业城市，汽车制造、能源化工、装备制造是上海工业的主导产业。自20世纪90年代开始，上海市借助国家开发浦东新区的契机，加快调整传统重工业向高新技术产业转型发展。2012年，上海市高新技术产业总产值达到11000亿元，形成了以信息技术产业、生物医药产业为主导的高新技术产业格局。近年来，通过整合软件、集成电路、生物医药的生产网络与优势资源，加强企业在产业链上的分工协作，不断形成产业集聚。在形成的电子信息产业、生物医药产业集聚的基础上，有目标地吸引具有产业关联效应与配套协作功能的国际化企业的进入，形成区域大、中、小企业密切配合、专业分工、协作完善的网络体系，推动产业的持续发展。

上海采取的是产业集群驱动型战略模式。一是政府引导区域产业发展方向。在产业集群的形成期，政府引导区域原有的产业集群向高新技术产业集群转型。在这一阶段，政府在发展高新技术产业的过程中起引导作用：一方面，通过制定产业政策，确保区域产业发展方向，加快落后产业淘汰和产业结构升级的过程，实现传统产业向高新技术产业转型，带动城市经济的可持续发展；另一方面，鼓励配套支撑产业的发展，形成完整的产业链条。通过为配套支撑产业发展提供各种技术创新基金、风险基金、税收优惠等倾斜政策，吸引越来越多的上下游企业在地区的集聚，形成优势互补、协同发展的局面。二是发展集群创新网络。在产业集群的成长期，集群内企业发展迅速，集群的规模不断扩大，集群上下游产业链不断延伸。在这一阶段，发展集群创新网络，对实现高新技术产业集群持续发展非常重要。通过扶持本土高新技术企业，加强其与集群内外国际企业之间的合作，努力营造集群内部国内外科技型企业间的竞争与合作关系。本土科技型企业的发展，尤其是区域集中的企业之间的关联，恰恰是本地根植性的反映，从而使高新技术产业集群更加稳固。同时，要加速区域内资本的流动，在产业价值链配套与延伸的基础上，鼓励企业之间互相持股，形成立体的集聚方式，使集群内企业之间增强竞争，但是更多的是内部合作，并且以合作的形式共同应对外部竞争，增强整个集群的竞争力。三是构建有效的集群外部人才关系网络。在产业集群的成熟期，集群内部形成大、中、小不同规模企业相互协作的创新网络，并且具有对外竞争的优势地位。在这一背景下，持续保持集群的竞争力成为关键，这就要求产业集群内的企业必须持续地进行技术创新。所以，需要源源不断的智力资本作为保障。不仅要坚持集聚本土化的智力资本，更要加强区域外部智力资本知识溢出的利用。然而，知识流动的外部效应通常只发生在那些核心智力资本所居住的周围区域。因此，对于谋求产业集群驱动创新发展的城市而言，一个明确的思路与目标就是，构建起有效的通达国内外核心智力资源所在区域的关系网络，利用外部智力资源为本地的集群创新提供源源不断的动力。

四、苏州：自主创新引领城市发展

自改革开放以来，苏州成为全中国发展最快的城市。苏州的城市发展经历了三个阶段，依次为乡镇工业发展阶段、外向经济发展阶段和自主创新阶段，前两个发展阶段的经验被总结为"苏州模式"，并被很多其他省市借鉴效仿。近年来，苏州加快创新城市建设，将提高区域和企业的自主创新能力定为主要目标，提高自主创新能力成为苏州城市发展的第三阶段。凭借其优厚的经济基础、完善的基础设施和高效的行政管理，苏州提高自主创新能力的主要手段是推动创新要素向企业聚集和整合全社会科技资源，包括：加大企业科技投入，同时将税收优惠政策扩大到省级以上高新技术企业；对省级以上孵化器"四税"减免，激发企业创新热情；实施"人才强市"发展战略，不断完善人才引进与培养机制，推动创新型人才集聚。苏州市第一、第二阶段发展模式的亮点是以外向经济为主导，发展县域经济，第三阶段的亮点在于现代化工业园区建设。

一是外向型经济主导：大力发展县域经济。发展县域经济是"苏州模式"的特色之一。其主要做法是政府主导带动乡镇企业发展，通过体制创新吸引外资和产业园区建设帮助农村人口向城镇转移，推动城乡一体化发展。具体而言，第一，实施开放拉动战略。由于乡镇拥有直接支配可使用的建设用地的权力，县级领导通过行政手段，对土地进行整理开发，招商引资。第二，引入横向竞争机制。从20世纪90年代开始，苏州的县市就存在激烈的竞争，年终考核不仅看 GDP 的增长率，还要看县市之间的排名。这种你追我赶的动力精神，是苏州县域经济整体发展都很快的重要原因。第三，赋予县域领导充分的领导权、决策权。同时加大考核力度，根据完成的指标和业绩决定县领导干部的奖励考核。第四，从长远出发制定开发区的规划。苏州的开发区规划借鉴了新加坡的经验，把开发区建设为一个适宜人居住的新城区。利用房地产开发，教育、商场、公园等基础设施建设吸引常住人口。第五，营造招商环境，注重产业特色建设。利用外资是"苏州模式"的重点，同时苏州各县市的产业各具特色，如张家港注重新能源新材料行业发展，太仓拥有纺织和电子产业集群，昆山致力于高科技农业和光电产业建设。由于"苏州模式"的可复制性，县域经济的发展模式值得全国许多中小城市借鉴学习。

二是自主创新驱动：建设综合工业园区。改革开放以来，苏州工业园区在城市建设中大放异彩，借鉴新加坡的经验，大力引进外资，建立制造基地、提高制造能力，从而实现了加工贸易的梯度增长。在提升自主创新能力的第三阶段，苏州工业园区进行了重大的转型升级，主要做法可以概括为以下三个方面：第一，搭建首个国家级境外投资服务示范平台。苏州工业园区搭建了国家级境外投资服务示范平台，为企业海外投资提供政策咨询等服务，以让更多的中国企业及各类服务机构共享境外投资机遇，了解和防范投资风险，寻求可持续的发展合作机遇。第二，开展开放创新综合试验，加快园区走出去的步伐。建设中国—白俄罗斯工业园，致力于将其打造成丝绸之路经济带上的亮点和双边互利合作的模范。第三，探索多元化的国际化发展路径。通过创建国际科技园区、实行系统化的国际化教育、建立国际研发创新中心等，为园区注入更多的国际化发展元素。苏州工业园区的发展实践证明，转型升级与创新发展是相辅相成的，转型升级需要创新推动，创新发展有助于转型升级。配合国家政策和发展战略，结合园区自身发展优势和潜力，将园区生产资源、人力资本、创新技术、智力资源、管理水平等因素进行优化配置，在去除过时、落后产能和增加先进、新兴产能的过程中，加大研发投入、引进智力资源、创新管理体制是关键。

五、淮安：创新发展受到的启发

从上述四城的城市创新实践可以看出，知识经济和全球化背景下城市的发展模式必须以提升创新能力为目标，实施创新驱动战略，注重创新产业培育、创新要素培养、创新平台建设、创新环境营造。同时，需要具备国际化视野，要积极学习国外建设经验和前沿城市规划理念，以人为本培养城市可持续创新能力。政府在城市发展过程中要减少对创新的干预，通过政策引导、搭建平台、公共服务等合理发挥政府的职能，面对市场和各创新要素扮演好规划者、评估者、协同者、优化者身份，保障城市创新系统的良好运行。对淮安市的政策启示主要有以下四个方面。

第一，坚定落实科学完备的顶层设计，统筹区域发展规划，突出城市发展特色。城市建设是一项系统过程，宏观层面的制度设计和战略规划，关乎经济社会发展中方向性、全局性的决策。阿姆斯特丹政府早在2007年就提出可持续创新城市建设计划、绿色城市建设计划，这些计划仍然符合现在的城市发展要求。"淮安模式"也正是因为淮安政府对当时国内外政治经济环境的准确判断，才能在国内城市建设大潮中脱颖而出。

第二，合理整合地区创新要素，搭建多层次科技创新服务平台。城市是创新要素的汇集地，如何实现资源合理配置尤为重要。淮安的成功经验证明了有效的公共服务平台（包括产业园区、综合创新区建设），对整合社会资源、促进区域经济发展具有很大作用。特拉维夫通过建设"玛雅"孵化器，培育了许多高新技术企业，成为当地经济增长的强劲动力。

第三，改善城市创新氛围，弘扬创新创业文化，有效发挥政府职能。特拉维夫政府将自己定位为创新的服务者，注重城市创新环境建设的细节、保护历史文化遗产、设立包容开放的城市标语等。这种尊重文化，鼓励创新的行为，给予了许多处于创业初期的创业者以信心，同时激发了年轻人的创业梦想，带动了整个城市的创新活力。阿姆斯特丹智慧城市规划的工作项目致力于工作环境改善和工作效率提高，通过提升城市品质吸引高端人才。

第四，增强创新主体之间的联系，完善城市创新网络。创新主体由高校、政府、科研机构、企业等共同构成，构建有效的网络协调体系是城市创新系统内部演化的基础，也是提高城市自主创新能力的关键。

第四节　创新驱动城市经济高质量发展总体思路

一、指导思想

全面贯彻党的十九大精神，坚持创新是引领发展的第一动力。按照党中央、国家对创新驱动发展的政策要求，围绕创建国家创新型城市、"零侵权"城市的要求，充分利用淮安创新资源要素，实现创新理念的逐步发展，形成相对完善的创新模式。坚持创新驱动，进一步发挥科学技术的引领和支撑作用，推进淮安经济社会又好又快地发展。

二、基本原则

1. 坚持创新驱动，高端引领

面向产业发展战略需求，集聚高层次创新创业人才，打造高水平科研机构，建设科技服务体系，培育创新型企业集群，推动新兴产业做大做强、传统产业提质增效、现代服务业提速发展、制造业向中高端迈进。

2. 坚持深化改革，双轮驱动

正确处理政府和市场的关系，发挥市场资源配置的决定性作用，营造公平、开放、透明的创新生态，激发创新主体的创新动力。深化供给侧结构性改革，建立市场集聚创新要素、配置创新资源的新机制，促进创新要素按经济发展规律自由流动，不断发挥市场配置资源的广度和深度，推动政府职能从研发管理向创新服务转变。

3. 坚持统筹协调，融合发展

把科技创新摆在发展全局的核心位置，坚持科技创新规划与国民经济和社会发展规划衔接制定、科技创新事业发展与经济社会发展统筹推进、科技体制改革与经济社会领域改革协同配套、民用科技与军工技术融合创新，实现科技创新、制度创新、管理创新的有机统一。

4. 坚持主动对接，开放创新

树立国际化视野，抓住长江经济带、沿海开发、淮河生态经济带等国家重大战略及江苏着力建设具有全球影响力的产业科技创新中心的机遇，进一步融入江苏及全球创新网络，重点对接苏南国家自主创新示范区和北京中关村、上海张江、武汉东湖、深圳等国家自主创新示范区，构建开放的创新机制，拓宽国际国内创新资源的利用渠道，提升对外开放合作水平，创造更加积极主动的国际合作新局面。

5. 坚持整体推进，重点突破

强化科技发展的全局意识，注重科技创新的系统性、整体性和协调性，从实际出发选准主攻方向，力争率先在全市经济社会发展的重要领域和产业技术创新的关键环节取得突破，努力实现以重点突破之功，收全局推进之效，充分发挥科技创新的示范引领作用。

三、发展目标

到 2025 年，淮安的发展目标是科技型产业和创新型企业明显壮大，创新创业体系基本建成，科技综合实力明显增强，基本形成以技术、品牌、质量为核心的区域创新优势，使淮安成为科技发展主要指标位居苏北前列的自主创新高地、人才集聚高地和成果转化高地，建成国家创新型城市、国家知识产权示范市。

1. 科技创新综合实力明显提升

到 2025 年，科技进步对经济增长贡献率确保达到 60%，万人有效发明专利拥有量确保 12 件，百亿元 GDP 专利授权数达 450 件。

2. 创新型经济主线更加鲜明

到 2025 年，高新技术产业产值超过 4000 亿元，占规模以上工业总产值比重确保达到 38%。

3. 创新要素支撑明显增强

到 2025 年，全社会研发投入占地区生产总值的比重力争达到 2.5%，企业研发投入占全社会研发投入比重达 90%。

4. 创新创业体系更加完善

到 2025 年，建成国家级重点企业研发机构 5 个，产业公共研发机构实现重点产业基本覆盖，重点打造 15 个产业（企业）技术研究院、25 个重点实验室；产业园区科技公共服务平台初具形态，全市科技服务业总规模达到 800 亿元。

5. 科技创新更加惠及民生

到 2025 年，全市公众科学素质显著提高，科技创新在枢纽淮安、智慧淮安、健康淮安、美丽淮安、平安淮安建设中的支撑引领作用显著增强。

四、路径选择

1. 构建创新型产业发展体系

优化与调整产业结构，创新产业链接机制，尽快实现产业结构的转型与升级。重点发展战略性新兴产业，构建以知识产权为基础的专利导向式发展思路，形成以新兴产业为主导的区域产业发展模式。加大对自主品牌的培育力度，努力实现政府对知识产业指标的合理采购，促使政府构建完善的科技经费购买专业服务体系，提升自主品牌企业的活力。

2. 创新人才培养与引进方式

优化人力资源布局，建立与产业结构发展相符合的人才引进与培养机制。构建以市场、知识、业绩、素质为核心的人才评价体系，营造一个适宜人才脱颖而出的机制体制，尊重创新、保护创新、鼓励创新。遵循淮安多园产业发展模式，依据产业园区发展特色，完善人才基地建设。顺应

"大众创业、万众创新"的发展态势，推进"众创空间"的建设，建立适合创新创业的政策环境。

3. 建立多元化管理与运行机制

优化政府组织结构，将开发区灵活高效的特征与行政区完善的功能布局相结合，构建良好的行政管理体系，实现政府职能由管理到服务的转变。协调创新主体与政府的关系，建立适宜创新发展的体制机制。完善多元化的创新环境，加强城市生态文明建设，推动创新城市可持续发展。完善政、学、企协作发展机制，加快创新成果的转化。

第五节　创新驱动城市经济高质量发展的战略措施

在实证分析和借鉴国内外相关经验的基础上，从企业、政府、市场和文化四个方面提出淮安市深入实施创新发展战略的实现路径。以增强企业创新能力为核心，着力培育创新。企业应当做好技术创新、商业模式创新、产品创新、品牌创新和组织创新。在政府方面，应着力于实现体制机制创新驱动科技创新。体制机制创新是科技创新的关键，推动体制机制创新要从健全人才制度、完善知识产权制度、构建技术创新体系、创新金融财政制度、加强政府创新等方面入手。要以集聚高层次人才为支撑，着力构筑淮安人才高地；以推进科教协同创新为突破口，着力促进创新高效配置。在文化方面，要从"受技术驱动的文化"转向"由市场驱动的文化"；大力培育自主创新文化以及营造良好知识产权保护氛围。

一、优化创新环境，增强社会对创新的推动力

创新环境是影响科技创新活动的重要软因素，能够在潜移默化过程中发生作用，作为科技创新环境的重要组成部分，创新文化、制度以及金融保障体系与区域科技创新活动相互促进，具有十分紧密的联系。

1. 营造浓厚的创新文化氛围

创新文化为制度创新、技术创新、管理创新等提供适宜的环境与土壤，也在一定程度上反映了整个地区对于科技创新活动的重视情况，能够在无形中激发全社会的创新热情。因此，在提升淮安市科技创新水平的过程中，需要强化对创新文化土壤的培育。一是要在全社会倡导敢为人先、敢冒风险的文化，大力渲染尊重创新、宽容失败的创新氛围，弘扬具有时代特征、淮安特色的创新文化。利用各类新闻媒体，加强对创新驱动发展、科技创新型城市建设以及重大科技成果、典型创新人物和企业的聚焦宣传，加大对创新创造者的奖励力度，激发全社会的创新创造活力。二是积极探索科技型小微企业临时救助制度，让创新创业者心中有底、后顾无忧。三是广泛开展科技创新创业大赛、创业沙龙等各种形式的创新创业活动，加快形成有利于大众创业、万众创新的环境氛围。四是深入实施万众科学素质提升战略计划，进一步加强青少年的科技教育工作，全面提高公民科学素养和创新意识，动员广大市民群众投身到实施创新驱动战略的实践中，大力普及科学思想、创新精神，营造热爱科学、勇于创新、勇于竞争与宽容失败的创新文化，全面优化创新环境。

2. 强化政府对创新的制度保障

首先，建立和完善激励创新的政策和法规体系。科技创新涉及社会的各个领域，是一项非常复杂的系统工程。需要政府的科学规划与合理引导，为科技创新发展保驾护航。首要的是应该建立与完善相关的政策法规。具体而言，一是要重点在财税、金融、产业、人才等方面加大政策支持力度，并将科技创新政策落实情况纳入各级政府工作评价范围。二是要强化导向，把激励政策的重点放在培养、引进高端人才和创新创业团队上，把政府收入的重点放在支持科研和成果转化上，把税收扶持的重点放在培育发展创新型企业和高技术产业发展上，形成主攻重点，突破难点的鲜明政策导向。结合淮安市产业基础和科技资源禀赋，按照"发展层次高、市场前景好、资源消耗低、带动系数大、综合效益佳"的原则，以高端装备制造、化工新材料、电子信息产业等新兴产业高成长性产品为主攻点和突破口，编制和实施重点产业、高新技术产业和战略性新兴产业指导目录，引导各类资本和创新要素投入，并据此编制相关产业发展规划，制定、修订和实施科技创新和产业高端化发展扶持政策。

其次，完善科技评价体系。一是完善评价标准。科技评价要体现差异化，对从事不同研究的科研人员，采取不同的考核方法，要遵循科学规律，营造能充分发挥科研人员自主性、创造性的宽松创新环境，容忍失败。对科技研究特别是基础研究的人才，评价的核心应该是新理论、新方法，衡量的指标应侧重是否首创以及论文的影响力等；对技术研发人才，评价的核心应该是技术成果和技术服务，衡量指标应为专利和技术水平；对工程开发类人才，评价的核心应是成果转化，衡量指标应侧重新工艺、有市场前景的新产品；对产业化支撑人才，评价的核心应该是产品质量和经济效益。二是科技评价的评级主体应逐步由行政部门改为独立的学术团体，构建公开透明的科研资源管理和项目评价机制，增强评价的透明度和科学性。三是增加企业在项目评审中的发言权。目前，淮安市科技项目的"裁判权"主要掌握在专家手中，然而专家擅长学术研究，对市场应用的判断却欠缺敏感性。因而，在项目征集、立项、评审中都应增加企业人士的比例，最终评价也要将市场所产生的效益作为重要标准。

最后，构建高效健全的知识产权体系。淮安市要健全知识产权保护体系，市科技部门可以通过建立信息平台，实现与知识产权管理部门的协同合作，对信息进行详细的战略分析，实现自主知识产权的提升和保护，同时开拓市场，切实保障科技人员的知识产权权益。

3. 优化创新金融支撑环境

（1）大力培育和发展创业投资。引导境内外创业投资资本进入淮安，探索建立创业投资机构集聚区。加强与知名创业投资机构及行业组织合作，建立健全长效合作机制。积极鼓励社会资本设立科技孵化基金，支持股权投资企业或投资管理机构向国家、省有关部门申请设立科技成果转化引导基金、创业投资引导基金等的子基金。建立创业投资补助机制，对在淮安市注册并投资于淮安市的初创期科技型小微企业的创业投资机构予以奖励。

（2）鼓励面向科技企业的金融创新。整合社会金融资源，吸引民营银行、村镇银行、小额贷款公司、融资担保公司、融资租赁公司、典当行、再担保公司等新型经济金融组织集聚发展。大力发展股权众筹、互联网金融等新型业态。积极发展为科技创新服务的非银行金融机构组织，支持各类融资租赁机构在我市成立总部或开设分支机构，为企业、科研院所开展科技研发和技术改造提供大型设备、精密器材等租赁服务。

（3）扶持中小型科技企业上市融资。以国家扶持政策为导向，完善本地区政策配套，支持中小型科技企业上市、再融资和并购重组。通过专项补贴、贷款贴息等方式，减轻企业上市重组过程中出现的各类财政负担，促进中小型科技企业加快上市融资的发展步伐，着力培育自主创新主体。加大对贷款担保机构的风险补贴支持，保障贷款担保单位在向中小型科技企业提供贷款过程中的资金安全。同时，鼓励中小型科技企业利用债券市场融资。支持中小型科技企业通过发行企业债、公司债、公司票据以及私募债等产品进行融资，并且通过优化相关部门工作流程，提高发行工作效率，为科技企业发行债券提供融资便利，切实减轻中小型科技企业的融资负担成本。

二、集聚创新资源，夯实创新发展基础

资金、人才、创新平台是创新发展的三大资源要素，是实现淮安市科技大发展的基础。前文的分析研究表明，淮安市在资金投入、人才投入以及创新平台建设三个方面都处于较为落后的水平，需要引起相关部门的高度重视。

1. 提高研发投入强度

（1）加大政府对科技创新的投入。研究表明，科技创新投入具有明显的乘数效应，能凭借较小的投入获得较大的回报。因此，淮安市在确保科技投入法定增长的基础上，应提请市、县两级财政加大对科技分类专项的投入力度，逐步提高财政性科技投入占地区生产总值的比例。转方式、调结构，确保财政科技专项投向企业占经费的80%以上，逐步形成以政府投入为引导，企业投入为主体，金融、社会力量融资等多形式、多渠道的科技投入机制，促进企业自主创新和科技成果转化。此外，要按照突出重点、效益优先的原则，合理分配科技计划项目资金，加大对于中小企业的扶持力度。安排科技型中小企业创新资金、名牌产品奖励资金、科技创新资金，落实政府多项配套补助资金、高新技术产业化资金等资金扶持项目，实施中小企业税收优惠政策，千方百计地助力中小企业发展壮大。

（2）鼓励企业加大对科技创新的投入。目前，淮安市企业研发投入强

度还比较低，企业进行技术创新的动力不足，缺乏创新热情，对粗放型经济增长方式的依赖性仍然比较强。针对这一问题，政府应该制定有利于促进企业在资本市场发展的法规与办法，如宽松的信贷政策与优惠的税收政策等，争取在短期内实现从政府、企业多元化投入形式转变为企业投入为主。通过制定相关推动企业科技创新的优惠政策，如允许企业提取当年营业收入的一部分资金用于研究开发，对这部分资金依法享受免税政策。支持企业从科研成果转化为生产的经济收益中，按比例提取部分资金奖励自主知识产权与核心技术拥有人员以及对于自主知识产权、核心技术研发做出了巨大贡献的科技人员。对于创办科技型中小企业与小型微利企业的科技人员，按照国家以及本级政府的有关规定给予优惠政策扶持。

2. 加速构筑创新人才高地

（1）立足对本土创新人才的培育。通过政府岗位津贴、人才专项奖励、学习深造资助、科研项目资助等政策倾斜保障，多方位加大对本土高层次人才、紧缺人才、传统工艺人才的培养力度。不断完善人才信息库建设，健全人才服务管理体系，实施人才管理领导班子定期走访、慰问、座谈制度，了解人才工作和生活情况，帮助解决实际问题，从而在本土形成重视人才、发掘人才、培养人才、留住人才的良好氛围。调动本土人才为淮安的发展多做贡献的积极性。

（2）加快集聚高层次创新人才。坚持"不求所有，但求所用"的柔性引才方式，面向境内外建立更加开放灵活的人才引进和使用机制。大力实施"借智登高、引智兴莆"战略，拓宽高层次创新型人才引进渠道，瞄准海内外"高、精、尖"技术领军人物和科研团队，吸纳更多高层次人才来淮安工作。支持全国知名高校、科研院所的教授、博士到企业一线开展技术攻关和产品开发。把招才引智与招商引资、项目推进有机融合起来。以项目引人才，以人才带项目，以引才促项目，把高层次、紧缺专业人才引进与骨干企业、研发机构、专业院校等载体建设结合起来，实现人才与项目的无缝对接。

（3）努力完善人才市场功能。拓展招聘服务手段。以淮安市人事人才公共服务网为依托，积极拓展招聘服务内容，并探索与周边大城市一些知名人才网合作，实行联动网上招聘的招才策略。从企业实际需要出发，以专业型、紧缺型人才为重点，举办各类特色性强的人才招聘会。积极推广柔性流动、借脑融智的人才集聚模式。支持民间人才中介组织的规范发展，着力提高人才中介组织的整体实力。以现有人才市场为基础，积极探索与中介人才招聘机构、猎头公司建立合作关系，逐步形成以政府部门主办的人才市场为主体、民间人才市场为支持、域外人才市场为补充的有形人才市场新格局，更好地为招聘高层次人才单位提供服务。

3. 推动科研基础平台建设

（1）加快淮安高新技术产业园区建设。2017 年，淮安高新园区成功升级为国家级高新技术产业开发区。这也是淮安第一个国家级高新技术产业化基地。依托淮安高新区，带动了淮安市以电子信息、中高端机械装备制造、新能源汽车及零部件等产业集群的飞速发展。但是，目前高新区建设还不能完善，未能达到国家相关的要求。因此，需要进一步完善管理体制，大力引进科技型高新技术企业，做大做强龙头企业。完善配套设施建设，提高高新技术产品产值的占比，促进高新区尽快达到国家的标准要求。

（2）加快基础、行业、区域三类重大创新平台建设。坚持以科技资源集成开放和共建共享为目标，完善科技创新平台建设，探索创新的体制机制，真正实现资源共享。积极争取在盐化凹土新材料、新一代信息技术、新能源汽车及零部件、食品、智能装备制造等产业扩大建设技术创新服务平台，提升整体的公共服务品质。

（3）加快重点实验室、工程技术研究中心等创新载体建设。加快建设淮安市科技创新能力，促进提升科技创新水平，其基础在于提供满足于创新的载体条件。因此，淮安市应着力于优化重点实验室和工程技术研究中心等创新载体的布局。一方面，在高校、院所大力推进重点实验室的建设，并鼓励和支持企业与高校、科研院所联合共建重点实验室。同时，向社会和企业开放共享，真正实现在创新型企业集聚优质的创新资源。另一方面，布局行业技术中心于龙头骨干企业、高新技术企业和战略性新兴产业等领域，提升自主创新能力，发挥研发所带来的乘数效应，推动区域科研能力的提升。

三、强化企业创新的主体地位，构建高效的区域创新网络

在市场经济背景下，企业既是科学技术的需求者，也是区域科技创新

最重要的主体，而高校与科研机构、政府部门以及科技中介是支撑企业创新的主体之一。但长期以来，淮安市企业整体的科技创新能力仍比较薄弱，政府在创新活动的越位和缺位也在一定程度上压制了企业创新，导致企业并未真正成为技术创新的主体，亟待强化企业创新的主体地位，建立以企业为主导的区域创新网络。

1. 增强企业自主创新能力

（1）建立高水平的研发机构。加强淮安市企业研发机构建设规划的顶层设计，建立以企业为主导的产业技术研发创新的体制机制以及对重要创新平台的持续滚动投入机制，改进政府财政的科研投资方向，将资金更多地投向企业。一方面，对于本地区有一定发展规模和研发实力的大中型企业，应该积极鼓励和支持其建立独立的科研机构，并将企业的重大技术攻关项目纳入政府的科技课题中，给予相应的经费支持；另一方面，对于研发能力比较弱的小微型企业，要支持企业建立消化吸收型的产品研发部门或开发机构，选择适合的技术依托单位，加强对技术的引进、消化与吸收，在消化与吸收的基础上，根据企业的自身特点逐步形成具有某方面优势以及一定特色的技术中心，逐渐走向自主研究的发展道路。同时，在企业运作机构内部实施鼓励多出创新成果的竞争机制，以推动科技创新能力的提高。

（2）支持企业开拓市场。积极推动将企业符合条件的自主创新产品和服务纳入淮安市自主创新产品目录，并向上一级政府自主创新产品目录进行推荐。同时，采用首购、订购、首台重大技术装备试验示范项目和推广应用等政府采购方式，加大政府对于自主创新产品的采购力度，建设淮安市采购信息网站和自主创新产品展示交易中心，支持企业承接江苏省以及本级政府立项的重大建设工程，并给予担保费用、贷款利息等补贴。

（3）推动企业制度创新。企业制度是企业发展的保障，同时是企业加速发展的重要推动力。将企业技术创新与管理创新紧密结合起来，支持企业建立知识产权管理体系、质量保证体系，把机制创新、技术创新与管理创新作为经营发展的核心战略，鼓励和支持企业进行产品形态创新、商务模式创新以及组织模式创新。

2. 加强高校与科研机构创新能力建设

高校和研究机构在区域科技创新中起到的是基础研究与知识创造等创新源的作用，是发展知识经济与高技术产业的重要策源地，但由于历史原因，淮安市的高校数量少，科研实力也比较薄弱。目前仅有两所本科高校，与省内外其他高校相比，淮安学院的科研实力也处于相对落后的水平。这就要求在加强淮安知识创新能力的建设过程中，要立足实际。一方面，充分调动淮安市高校与科研机构的科研积极性，鼓励多出原创性科技成果。尤其是要重视科研机构的发展，针对科研机构体制僵化、科研成果少、转化率低的问题，积极寻求将现代企业管理制度引入科研机构管理中，利用技术、人才等优势，通过股份制改造、资产重组等方式，创办新兴科技型企业，使科研机构人员能够直接进入市场，以市场需求导向催发科研开发，充分调动其积极性，发挥市场机制调配创新资源的作用。另一方面，积极争取引进其他地区的科研资源。通过提供优异的科研环境、丰富的科研资源以及具有竞争力的人才引进机制，激励具有雄厚科研实力的高校与科研机构来淮安设立分部，提高淮安的自主创新能力。

3. 建立完善的科技中介服务网络

（1）适度扶持发展公共科技中介服务体系。建立相对独立的第三方科技中介机构，鼓励和促进非营利科技中介机构的发展。通过培育市场需求、培养人才和制定法规等手段，促进专业型中介公司在市场竞争中的出现和成长。向社会和企业将实验室、研究室、工程技术中心和企业技术中心的技术创新资源开放共享，真正实现优质创新资源集聚效应。对重大事项决策、重大项目论证和重要工作部署进一步依靠中介机构，建立健全中介机构机制体制，推进决策科学化、民主化的同时，为科技中介机构创新开创自由的发展空间。

（2）建立现代化的科技中介网络服务平台。在现代化科技飞速发展的今天，网络已经深入经济、文化等领域的建设和发展，在科技领域推动网络化建设早已成为基础，而深入科技发展，需要建立现代化的科技中介网络服务平台。因此，依托现代信息网络技术，需要整合政府、科研机构高校和企业的信息资源，实现服务与需求的信息对接，建立信息支撑体系，协同发展科技中介服务机构与高校、科研机构以及科技企业。

4. 构建产业技术创新战略联盟

构建产业技术创新战略联盟是以实现企业需求以及其他各方共同利益为目标，以企业、高校、科研机构以及其他组织为主体，以具有约束力的契约为依托，实现共同开发、优势互补、风险共担、利益共享，构建新形势下产学研结合的新型创新组织。产业技术创新战略联盟的构建有助于提高产学研的组织化程度，从战略层面上建立稳定、有保障的合作关系；有助于整合创新资源，引导创新要素向企业集聚；有助于确保科研与生产之间的紧密连接，缩短创新成果的产业化时间；有助于推进技术集成创新，实现产业结构的优化升级，提升产业竞争力。就淮安市而言，建立产业技术创新战略联盟要以鞋服加工、食品加工、工业美术加工等支柱产业以及装备制造业、信息产业等战略产业的技术需求为导向，以企业为主体，围绕产业创新链，运用市场机制集聚创新资源，同时发挥政府的引导协调作用，实现企业、高校与科研机构在战略层面的整合以及资源在主体间的有效分工与合理衔接，共同突破技术瓶颈，形成统一的产业技术标准，同时实施技术转移，加快科技成果的商业化运用速度，提升支柱产业和战略产业的整体竞争力。

四、全面深化改革，完善创新驱动体制机制

体制机制作为制度的组成部分，是对知识和人力资本等一系列物化要素的宏观统筹，引导全社会创新要素向合理化和均衡化方向发展的自组织运动，从而深层次激发创新驱动的活力。

1. 深化经济体制改革

经济体制改革是一项基础性改革内容。通过经济体制改革充分释放经济活力，营造公平公正的市场环境，为创新驱动提供最基本的制度基础。一方面，要加快国有经济体制改革。对国有经济布局和结构进行战略性调整，鼓励国有资本从一般性竞争领域退出，集中专注于公共服务领域和重大基础产业。深化国有企业体制改革，鼓励国有企业进行股份制改制，建立经营权和所有权相互分离相互制约的现代企业管理制度，完善国有资产监督管理体制。建立国有企业技术创新激励机制，引导国有企业参与市场

竞争。对在新产品、新技术、新工艺及新商业模式开发上有重大突出贡献的技术和管理骨干给予公司股权、期权奖励。将研发投入和创新绩效纳入年度考核指标体系，并保障以上的国资收益用于提升国有企业的创新能力。另一方面，要加大对非公有制经济的鼓励、支持和引导。营造民营企业与国有企业在生产要素使用和市场竞争参与过程中的平等环境，拓宽民营企业的发展空间，在财政和税收上支持民营中小企业的自主创新活动。

2. 推进行政管理体制改革

完善创新驱动体制机制的同时也要做好推进行政管理体制改革工作，要做好政事分开，将政府中介组织与市场的中介分开，将政府的职能地位凸显出来，建立一个权责分明、相互制约的现代服务型政府。对行政审批制度也要加强改革，建立完整的流程，推行"三集中"政策，对审批、决策、监督等有关事宜进行全面规范。同时，建立政府绩效管理体系，设置科学的绩效评价考核指标体系。全面提升政务管理信息化水平，实现资源共享、协同办公、快速响应、科学管理。完善政务信息公开机制，扩大公开范围和内容。只有规范了体制改革，才能全面提升政府的政务能力，实现资源共享，才能将政策快速地落实下去，政府的信息公开机制才能得到完善，淮安市创新驱动发展才能有支撑和保障。

3. 推进科技管理改革

科技管理改革是针对科技创新领域的专项改革内容。通过科技管理改革，加强科技创新顶层设计，优化科技资源布局，引导科技与经济结合，为创新驱动提供直接动力。加强对科技创新活动的统筹规划，保障重大基础领域和关键技术领域的创新投入和超前部署，增强区域整体竞争力。完善高新区、公共研发平台等科技创新载体的管理制度，促进资源共建共享，激发协同创新效应。建立完善的科技与经济结合体制机制，包括科技成果转化机制、产学研合作机制、科技评价与奖励机制、创新创业服务机制、科技中介服务行业规范等，注重各机制间的内在关联性、重叠性及部分协作性，形成一套交叉融汇、互联互通、逻辑紧密的体制机制网络体系；真正起到引导科技资源向经济社会发展一线聚集，科技成果转化为现实生产力的效果。研究科技与金融结合专项体制创新，科技金融体制属于创新创业服务体制中的一个子系统。中小企业在技术创新过程中面临的最大的问题就是资金问题，很多企业虽然有创新的想法和动力，但缺乏有效的资金流来支持创新所需要的大量资金。金融和创新一样，是一种高级形态的博弈，需要承受巨大的风险，但风险背后是高回报率，需要敢于冒险和宽容失败的精神，因此将科技金融结合机制创新作为一个独立的子系统进行专项研究和推进，并将这一重大体制创新模式推广和复制到其他领域，能够充分调动全社会创新的积极性，具有战略性意义。具体实施包括：建立科技企业信用数据库、完善风险评估专业机制、放宽对商业银行科技支行或科技信贷部的各种管制、鼓励知识产权质押贷款、支持科技中小企业上市融资等。

第四章

加快新旧动能转换重塑
城市产业发展新生态

"淮安人杰地灵，是周总理的家乡，把周总理的家乡建设好有象征意义。"这是 2013 年全国两会期间习近平总书记对淮安的殷殷嘱托与重大指示。加快新旧动能转换，重塑产业发展新生态，助推经济高质量发展，就是新时代淮安建设好周总理家乡的最重要的责任与使命。

淮安地处江苏北部中心地域，坐落于京杭大运河、淮河的交汇点，下辖清江浦、淮阴、淮安、洪泽四区和涟水、盱眙、金湖三县。淮安经济技术开发区单列，统计单独列统。

截至 2021 年末，淮安市常住人口 456.22 万人，比上年增加 0.07 万人，其中城镇常住人口 302.06 万人，常住人口城镇化率达 66.21%，常住人口出生率为 5.37‰，死亡率为 8.07‰。2020 年 10 月 22 日中国社会科学院与经济日报共同发布了《中国城市竞争力第 18 次报告》，对国内 293 个城市的经济竞争力和 288 个城市的宜居竞争力、可持续竞争力、宜商竞争力进行了评估。作为二线城市，淮安在这 4 个指标上全部进入全国百强，经济竞争力居全国第 62 位，宜居竞争力、可持续竞争力和宜商竞争力分别为第 89 位、第 77 位和第 71 位。其中，特别值得一提的是较之上年淮安的宜居竞争力提升了 44 位。在 2018 年 11 月工信部赛迪研究院发布的《2018 年城市产业竞争力指数白皮书》中，淮安的产业竞争力居全国第 66 位。两大国家级研究机构所发布的报告，从一定程度上反映了新时代淮安经济高质量发展的阶段性特征，也反映出从全国层面看，加快新旧动能转换，淮安有着良好的基础与光明的前景。

第一节 城市新旧动能转换的现状与成效

面对错综复杂的经济环境，淮安深入践行新发展理念，紧盯高质量发展要求，科学施策、攻坚克难，工业经济结构继续优化升级，新动能持续成长，延续稳中有进的发展态势。2021 年实现 GDP 4550.13 亿元，按可比价格计算，增长 10.0%，两年平均增长 6.5%。人均 GDP 达到 99768 元，按可比价格计算，增长 11.0%，按当年平均汇率折算为 15464 美元。全年规模以上工业总产值比上年增长 27.8%，两年平均增长 16.6%；工业增加值增长 14.6%，两年平均增长 9.5%。规模以上工业企业实现利润总额 180.39 亿元，比上年增长 24.5%，两年平均增长 11.7%；工业企业营业收入利润率为 5.87%，比上年提升 0.19 个百分点。实现一般公共预算收入 297.02 亿元，比上年增长 12.4%，两年平均增长 7.4%；全体居民人均可支配收入 34731 元，比上年增长 9.8%；城乡居民人均可支配收入分别达到 43954 元和 21884 元，分别增长 9.0% 和 10.9%。

一、新旧动能结构正在发生深刻变化

1. 三次产业结构不断优化

淮安市 2021 年全年实现 GDP 4550.13 亿元，按可比价格计算，比上年增长 10.0%。其中，第一产业增加值 423.32 亿元，增长 3.4%；第二产业增加值 1889.21 亿元，增长 9.8%；第三产业增加值 2237.60 亿元，增长 11.6%。三次产业结构优化调整为 9.3∶41.5∶49.2。

2. 三驾马车支撑稳健

从投资方面看，2021 年全市规模以上固定资产投资完成额比上年增长 5.2%，其中民间投资增长 6.4%，占全部投资比重达 81.2%。从消费方面看，全市实现社会消费品零售总额 1828.25 亿元，同比增长 9.1%。其中，限额以上单位商品零售额 514.30 亿元，增长 22.1%。从外贸方面看，

2021年全市实现进出口总额59.9亿美元，比上年增长20.6%。获批全国跨境电商零售进口试点城市，新培育跨境电商企业超300家，淮安电子商务现代物流园被评为全市首家省级跨境电商产业园。

3. 固定资产投资坚持实体导向

2021年全年规模以上固定资产投资比上年增长5.2%，其中民间投资增长6.4%，占全部投资比重达81.2%。分类型看，房地产开发投资增长10.1%，项目投资增长3.6%；工业投资增长12.8%，其中制造业投资增长26.8%，电气机械和器材制造业，计算机、通信和其他电子设备制造业，仪器仪表制造业投资分别比上年增长76.1%、31.8%、127.5%。金融中心一期工程顺利竣工，京杭运河淮海路大桥主体结构基本完成，里运河文化长廊、高铁商务区建设加速推进，淮安东站综合客运枢纽开工建设，市区内环高架一期进展顺利。制造业投资高质量推进，德淮一期、时代芯存等龙头制造业项目主体竣工，首辆"淮安造"纯电动新能源汽车正式亮相。

4. 民营经济蓬勃发展

积极培育科技"小巨人"和专精特新产品企业，帮助企业解决融资难题，完善中小企业服务体系。2021年全市民营工业增加值同比增长11.7%，比全市平均增速高6.9个百分点。民营企业1929家，占规模以上工业企业数量的比重为88.0%，吸纳就业人数占规模以上工业的64.6%，增加值占规模以上工业的比重为61.1%，利润占比为62.3%。从发展情况看，民营企业利润同比上升8.0%。其中，主营业务活动利润同比上升9.1%，主营业务收入利润率为10.9%。

5. 骨干企业支撑有力

围绕"更高质量推进转型升级"战略部署，按照重点突破、分类推进和滚动管理的原则，淮安进一步加快骨干企业做大做强。2021年，全市骨干企业工业总产值同比增长10.5%，利润总额同比增长16.9%。分类型看，拟上市企业、行业小巨人企业增长较快，产值同比增幅分别为20.0%、17.3%。拟上市企业、规模以上工业企业利润同比增幅分别为58.5%、14.8%。

6. 加速补齐基础设施短板

2021 年交通投资再创新高。完成交通建设投资 134 亿元，比上年增长 9.8%，投资总额创历史新高。连淮扬镇、徐宿淮盐铁路完成线下主体工程，徐宿淮盐铁路完成铺轨，综合客运枢纽全面开工建设，宁淮铁路前期工作取得重大突破。348 省道洪泽绕城段、淮安区东段建成通车，420 省道金湖段、235 国道盱眙段等干线公路建设有序推进。京沪高速公路扩建工程淮安段开工建设。淮安港许渡作业区、城东作业区一期工程建成并投入使用，新增港口吞吐能力 800 万吨。淮安机场二期扩建工程建成使用，金湖通用机场开工建设。运输业稳定增长。完成公路水路货运量 1.29 亿吨、货运周转量 398 亿吨公里，比上年分别增长 1.9%、2.1%。港口集装箱吞吐量 20.2 万标箱，比上年增长 17%，占全省内河运量 60%。淮安机场完成旅客吞吐量 151.6 万人次、货邮吞吐量 6286 吨，分别比上年增长 18%、26%；新增飞往柬埔寨、泰国等的航线，通航城市增至 30 个。全市行政村双车道四级公路覆盖率提升至 97.09%；新增 18 个乡镇开通镇村公交，镇村公交覆盖率达 100%。全市公路总里程达 1.34 万公里，其中高速公路里程 404 公里，一级公路里程 749 公里。

7. 行业结构质态向新向好

一是工业经济平稳运行。2021 年规模以上工业增加值比上年增长 4.8%，其中轻工业增长 3.1%，重工业增长 6.0%。分经济类型看，国有工业下降 9.9%，集体工业增长 4.9%，股份制工业增长 5.3%，外商及港澳台投资工业增长 2.7%。规模以上工业企业主营业务收入增长 10.9%，利润总额增长 9.2%。优势产业集聚发展。新一代信息技术、新能源汽车及零部件、盐化凹土新材料、食品等"三新一特"优势特色产业完成工业总产值 1116.70 亿元，占规模以上工业产值的 27.9%，比上年增长 9.9%。其中，新能源汽车和零部件、生物医药产业产值分别比上年增长 11.9%、22.9%。二是旅游业较快发展。2021 年全年旅游业总收入 413 亿元，比上年增长 15.6%。其中，国内旅游收入 409.23 亿元，比上年增长 15.7%；旅游外汇收入 2357.36 万美元，比上年增长 11%。全年接待境内外游客 3292.71 万人次，比上年增长 12.2%；接待入境过夜游客 2.6 万人次，比上年增长 8.6%。全市共有国家 A 级旅游景区 42 家，其中 AAAAA 级 1 家，AAAA 级

16 家；省星级乡村旅游区 52 家，省级自驾游基地 3 家、旅游度假区 2 家、工业旅游区 2 家、生态旅游示范区 2 家，省旅游风情小镇 1 家。星级旅游饭店 21 家。旅行社 112 家，其中四星级旅行社 2 家，出境社 5 家。持有电子导游证的导游 2228 人。西游乐园、白马湖生态旅游度假区二期、金湖水上森林休闲旅游度假区、萧湖景区生态旅游二期等被列为 2018 年省级重点旅游项目。

8. 开放型经济迈上新台阶

2021 年新设外资项目 165 个，比上年增加 19 个；协议外资 41.2 亿美元，比上年增长 7.2%，实际到账注册外资 12.0 亿美元，比上年增长 13.4%。外资重大项目取得突破，新设总投资 3000 万美元以上外资项目 89 个，较上年同期净增 20 个。台资项目加快集聚，新设及增资台资项目 41 个，实际到账台资 2.7 亿美元，比上年增长 49.2%。同时，跨国公司地区总部实现零的突破。江苏和兴汽车科技有限公司继 2014 年被省商务厅认定为跨国公司功能性机构后，2018 年被认定为跨国公司地区总部，成为全市首个跨国公司地区总部，也是苏北地区获认定的唯一一家跨国公司地区总部。

二、经济体制改革正在释放巨大红利

1. 深化行政审批制度改革

规范行政权力清单管理，推进"不见面审批"，建成全市统一标准的行政审批综合受理平台，建立全市自然人、法人基础数据库；推进县区组建行政审批局，实现全市"一枚印章管审批"，加快划转第二批行政审批事项至市行政审批局；推动涟水县深化"互联网+政务服务"平台建设，实现实体大厅和网上大厅的深度融合；推进市场综合监管体制改革，推进县区综合行政执法改革试点，开展金湖县全镇域和全市重点中心镇相对集中行政处罚权改革；推进"证照分离""照后减证"；加强涉审中介服务事项清单管理，取消无法律法规依据的中介服务收费项目，建立职业资格事项动态调整机制，逐步实现市县两级部门及所属事业单位涉企培训考试"不再收费"；推进政府机构改革和职能转移，研究制定新一轮市级政府机构改革方案，推动淮安经济技术开发区实施"大部制"改革。

2. 加快形成新型城镇化改革

积极推动"多规合一"、产城融合、土地制度改革、农业转移人口市民化等各项试点落地见效。推进"多规合一"成果在深化行政审批制度改革中的应用，压缩建设项目审批时限；建立健全支持农业转移人口市民化的财政、土地政策体系，推进金湖县农民工返乡创业国家级试点；推进洪泽区、涟水县、金湖县国家新型城镇化综合试点，形成可复制可推广的经验；深化土地供给侧改革，推动重点乡镇做强做优做特，探索培育供给侧小镇经济发展模式；优化乡镇布局，淮安区、淮阴区、盱眙县和金湖县完成年度布局优化任务；高标准推进涟水县高沟镇新一轮经济发达镇行政管理体制改革省级试点。构建乡镇"1+4"基层管理体制，推动施河镇等集成改革试点，打造全市综合改革试验区。持续重点打造12个特色小镇，引导特色小镇城乡融合发展。深化农村供给侧改革。加快五大功能片区规划实施，深入开展同一乡镇范围村庄建设用地布局调整和工矿废弃地复垦利用试点，支持盱眙县、洪泽区开展较大规模矿山复垦利用和"双减量"试点。深入推进农村土地"三权"分置和农村集体产权制度改革，建立农村集体产权市场交易机制，有序推进土地经营权抵押融资试点，稳步扩大股份合作、联耕联种等经营规模，新增土地流转面积20万亩，50%以上的村基本完成农村社区股份合作制改革。提升新型农业经营主体发展质态，新培育市级以上示范家庭农场、合作社各100个。

3. 加强财税金融改革

加强财税金融改革可以强化地方政府债务预算管理，规范推进政府购买服务、政府和社会资本合作，有效控制和化解政府债务风险，严守不发生系统性区域性金融风险的底线；深入推进金融供给侧结构性改革，全面落实金融支持实体经济的政策措施，推进线上综合金融服务平台和线下金融服务中心建设，打造优质高效的金融服务体系，不断优化金融信贷结构；积极履行财政职能，优化财政支出结构、多措并举做好资金保障，全力支持全市重点项目建设。

4. 推动要素市场化和强化产权保护

进一步整合市级专项资金，探索资金改基金模式，设立市重点产业发展基金；在全市范围探索"亩产论英雄"机制，着力提升土地产出率；推进自然资源资产确权登记改革，开展自然资源有偿使用制度试点；出台《淮安市完善产权保护制度依法保护产权的实施意见》，建立健全涵盖各种所有制经济的产权保护长效体制机制。

5. 加快开放型经济体制机制创新

创新外资项目监管方式，提升外资利用质态；创新委托招商、网络招商、基金招商等方式，推动省级以上开发区组建投资、建设、金融、人才服务四类集团公司；加快发展外贸新业态，推进跨境电子商务、综合服务平台建设，推动跨境电商监管中心投入运营；深化开发园区管理体制机制改革，推动园区整合提升。

6. 着力提升科技创新能力

建立健全产学研协同创新机制，推进优势特色产业技术协同创新联盟全覆盖；推进财政科技扶持资金使用和科技计划项目管理改革，完善以后补助为主的社会研发引导机制；建设市级技术交易市场，加速科技成果产业化；扩大市级科技成果转化风险补偿资金和大使投资引导基金规模；探索开展专利保险试点，开展知识产权质押融资工作。

总体看，经济体制改革不断深化较好地推动了经济健康持续发展，主要表现在以下几点：

（1）重点企业支撑有力。从应税销售看，2021 年全市 1991 户规模以上工业企业中应税开票超亿元企业 358 户，超 10 亿元企业 32 户，占全市应税开票总量的 38.1%，其中淮钢、淮阴卷烟厂、庆鼎精密电子、井神盐化、今世缘支撑作用较大。应税开票增量超亿元的企业 78 户，合计新增开票 220.56 亿元，拉动全市应税销售增长 12.1 个百分点，其中淮钢、庆鼎精密电子、清江石化、淮阴卷烟厂拉动作用明显。从入库税金看，1~12月市直 8 户重点企业入库税金完成 106 亿元，占全市工业入库税金的51.8%，税收贡献较大。

（2）主导产业增长平稳。2018 年"三新一特"优势特色产业应税销售完成 850.9 亿元，同比增长 10.2%，占全市应税开票总量的 40.2%。新一代信息技术产业应税销售完成 202.3 亿元，同比增长 19.3%，庆鼎精密电子、澳洋顺昌增长势头较好，两户企业拉动本产业增长 14.5%。盐化四土新材料产业应税销售完成 415.7 亿元，同比增长 7.5%，受部分化工企业停产整顿的影响增速有所放缓。新能源汽车及零部件产业应税销售完成 95.6 亿元，同比增长 13%，其中和兴汽车、双环齿轮拉动产业增长 5.7%。食品产业应税销售完成 182.6 亿元，同比增长 14.6%。

（3）企业上市取得新进展。华晨机械、博图凹土、建纬检测 3 户企业挂牌新三板；新天地科技、月塔米业、环宇篷布、迅创科技、普斐特 5 户企业挂牌省股交中心价值板；浦楼酱醋等 8 户企业挂牌省股交中心农业板。全市累计 40 户股份公司登陆多层次资本市场。

三、迈向高质量发展的新动能基础日益厚实

1. 发明创造

2021 年新增专利授权量 14831 件，比上年增长 26.0%，年末有效发明专利量 4374 件，万人发明专利拥有量 9.59 件。新增国家高新企业 160 户、专精特新"小巨人"企业 8 户、两化融合贯标企业 47 户和省级企业工程技术研究中心 12 家、众创空间 1 个，市级以上"两站三中心"93 个。成功获批开展国家创新型城市建设。

2. 创新创业

全力打造淮安智慧谷高端创新载体，制定系列政策扶持高校院所在淮设立研发机构，先后引进清华大学、中科院大连化物所、兰州大学等近 30 家高校院所在淮设立研究机构。新建市级以上工程技术研究中心 66 家，淮阴工学院盐矿资源深度利用技术国家地方联合工程研究中心获批国家级重点实验室。淮安市遴选成立 8 家联盟，涉及食品、特钢及装备制造、电子信息、盐化新材料、新能源汽车及零部件、优质稻米、规模畜禽、生物技术及新医药，基本实现优势特色产业全覆盖。截至 2021 年底，共申请发明专利 129 项，授权发明专利 36 项，开发新发品 124 个，承担各类科研项目 254 项，服务企业 800 余家，解决企业技术难题 53 项，突破关键技术难题 25 项，转化技术成果 32 项，产生经济效益超过 10 亿元。

第二节 城市新旧动能转换面临的机遇和挑战

"十四五"时期，是江苏省在高水平全面建成小康社会的基础上，全面开启基本实现现代化国家新征程，扎实推动高质量发展走在前列的关键阶段。是按照习近平总书记"为全国发展探路"的要求继续坚持"率先"使命、谱写新篇章的新起点。站在这一新的历史节点上，按照党的十九大作出的新判断、新部署，前瞻性地研究"十四五"时期淮安加速新旧动能转换的主要战略、基本思路和规划框架，需要在纷繁芜杂的头绪中把握住事关全市发展大局的主要矛盾和矛盾的主要方面，按照内在的逻辑关系和逻辑体系抓住问题的"牛鼻子"，从宏观上把握大的方向、抓住大的机遇、实现大的突破、构建大的格局。为此，加快淮安新旧动能转化，要在方法上坚持科学合理，思路上立足本地实际，战略上聚焦发展短板，目标上力求高点定位，内容上规避面面俱到，特色上务求全面彰显，路径设计上简明通达。

一、正确理解"十四五"规划的阶段性特征

"十四五"规划是一个承上启下、继往开来的新规划，既是对以往五年规划的延续，具有常规性，又面临新时代、新阶段，新矛盾、新问题，新机遇、新挑战，新目标、新任务等一系列新情况，具有自身特殊的阶段性意义。

1."十四五"规划是在新的历史方位下积极响应社会矛盾新变化的第一个五年规划

党的十九大提出："经过长期努力，中国特色社会主义进入了新时代，这是我国发展新的历史方位。"在这一历史方位下，我国社会主要矛盾已经转化为人民日益增长的美好生活需要和不平衡不充分的发展之间的矛盾，社会主要矛盾的新变化，意味着新的使命与新的责任。中国特色社会主义进入新时代，意味着中华民族迎来了从"站起来"、"富起来"到"强起来"的伟大飞跃。"强起来"意味着我国现代化事业进入了从量变到质变的又一个

时间节点。

2."十四五"规划是全面深入贯彻习近平新时代中国特色社会主义思想和党的十九大精神的第一个五年规划

党的十九大确立了习近平新时代中国特色社会主义思想，并将其写入新修订的党章和宪法，成为我们党和国家的重要指导思想。习近平新时代中国特色社会主义思想，是对十八大以来我们党的理论创新成果的最新概括和表述，系统回答了新时代坚持和发展什么样的中国特色社会主义、怎样坚持和发展中国特色社会主义等重大问题，是我们做好各项事业的根本遵循。

3."十四五"规划是开启全面建设社会主义现代化国家新征程的第一个五年规划

按照党的十九大确定的"两个一百年"奋斗目标的时间表和路线图：2020 年全面建成小康社会，实现第一个一百年的奋斗目标，接着开启全面建设社会主义现代化国家新征程，向第二个百年奋斗目标进军。第二个百年奋斗目标经历两个阶段：第一个阶段，从 2020 年到 2035 年，在全面建成小康社会的基础上，再奋斗 15 年，基本实现社会主义现代化；第二个阶段，从 2035 年到本世纪中叶，在基本实现现代化的基础上，再奋斗 15 年，把我国建成富强民主文明和谐美丽的社会主义现代化强国。"十四五"规划既要巩固提升全面建成小康社会这一成果，又要为实现第二个一百年第一阶段的奋斗目标即基本实现社会主义现代化开好局、起好步，打下坚实的基础。

4."十四五"规划是世界格局正处于百年未有之大变局的第一个五年规划

当前，中国处于近代以来最好的发展时期，世界处于百年未有之大变局，两者同步交织、相互激荡。近年来，国际形势风云突变，地区冲突不断升级，"黑天鹅""灰犀牛"事件迭出，贸易保护主义、单边主义、民粹主义等逆全球化暗流涌动，世界经济重心、世界政治格局、全球化进程、科技与产业、全球治理、世界秩序等面临着前所未有的大变革。当前，世界百年未有之大变局加速演进，机遇和挑战的内涵都发生了深刻变化，成为"十四五"规划的最大国际背景，也是可以确定的最大不确定性因素，需要深入研判，审慎把控。

二、准确把握"十四五"时期淮安的战略机遇

1. 国家战略交会的机遇

区域发展战略是国家战略的一个重要组成部分，涉及对国土空间在结构、功能、价值等方面的顶层定位。大致来说，我国区域发展战略可简称为"4+4+4+3"战略。第一个"4"指西部、东北、中部、东部四大地域板块，战略重点是西部大开发、振兴东北、中部崛起和东部率先发展；第二个"4"指"老少边穷地区"，即"革命老区""民族地区""边疆地区""贫困地区"四类国家重点援助的区域；第三个"4"指"优化开发的城市化地区""重点开发的城市化地区""限制开发的农产品主产区和重点生态功能区""禁止开发的重点生态功能区"四类国家主体功能区。"3"是指长江经济带、京津冀一体化、"一带一路"倡议三大建设。就国家层面而言，对于淮安来说，加速新旧动能转换，需要面临的或需要对接的国家战略有"革命老区"重点援助、长江经济带等。目前来看，与其他革命老区相比，对于淮安来说，充分利用"革命老区"的国家倾斜政策还有很大空间；长江经济带与"一带一路"倡议，则为淮安新旧动能转换中的区域合作提供了方向与重点；四类国家主体功能区，则为推动新旧动能转换设定了区域限度。

2. 江苏区域发展战略的机遇

省域层面的重大战略，构成了淮安加快新旧动能转换的直接背景。近年来，包括全域一体化、沿海开发、"1+3"功能区、长三角一体化、大运河文化带（江苏段）等在内的一系列国家层面或省委省政府层面的重大战略或举措，同样也在深刻改写着江苏的城市面貌与区域格局。"十三五"时期江苏省提出的区域发展战略为全面融入国家"一带一路"倡议等区域发展总体布局，坚持开放发展、互利共赢，统筹实施苏南、苏中、苏北地区和沿沪宁线、沿江、沿海、沿东陇海线经济带战略组合，推进沿运河地区加快发展，培育区域经济增长点和增长极，全方位拓展开放发展潜力空间，加快形成陆海统筹、东西互济、面向全球的开放新格局。

3. 淮安区域发展战略的机遇

坚持"一张蓝图绘到底",市级战略是淮安"十四五"时期加快新旧动能转换的指挥棒。2016 年,淮安市委、市政府提出"东融西拓、南联北接"市级区域发展战略,加快融入国家带状经济战略,构建枢纽发展格局,打造重要节点城市,充分释放战略叠加的乘数效应,形成主导功能突出、产业特色鲜明、载体支撑有力的发展格局,筑牢苏北重要中心城市空间和产业基础。其中,"东融"就是全域融入沿海开发,加强与沿海城市的联系,加快实现江河海联运、海港内移、借港出海,全面对接"21 世纪海上丝绸之路"建设和江苏沿海开发战略;"西拓"就是加强与淮河沿线城市的合作,淮河生态经济带建设目前已上升为国家战略,将进一步增强淮安在淮河流域的极核城市地位;"南联"就是抢抓长江经济带建设、苏南现代化建设示范区、南京江北新区建设机遇,加强与长三角地区、南京都市圈联动合作,承接经济辐射和产业转移;"北接"就是加速对接"丝绸之路经济带"、沿东陇海线经济带,加强与北方近邻城市的交流,实现淮安与新亚欧大陆桥经济走廊的有效联动。

三、客观认识"十四五"时期淮安的历史方位

1. 站在人均 GDP 接近发达国家门槛水平的历史方位

到 2035 年"基本实现社会主义现代化",是指导"十四五"时期淮安经济社会发展方略的根本依据,并从根本上约束与规定了淮安现代化事业的路径选择。"基本实现社会主义现代化",从 2050 年提前到 2035 年,意味着这一目标基本上接近邓小平同志所设想的"下个世纪用三十年到五十年时间再走一步,达到中等发达国家水平"。1987 年 8 月邓小平同志在会见意大利共产党领导人约蒂和赞盖里时,将我国现代化事业中的"第三步走"战略置于国际比较的视野中指出:"我国经济发展分三步走,本世纪走两步,达到温饱和小康,下个世纪用三十年到五十年时间再走一步,达到中等发达国家水平。"研究邓小平同志的主要论述可以发现,达到"中等发达国家水平",并非要在所有指标上达标,而是有一个核心指标达标,那就是人均 GDP 指标。2018 年,按照当时的汇率,我国人均 GDP 为 9780 美

元，已经接近 1 万美元，而江苏省的人均 GDP 为 1.73 万美元，远远超过了 1 万美元的门槛。就淮安来说，其人均 GDP 为 11050 美元。通过与 2016 年全球主要经济体的比较可以发现（见表 4-1），就人均 GDP 来看，淮安的历史方位有一个显著的特征：超过了世界平均水平，迈过了人均 1 万美元的门槛，开始向发达国家门槛挺进。

表 4-1　2016 年全球主要经济体人均 GDP 情况　　单位：美元

国家（地区）	人均 GDP	国家（地区）	人均 GDP	国家（地区）	人均 GDP
卢森堡	102831	芬兰	43090	西班牙	26529
瑞士	78813	加拿大	42158	马耳他	25058
挪威	70813	德国	41936	塞浦路斯	23324
爱尔兰	61607	比利时	41096	巴哈马	23124
冰岛	59977	英国	39899	巴林	22354
卡塔尔	59331	新西兰（19）	39427	斯洛文尼亚	21304
美国（7）	57467	日本	38895	沙特阿拉伯	20029
丹麦	53418	阿联酋	37622	葡萄牙	19813
新加坡	52961	以色列	37293	捷克	18267
瑞典	51600	法国	36855	希腊	18104
澳大利亚	49928	意大利	30527	爱沙尼亚	17575
荷兰	45295	韩国	27539	世界	10151
奥地利	44177	文莱	26939	中国	8123（66）

资料来源：IMF 世界经济展望：2016 年全球经济体人均 GDP 排行榜。

就人均可支配收入来看（见表 4-2），淮安不仅低于全省平均水平，而且低于全国平均水平，甚至在苏北地区优势也并不明显。

表4-2　2018年全体居民人均可支配收入对比

区域	全体居民人均可支配收入		
	总量（元）	增幅（%）	增速排名（苏北）
全国	28228	8.7	—
全省	38096	8.8	—
南京市	52916	9.1	3
无锡市	50373	8.6	10
徐州市	27385	9.0	5（3）
常州市	45933	8.5	12
苏州市	55476	8.3	13
南通市	37071	9.3	2
连云港市	25864	8.8	9（5）
淮安市	27696	9.5	1（1）
盐城市	29488	8.9	8（4）
扬州市	34076	8.9	7
镇江市	40883	8.5	11
泰州市	34642	9.0	6
宿迁市	22918	9.1	4（2）

资料来源：《江苏省统计年鉴（2019）》。

2. 站在工业化中期信息化初期的历史方位

工业化是现代化的根本动力。当前以人工智能技术为标志的第四次工业革命已经到来，其深度和广度将超过前三次工业革命（以蒸汽技术为标志的第一次工业革命、以电力技术为标志的第二次工业革命、以信息技术为标志的第三次工业革命），"智能大脑"决定制造流程，大量的无人工厂、无人车间、无人物流、无人售卖将成为常态，但是，淮安依然处于工业化的中期，以信息技术为标志的第三次工业革命尚未完成，又迎头撞上汹涌而至的第四次工业革命浪潮。然而，从淮安的工业化水平来看，其工业产值尚未超过GDP的一半，与以苏州、南京为代表的处于工业化中后期的苏南地区相比，其工业化水平大致处于加速发展的中期阶段；从淮安的信息化发展来看，尽管推进力度较大，但基本上主要体现在应用层面，在产业层面还有很大的欠缺。

3. 站在城市化转折点的历史方位

城镇化是现代化的主要动力。按照城市化发展规律，城市化率达到70%左右时就会稳定下来，并出现城市人口流向农村的逆城市化现象。2018年淮安常住人口城镇化率达到62.4%。"十四五"期间，城市化进程放缓和出现逆城市化将是大概率的。这意味着在此期间淮安要以现代化为导向推动形象更新、功能完善，要推动城市建设从单体时代进入集群时代，从孤立发展进入联动发展阶段，发挥中心城市功能，构建起苏北崛起的淮安支撑。

4. 站在以市场化为导向的经济体制改革期的历史方位

以市场为导向的改革是我国现代化事业取得成功的重要推动力量。随着改革进入深水区、攻坚期，以及前期改革红利的减弱，改革进入了啃硬骨头的时期。就经济体制而言，营造公平、公正、公开、透明的营商环境，包括登记物权、税收税制、投资者保护、知识产权保护、消费者权益保护、跨国贸易、治安环境等的统一规范，立法保障，成为当务之急。对于淮安来说，"十四五"期间，需要积极推进市场化改革，在土地、资金、技术等要素市场化和完善产权制度上破题，构建有利于激发经济主体活力的新型税费制度，使民企、国企、外企基于法律和规则进行平等竞争。

5. 站在生态环境保护焦灼期的历史方位

党的十八大以来，我国从总体上遏制住了生态环境恶化的势头，但生态环境形势依然严峻，尚未出现趋势性好转，加上生态问题积重难返、背后利益盘根错节、经济下行压力加大等，稍有放松就会前功尽弃。为此，"十四五"规划必须坚持"绿水青山就是金山银山"的发展理念，把生态环境保护挺在前面，贯穿"五位一体"发展的各方面和全过程，以生态环境保护倒逼高质量发展，走出一条绿色、生态、可持续的发展道路，力争在"十四五"时期生态环境出现趋势性好转，为建成美丽中国打下坚实基础。

6. 站在要素驱动向创新驱动转变的攻坚期

客观地从全省来看，淮安区域综合创新实力偏低，衡量区域科技竞争实力的一些综合性指标长期处于全省倒数位次。2017年，淮安全社会研发投入占地区生产总值比重仅为1.84%，万人发明专利拥有量仅有4件，科技进步贡献率仅为53.7%，均远低于2.7%、22.5件、62%的全省平均水平，在全省各设区市中均仅高于宿迁，居倒数第2位。同时，产业层次不高，创新基础薄弱。2017年，全市高新技术产业产值占规模以上工业总产值比重仅为27.9%，远低于42.7%的全省平均水平。至今没有一个在全国乃至全省有影响力的产业。

第三节　着力培育城市发展新动能战略研判

党的十八大，特别是党的十九大以来，淮安经济社会发展取得显著成就，同时也存在着发展不平衡不充分等一些突出问题。传统产业基础良好，服务业呈现加快发展态势，但产业结构总体偏重，传统动能仍居主导地位。新产业加速成长，"互联网+"等新业态新模式不断涌现，但新兴产业总量偏小，新动能支撑经济增长的作用仍未充分发挥。去产能有序推进，积极探索破产重组、搬迁升级等有效做法，但化解过剩产能、淘汰落后产能的任务仍然繁重。制度红利逐步释放，发展环境不断改善，但动能转换的动力活力仍需培育。总体上，全市正处于新旧动能转换、经济转型升级的关键阶段，为此需要从战略上对"十四五"时期淮安的新旧动能转换进行预研预判。

一、经济高质量发展与新动能的关系

当前，我国正处在转变发展方式、优化经济结构、转换增长动力的攻关期。在这一背景下，培育新动能是新时代经济高质量发展的根本支撑。从当前经济运行现实来看，下行压力加大更加需要培育新动能，开发经济增长的潜力。为此，需要着力推进新时代高质量发展新动能的培育，通过新动能的培育推进新时代我国经济持续稳定发展和高质量发展的实现。

从高速度转向高质量，是新时代中国经济的鲜明特征。改革进入全面深化阶段，习近平总书记指出，要加快创建和完善制度环境，抓紧研究制定重点领域高质量发展政策。党的十九大以来，从顶层设计到基层探索，密集出台的改革措施为高质量发展注入源源不断的新动能。国家统计局首次先后公布了各地绿色发展指数和城镇调查失业率。江苏省则率先公布省级高质量发展监测评价指标体系，围绕党中央关于高质量发展的总体要求，新的指标体系细化为经济发展高质量、改革开放高质量等六大类40小项指标，"绿色优质农产品比重""'三新'经济增加值占 GDP 比重"等指标都是首次亮相，和百姓生活密切相关的指标占到了一半以上。推动新旧动能转换、培育新动能均是该指标体系的核心内容之一，而这离不开高质量的项目，它是高质量发展的重要支撑。

二、发展新动能的主要模式

传统的经济增长潜力主要停留在要素层面，大多依靠投资驱动，但伴随着要素禀赋结构的变化，传统的增长动力已经走到了尽头。高质量发展的潜力和动力在于创新，通过创新提高效率，最终提高经济发展质量。当前在世界范围内兴起了新产业革命，高质量发展新动能的培育就是要适应新产业革命的发展趋势，实现创新驱动。对于我国来说，新产业革命主要是指培育和壮大战略性新兴产业，这是高质量发展新动能的基础所在。大致来说，发展新动能主要有以下三条路径。

1. 推陈出新

发展新动能，并非抛弃旧动能，而是运用新技术、新工业、新标准对传统动能进行升级改造。对于淮安来说，即加强技术改造和模式创新，推动传统产业优化升级，加快发展现代服务业，瞄准国际标准提高装备技术水平，形成支撑经济发展的新动能。例如，可以推动化工产业高端化。加大化工产业技术创新、优化整合力度，加强园区的环保基础设施建设，开展循环化改造，实现近零排放，推动绿色化、规模化、集约化发展，提高上下游全产业链协同创新能力。加快推动化工企业进入园区集聚发展，支持在符合条件的重点石化园区设立海关特殊监管区域。优化发展新型煤化工和精细盐化工，推动传统化工转型。

2. 新旧融合

推动新旧动能融合发展，就是用新技术新业态新模式对接传统动能，以发挥两者的各自优势，达到"1+1>2"的效果。具体来说，最典型的就是推动互联网与各种产业的融合。目前，"互联网+"已经潜移默化地融入各行各业，上到政府管理，下到社会民生，正成为实现我国经济转型升级、社会和谐发展的重要手段。面对"互联网+"产业的广阔发展前景，要让云计算、大数据、物联网等信息技术真正地走进各行业各领域，加强"互联网+"与优势资源的融合，催生互联网经济新业态，推动经济社会健康发展。作为新一代移动通信技术，5G具有高速度、低延时、低功耗的特点，5G时代的到来，意味着更快更智能的互联网将带来更大变局。作为中国科技创新和产业升级的两翼，"互联网+"与"智能+"之间的相互融合发展将是未来发展的必由之路，也将成为新旧动能转换、产业转型升级的新战场。

3. 自主创新

受益于创新驱动战略，我国经济社会发展中不断涌现出新业态新模式新技术，从根本上重构人们的社会生产生活。新一代信息技术、高端装备、新能源新材料、现代海洋、医养健康等先进制造业和现代服务业集群兴起，正在成为新动能的主体力量。除先进制造业，生活服务业的创新对人们的影响最为剧烈。例如，以电商为代表的平台型公司的出现，改变了人们的生活习惯，重构了商业业态，催生了新的机遇。

三、淮安经济高质量发展新动能选择的基本原则

对于淮安来说，"十四五"时期的重中之重，就是以习近平新时代中国特色社会主义思想为指导，贯彻新发展理念，坚持质量第一、效益优先，以供给侧结构性改革为主线，以实体经济为发展经济的着力点，以新技术、新产业、新业态、新模式为核心，以知识、技术、信息、数据等新生产要素为支撑，积极探索新旧动能转换模式，推动经济发展质量变革、效率变革、动力变革，提高全要素生产率，着力加快建设实体经济、科技创新、现代金融、人力资源协同发展的产业体系，推动经济实现更高质量、更有效率、更加公平、更可持续的发展。为此，在培育新动能的路径选择上应遵循以下三个原则：

1. 禀赋原则

资源禀赋始终是区域发展的主要限制性与特色性因素之一。在此，资

源既包括自然要素，又包括人力资本、社会人文等方面的要素。淮安地处江苏省北部中心地域，却面临着"沿海省份的内陆城市"这一窘境。此前，受制于交通设施发展滞后，无法有效对接上海、南京，也无法更好地辐射周边腹地，致使中心城市建设效果不彰。随着徐宿淮盐、连淮扬镇城际铁路的开通，淮安的地理区位优势重新被激活，这也成为影响"十四五"时期淮安培育、壮大新动能的变量。要充分把握新地理区位带来的机遇：淮安不仅成为连南接北、承东启西的枢纽，而且实现了与上海、南京、北京等地的直接连通，可以利用更大范围的资源要素，实现新动能的新布局。

2. 大势原则

"不谋万世者，不足谋一时；不谋全局者，不足谋一域。"对于新动能的选择，除了考虑城市自身的资源禀赋，还应该把握大势、顺应趋势。这里的大势，既包括外部贸易环境恶化与新一轮科技革命并行、国内自主创新能力不足与政策支持力度加大并行、"互联网+"遭遇瓶颈与"互联网+"迎来新机遇并行等机会，又包括创新要素高端要素不足与人力资本红利向人才资本红利释放并行的机遇。对于淮安来说，"十四五"时期就是要预研预判出大的产业、行业发展方向，把国家需要、全省需要与自身的实际结合起来。

3. 错位原则

当前，加快新旧动能转换，推动经济高质量发展，已经成为经济发展的主线。各地区、各城市纷纷聚焦新动能、发力新动能，如何在全国范围的新动能发展潮流中打造出淮安样本、做出淮安探索，成为一个至关重要的问题。与超大型城市不同，对于淮安来说，可以考虑基于错位原则，聚焦于新动能中的细分领域，做成细分领域的隐形冠军。如果能够形成一批隐形冠军，那么就会成为淮安新动能的支点与高点，带动整个城市经济高质量发展。

四、淮安经济高质量发展的新动能方向与构成

当前，全球新一轮科技革命和产业变革呈现多领域、跨学科突破新态势，我国经济已由高速增长阶段转向高质量发展阶段，正处在转变发展方式、优化经济结构、转换增长动力的攻关期。对于淮安来说，到"十四五"

末，在新旧动能转换上大致的目标应该为基本形成新动能主导经济发展的新格局，经济质量优势显著增强，现代化经济体系建设取得积极进展。新兴产业逐步成长为新的增长引擎，成为引领经济发展的主要动能；现有的传统产业基本完成改造升级，成为推动经济发展的重要动能；创新创业活力显著增强，创新型经济初步具备核心竞争力；新旧动能转换的体制机制进一步完善，动能转换制度体系基本建立；开放型经济新优势日益显现，动能转换潜力加速释放。为此，加快新动能转换、实现经济高质量发展的主要方向如下：

1. 坚持新一代信息技术产业方向

（1）集成电路产业。按照"强化引进、重点突破、加快集聚"的发展思路，围绕智能终端等领域应用需求，重点发展功率器件、存储器接口和控制芯片、专用系统级芯片（SoC）、图形处理器等产品以及工业控制、信号处理、射频识别系统。招引一批国内知名的集成电路制造企业，突破一批关键核心技术，初步具备本地化的产业链配套能力。

（2）应用电子产业。按照"提升常规、布局前沿、拓展应用"的发展思路，依托现有应用电子骨干企业的基础和优势，做精应用电子特色产业，重点提升现有基础元器件产品、柔性电路板等电子电路产品的质量；重点发展有机金属源、高纯 NH_3 和衬底等新一代半导体照明产品；重点强化动力锂电池的技术研发，着力突破高容量锂电池技术瓶颈，实现电极、电解液隔膜、电芯、电池组等关键领域技术的产业化；重点招引基于柔性显示、柔性电路板技术的可穿戴、可绕曲的电子元器件及消费类电子产品项目，基于控制集成、车载网络技术的车载电子、专业元器件和专用设备等汽车电子产品项目，以及基于智能化、集成化、网络化、数字化的消费电子医疗、监控监测设备等医疗电子产品项目。

（3）智能终端产业。按照"强化整机、补强研发、引进配套、瞄准智能、高端发展"的发展思路，以淮安经济技术开发区为主要载体，重点发展以智能手机和平板电脑为代表的移动智能终端和以工控平台及装备智能集成为代表的固定式智能终端两大产业链，以智能终端整机牵引，完善核心零组件、方案研发设计等配套产业，扩展可穿戴智能设备等其他终端产品，形成智能终端全产业链发展格局。

（4）培育发展工控软件产业。按照"彰显特色、延伸链条、培育扶持"

的发展思路，加快嵌入式软件研发，加强基于嵌入式实时操作系统、针对低功耗设备的操作系统、中间件软件平台等工业软件研发，优化工业信息物理系统整体解决方案；拓展移动互联网软件，重点发展以智能手机、平板电脑、工控终端为载体的企业管理、位置服务、数据采集、数据分析、远程监控、在线诊断等互联网软件；推进智能制造新业态、新模式的探索创新，重点发展产品设计、工程承包、远程故障诊断、协同制造等信息技术服务业。

2. 坚持新能源汽车及零部件产业方向

以淮安经济技术开发区、淮安工业园区为主要发展载体，以整车为引领，以关键零部件为重点，充分发挥淮安市现有零部件产业基础优势，鼓励零部件产业转型升级，推动新能源汽车产业与零部件产业联动发展，提升产品技术水平，构建完整的新能源汽车产业发展体系，将新能源汽车及零部件产业打造成为淮安新的地标产业。

（1）新能源汽车整车。以淮安经济技术开发区、淮安工业园区为主要承载地，依托敏安汽车整车项目和比亚迪新能源专用车项目形成规模效应，带动全市新能源汽车产业发展。以翔龙、卡威、中泽等专用车生产企业的纯电动化转型为导向，推动垃圾车、扫地车等市政特种车辆项目，打造淮安新能源汽车产业集群。

（2）"三电"关键零部件。聚焦动力电池、驱动电机及整车电控"三电"关键零部件领域，结合我市现有产业基础，深入分析全国新能源汽车"三电"产品产能现状，重点关注"三电"系统中的整车电控系统、驱动电机领域，推动新能源汽车核心零部件产业化。

（3）基础零部件。重点依托我市现有零部件企业，创新优化"整零"关系，推动我市零部件企业加快融入新能源汽车产业生态。重点扶持汽车制冷、汽车电子、变速器等领域，支持汽车变频空调及制冷系统、客车门及门泵等领域，发展轮胎、轮毂、气缸套、齿轮等传统优势产业，不断促进我市零部件产业的发展，引导企业向高端化、专业化、定制化方向发展，实现零部件配套产业的高端化。

3. 坚持盐化凹土新材料产业方向

按照"高端、绿色、循环、集约"的发展导向，结合盐化工产业基础和新一代信息技术、新能源汽车、食品等主导产业的发展需求，在进一步推动盐化工产业提质增效的基础上，以挖掘新材料产业发展潜力为主攻方向，重点发展凹土材料、精细化工、生物化工、电子信息材料等产业，分阶段、分步骤实现从基础原材料到下游应用产品，从结构单一的矿产资源相关产品到多种高端新材料产品协同发展的产业梯次升级。

（1）盐化工。以苏淮高新区为主要载体，围绕"两碱一氯"，发挥盐化工产业的集聚效应，提高产品质量和附加值，进一步做强产业基础。"两碱"领域，重点支持井神盐化等企业，加快新产品开发，扩大重质纯碱尤其是低盐优质重质纯碱的生产规模；加大固碱生产比例，扩大烧碱销售半径；发展零极距电解技术，提升氯碱生产工艺水平和产品品质。"一氯"领域，支持重点企业在苏淮高新区大力发展氯碱加工业，重点发展盐化石化结合的有机化工产品，优先培育芳纶特种功能纤维产品，加快发展环氧氯丙烷、环氧树脂、聚氨酯、改性尼龙、碳纤维、硅橡胶、苯基氯硅烷、乙烯基氯硅烷等氯硅、氯氟结合产品，做精聚碳酸酯和光气化农药系列产品。支持苏淮高新区依托企业、高校院所，建设盐化工产业中试基地，促进科技成果转化和项目产业化。

（2）凹土材料。主要依托凹土科技产业园和中科院盱眙凹土应用技术研发与产业化中心，加大对凹土材料科技创新平台、创业孵化平台的投入力度，鼓励凹土材料企业与终端应用产品企业开展合作，优先支持企业发展食品用凹土材料、环保用凹土材料、绿色建材添加剂、纳米凹土材料、石油化工用催化材料、凹土替代传统化工材料等。食品用凹土材料方面，重点支持神力特生物等企业发展高效霉菌毒素吸附剂的开发与应用、无机抗菌剂的开发与应用等。环保用凹土材料方面，重点支持恒信科技等企业开发水污染防治及修复材料、重金属污染土壤修复钝化材料、大气污染防治及修复材料、废弃凹凸棒石黏土资源化利用技术等。绿色建材添加剂方面，重点支持玖川科技等企业开发塑料橡胶等高分子补强剂、凹凸棒石纳米陶瓷纤维隔膜制备关键技术、凹土纳米复合分离膜制备关键技术等。纳米凹土材料技术方面，重点支持清陶能源等企业研发凹土材料与具有光、电、磁、热学功能材料的复合和集成技术，大力孵化培育基于凹凸棒石的光致变色颜料、热致变色颜料、溶剂响应变色颜料、导电材料、压电材料、热电材料、绝热材料、绝缘材料、磁分离材料、固体润滑材料的规模化制备和应用项目。石油化工用催化材料方面，重点支持方洋科技等企业开发地质钻探、地热钻探、石油钻探的优质泥浆原料，发展物理化学深加工工艺，提高造浆率。凹土替代传统化工材料方面，重点支持点金石科技等企业开发有机凝胶替代材料、有毒颜料和染料替代材料、绿色功能涂覆材料。

（3）化工新材料。一是结合淮安市新能源汽车、特钢、智能制造等产业的发展需求，优先发展新能源用化学品和冶金用化学品。新能源用化学品方面，支持发展锂电池电解液材料，着力引进和培育一批动力锂电池材料、燃料电池材料企业，重点支持电池用PVF背板膜技术、与燃料电池配套的含氟质子交换膜等材料生产技术、特种高性能有机硅胶黏剂生产技术等技术的研发和产业化。冶金用化学品方面，支持发展防腐蚀材料和铸造材料，重点招引冶金铸造精炼添加剂、新型钢用稀土添加剂、新型金属加工液等的研发与产业化项目。二是结合淮安市食品产业发展需求，大力发展食品饲料添加剂和生物质能源。食品饲料添加剂方面，支持发展食品工业用消泡剂、食用香精香料等，重点招引氨基酸菌种及其定向制备技术、新型酶制剂、复合酶的研发与产业化项目；生物质能源方面，支持发展生物质资源收运、成型、气化、发电及供热综合利用装置，培育发展非粮生物质液体燃料多元化产品，开展生物航油、纤维素乙醇、绿色生物炼制大规模产业化示范。三是大力招引集成电路用248nm光刻胶、10~12级高纯试剂和气体高纯高官能度聚酰亚胺和液体环氧树脂封端材料、特种混合气体安全稀释复配技术的研发和产业化项目，印刷线路板用耐高温特种树脂、聚酰亚胺薄膜、特种聚酯薄膜、导电涂料、干膜抗蚀剂、液态感光成像阻焊剂等的研发和产业化项目。

4. 坚持食品产业方向

立足淮安食品产业的基础环境、资源优势和产业现状，瞄准"特色食品精深加工、方便休闲食品制造、酒及饮料制造、营养保健食品制造"四大重点方向，以产品质量安全为基础，以重大项目招引为依托，以打造清江浦国家级食品产业园、涟水高沟食品产业园等重点园区为抓手，以品牌建设为支撑，构建淮安市特色食品产业体系，开发高附加值的特色产品，打造有影响力的知名品牌，培育具有地方特色的分工协作产业集聚区，促进食品产业规模化、精细化、品牌化、智能化、绿色化发展。

（1）特色食品精深加工。围绕"传统农副食品产业升级、丰富精加工产品品类、培育地方特色品牌"的发展思路，依托双汇食品、苏食肉品、温氏畜牧等行业龙头企业，推进特色食品精深加工产业集聚。推动米面深加工、肉制品深加工、油脂精深加工、饲料加工等传统优势产业升级，研发粮食综合利用、精深加工技术，延伸产业链条，形成绿色循环利用产业链。鼓励精深加工技术研发，加大项目引入步伐，扩大精制米、米糠油、维生素 E、小麦胚芽、氨基酸、植物蛋白、具有生理活性的膳食纤维、酶类、高档饲料、功能宠物食品等附加值高的产品生产规模。采用先进的生产工艺和加工技术，拓展蔬菜加工、水产品加工等新领域，调整水产品加工结构，扩大鱼虾类加工的深度，鼓励企业加快新产品开发进程，研发适应健康饮食等新消费需求的产品。加快发展盱眙十三香龙虾、金湖水煮龙虾、洪泽湖四季鹅等具有地方特色的小包装食品，丰富产品种类，提高产品附加值。

（2）方便休闲食品制造。围绕"加快项目引进、鼓励新产品开发、提高产品附加值"的发展思路，推进方便休闲食品制造产业发展。依托淮扬菜集团、百斯特鲜食等重点企业，积极推进淮扬菜工业化、标准化发展，大力发展高附加值、高品质和功能化的方便主食、速冻菜肴、微波套餐等产品；依托空港产业园发展航空食品，培育具备影响力的中式菜肴及快餐品牌。以旺旺、凯德亚等企业为重点，开发烘焙、膨化、方便米面、糖果等休闲食品，加快工艺改进和设备更新，着力提高生产质量和产品档次，进一步做大做强方便休闲食品。加大与我国台湾、广州等地食品产业园区的互动交流，招引一批知名企业的方便食品加工项目，鼓励企业在淮设立"研发—生产—配送"一体化基地，拓展方便食品细分领域，延长产业链条，培育新的经济增长点。

（3）酒及饮料制造。发挥淮安农副食品产业优势，围绕"打造产业集群、构建多层次产品类别、推动产业转型、提高品牌影响力"的发展思路，推进酒及饮料制造业加快发展。依托今世缘、高沟等重点品牌打造名优白酒产业集聚区，鼓励白酒行业加快技术改造，优化工艺流程，加强对高档白酒储存、勾调、发酵、功能微生物酿酒等关键生产技术的研究，开发中低度白酒以及净爽类白酒。加大对保健酒、精酿啤酒、葡萄酒的产品开发力度，推动啤酒制造业向品牌化、品类化两大方向发展，逐步增加高附加值啤酒产品的比例。依托旺旺等重点饮品企业加快新品研发，加大对市场需求大的天然矿泉水、植物饮料、浓缩果汁、蛋白饮料、米汁饮料等新产品的研发，积极开发适合不同特定人群的低热量饮料、营养保健饮料等新产品。加强酿酒原料资源综合利用，利用生物技术对酒糟进行资源再利用，生产粗酶制剂和蛋白饲料，利用糟液生产土壤改良剂，促进行业绿色循环发展。

（4）营养与保健食品制造。积极对接营养保健食品龙头，重点发展营养强化食品和功能保健食品，形成苏北健康食品产业的发展高地。围绕婴儿食品、美容养颜产品、塑形食品、降三高保健品、特殊膳食产品、维生素、谷物制品、矿物质营养品等重点领域，招引国内外知名企业，重点发展天然、绿色、环保、安全、有效的营养保健食品，鼓励企业在淮安设立生产基地或结算中心。引导传统食品加工制造企业开展营养保健品领域的新产品研发，鼓励神华药业、天士力帝益等现有企业加大对营养保健品的技术研发投入，充分发挥和挖掘当地的农副食品原料优势，提高产品生产质量和工艺水平，进一步扩大营养保健食品产业规模。

（5）烟草加工。加快推进淮阴卷烟厂转型升级，不断提升烟草制造工艺和智能化水平，加快新产品研发。加快智能化改造，持续推进淮阴卷烟厂技术改造，重点加强智能工厂建设。应用新技术、新设备、新工艺，着重提高产品质量，实现制丝精细化和生产绿色化，提高产线的稳定性和产品质量的可靠性。

第四节　加快推进新旧动能转换的战略措施

"十四五"时期，坚持以习近平新时代中国特色社会主义思想为指导，按照高质量发展走在前列的目标要求，抢抓江淮生态经济区、淮河生态经济带、大运河文化带"一区两带"建设机遇，坚持聚力创新、特色发展、绿色崛起，聚焦发展新一代信息技术、新能源汽车及零部件、盐化凹土新材料三个战略性新兴产业和食品这一优势特色产业，推动"三新一特"主导产业规模壮大、实力增强，培育一批产业链条完整、产品特色鲜明、市场竞争力强的优势特色产业集群，打造具有区域影响力和竞争力的产业地标，贡献加快新旧动能转换的淮安样本。

一、聚焦创新驱动抢占新旧动能转换的制高点

迈向创新驱动，主要有两种模式：一是政府驱动模式，二是市场驱动模式。政府驱动模式有利于通过集中有限资源与人员，在某些重大产业与技术领域上率先突破，缩小与发达地区的差距，以参与全球产业分工与贸易往来。市场驱动模式属于在现代化事业基本稳固背景下的常态化的以各类市场主体为主要行为者的创新模式，具有全民性、普遍性、持续性的特征。对于后发追赶型经济体来说，通常是先由政府驱动型启动，再由市场驱动型跟进，最终形成协同驱动。为此，对于淮安来说，一是建设淮安自主创新示范区，打造新旧动能转换的创新驱动载体，统筹规划产业链、创新链、资金链、政策链，加快布局重大创新平台，加快催生一批高成长性科技企业。二是开展科技资源开放共享、股权激励、创新人才跨区域流动等先行先试。借鉴深圳等发达地区的经验，出台相关政策，鼓励国内外大型企业、高水平大学到淮安设立研发机构。深化产教融合、校企合作，大力引进制造业急需的高层次科技人才、高素质管理人才、高技能实用人才和高水平创业团队。三是加强关键核心技术研发。围绕全市制造业发展重点领域，梳理一批具有前瞻性的关键核心技术项目，对接国家或省重大科技专项和相关产业专项。整合企业、高校、科研院所及各类技术创新平台的创新资源，集中攻克一批事关全市制造业重点产业竞争力提升的关键共性技术。四是鼓励开展协同创新。引导制造业龙头骨干企业和创新型企业以创新链为纽带，围绕产业主攻方向和关键技术领域，建立以龙头企业为主导的创新项目承担机制和产学研协同创新机制。支持龙头企业建设省级以上企业技术中心、技术（工程）研究中心、重点实验室以及院士（专家）工作站等，鼓励产业龙头企业建立与科研院所和高校共同参与的产业创新战略联盟。五是实施"专精特新""单项冠军"企业培育计划和高新技术企业"倍增"计划。鼓励发展研究型创新型企业和"独角兽"企业。支持通过设立创业投资引导基金、创业投资贴息资金和知识产权作价入股等方式，搭建国内外高端技术人才与产业对接平台。六是深化科技体制机制改革。通过进一步深化"放管服"改革和促进科技与产业融合发展，切实解决对创新驱动思想不够解放、支持不够有力、体制机制不顺以及科技成果转移、转化不畅等问题。遴选新能源汽车、芯片、盐化凹土新材料等具有一定特

色优势的创新型产业，对于产业引导基金、融资担保基金、科技扶持资金等各种资源予以持续、重点支持，力争在创新型龙头企业培育、国家级企业重点实验室打造、产业关键共性技术攻关、产学研公共服务平台建设等方面形成突破，打造有影响力的高端优势产业和创新型龙头企业，在江苏打造具有国际影响力的产业科技创新中心过程中占据一席之地。优化招商引资考核激励办法，对高科技、创新型项目降低投资门槛，加大优惠扶持力度，纳入考核内容；对相关项目招引单位和个人加大考核分值与奖励力度；通过大力引培创新主体、切实落实激励政策、大力发展科技金融、完善研发投入统计机制、强化组织协调和监测考核等措施，着力解决我市全社会研发投入占 GDP 比重、企业研发支出占销售收入比重长期位居全省倒数的问题。

二、聚焦体制机制创新有效破解新旧动能转换的深层次矛盾

1. 深化"放管服"改革

早在 2018 年的全国两会上，李克强同志就提出了六个"一"的要求：企业开办时间再减一半，项目审批时间再砍一半，政务服务一网办通，企业和群众办事力争只进一扇门，最多跑一次，凡是没有法律法规依据的证明一律取消。突出在优化营商环境、激发市场活力等方面持续发力，大胆地试、勇敢地改，大力推进行政审批、投融资、科技体制、国资国企等重点领域改革，积极争取更多国家和省重点改革试点项目在淮安实施，着力破除影响高质量发展的体制机制障碍，努力闯出一番新天地、改出一片新气象。对于淮安来说，"十四五"时期，要继续深化"放管服"改革，营造加快新旧动能转换、推动经济高质量发展的外部环境。为此，一要建立高效通畅的反馈机制。将企业反映的"堵点""痛点""难点"作为"放管服"改革的着力点和突破口，查找现行政府管理和服务中的不足，及时调整完善改革举措。二要改进和优化纳税服务。继续深化实施有关行政事业性收费和政府性基金的清理措施。切实加强对涉企经营服务性收费的监管。进一步清理规范涉企经营服务性收费，取消不合理收费项目，降低偏高的收费标准。进一步完善行政事业性收费和政府性基金目录公开制

度。健全涉企收费目录清单制度，公布省、市、县政府定价的经营服务性收费目录清单。三要深化行政审批标准化改革。严格行政权力目录管理，严格按照权力清单行使职权。继续深化行政审批等的取消和调整工作，进一步减少行政审批的申请材料、审批环节和办理时间。探索运用"负面清单+事中事后监管""标准规范+事中事后监管""告知承诺+事中事后监管"等取代行政审批的新模式。四要持续深化商事制度改革。建议加快实施"多证合一、一照一码"改革步伐，逐步扩大涉企证照事项整合范围。五要激发有效投资拓空间。继续优化制造业项目行政审批流程，加快项目落地、规划落地、开工落地。按照规定的流程，实现"审批时间压减一半以上，由目前平均 200 多个工作日压减至 120 个工作日"的目标，继续实行"强化基础、提前介入、告知承诺、同步审批、会议协调、限时办结"，完善、优化制造业项目审批流程，做好项目前期工作，确保项目符合规划就能落地。

2. 保护和弘扬企业家精神

法国法兰西学院院士佩雷菲特有过一个著名的论断："精神创造经济奇迹。"一种充满活力和生机的不断开拓进取的精神，对经济社会的推动，相比资本、劳动、技术、制度等因素的作用，有过之而无不及，企业家精神就是这样的一种精神。2017 年 10 月，习近平总书记在十九大报告中再次明确提出，激发和保护企业家精神，鼓励更多社会主体投身创新创业。人，特别是优秀人才，在推动经济由高速度发展向高质量发展转变上具有极端重要的作用。重视企业家队伍建设，激发和保护企业家精神，鼓励更多的社会主体投身于创新创业中，不断夯实淮安经济发展潜力、提高经济发展后劲，一要大力营造依法保护企业家合法权益的法治环境。贯彻落实十九大精神，明确企业家的地位和价值，形成"社会尊重、政治器重、经济倚重、法治看重、引导加重"的激活和保护企业家精神的新格局。二要坚持全面、平等、依法保护产权。全面落实市委、市政府《关于完善产权保护制度 依法保护产权的意见》，让企业家勇敢创造财富、公平获得财富、安心享受财富、放心传承财富，离不开法治的保护。对公有制企业和非公有制企业一视同仁、依法平等对待，不唯企业身份论；切实保护企业家的"产权"和其他合法权益，切实保护企业家的物权、债权、股权等基础性财产权。应采取有力的举措，甄别、纠正一批社会反映强烈的产权纠纷申诉案件。司法机关在处理企业法人案例时，要正确把握法律政策界限，慎思明辨，对于涉企案件办理应谨慎从事，坚决防止"案件办了、企业垮了"的情况发生。司法机关在办理涉及非公企业违法犯罪案件中，构建经济违法案件"打、防、控、管、建"五位一体的防控机制和涉企案件风险评估机制以及银行、银监、公、检、法等机关联席会议和联动工作机制，以达到合理平衡法治权威与维护社会稳定和市场秩序的关系，提高整体办案效果。三要建立面向企业家的社会容错机制。企业家作为勇立潮头的创新者，在先行先试和企业创新，尤其在企业制度创新与模式创新等方面，出现某些失错和失败是难免的。现实中，由于社会的包容性不够，加之某些人的嫉妒、诽谤、刁难、打击、围攻和扼杀，企业家队伍中的"中箭落马"者不乏其人。这不仅是个人的悲剧，也是社会的悲剧。基于保护创新型企业家的战略考虑，应按照《关于完善产权保护制度 依法保护产权的意见》明确提出的"完善对企业家的容错帮扶机制"要求，对不涉及违规决策、没有不当利益输送，按照有关规定可以容错的，应予以宽容。同时，要给予优秀企业家社会荣誉激励，拓宽企业家参与国家政治生活和管理社会公共事务的渠道，并加强对企业家的正面宣传。四要为企业家创造公平竞争的市场环境。中共十八届三中全会提出"权利平等、机会平等、规则平等"要求，包括①依法平等使用生产要素，包括资金（信贷）、土地、劳动力、技术、管理等要素，特别是在资金（信贷）、土地等要素使用方面的平等。②公开公平公正参与市场竞争。针对垄断领域显性的和隐性的壁垒，要放宽市场准入：凡是法律法规没有明确禁止的行业和领域都应该鼓励民间资本进入（非禁即入），凡是已向外资开放或承诺开放的领域都应该向国内民间资本开放。③同等受到法律保护。公有制经济财产权不可侵犯，非公有制经济财产权同样不可侵犯，公有制经济中的企业家与非公有制经济中的企业家的其他权益同样"不可侵犯"，同等受到法律保护。五要构建"亲""清"与"共""辅""扶"结合的新型政商关系。政府要摆正位置，企业家才是市场经济活动的真正主体，不要越俎代庖。无论是对国企，还是对民企，都不应有过多的"政府干预"。另外，要"扶"不要"弗"。要建立针对企业家创新的"帮扶机制"，扶上马，送一程，政府不能袖手旁观。在涉企政策制定时，要有企业家参与的机制，完善涉企政策和信息公开机制，建立各级党政机关负责人及相关部门联系企业制度。

三、聚焦产业结构优化升级，充分释放新旧动能转换的巨大效应

1. 大力发展优势特色产业

突出培育10个核心主导产业集群、新兴优势产业集群，全力促进产业结构逐步优化、质量效益稳步提升，加快构建特色鲜明、自主可控的现代产业体系；着力打造"百强核心骨干企业"阵容，持续开展"全民创业、淮商崛起"行动，大力推动产业互联网经济发展，落细落实扶持民营经济发展的政策措施，加快培育专业基础好、创新意识强、发展潜力大的高成长型企业，力争培育规模以上企业150户以上，新增市级以上科技小巨人企业、"专精特新"中小企业各10户以上。

2. 大力培育重点企业、龙头企业

要牢固树立"项目为王"意识，坚持把项目建设作为调结构、稳增长、强内需的重要抓手，深入开展重特大项目攻坚年活动，在全市上下进一步营造招引大项目、建设大项目、服务大项目的氛围。要瞄准世界500强、全球行业龙头企业，主攻"三新一特"等先进制造业、战略性新兴产业以及生产性服务业项目，力推招商引资、利用外资、集聚台资实现新突破，全力争取更多国家和省重大项目在淮安布点，推动省市级重大项目快建设、快达效，以高质量项目支撑高质量发展。要充分利用各级资本市场，采取有效措施推动企业挂牌上市。为此：一是明确"十四五"时期挂牌上市重点后备企业名录，纳入资源库实行动态管理。通过举办企业上市培训班、股权对接活动等，坚定企业上市信心，推动企业实现股权融资，帮助企业做大做强。二是推进重点企业上市。推动淮安市内符合条件的企业，积极在纽交所、港交所、上交所、深交所上市，特别是发挥长三角一体化优势，集中资源助力符合资质的企业冲刺科创板。三是积极推动中小企业挂牌。继续鼓励小微企业在江苏股权交易中心挂牌融资，其中实力较强的企业在价值板挂牌，一般企业在成长板、农业板等不同板块挂牌。四是会同市金融控股集团开展私募股权基金招商工作，加大对私募、创投等国内知名基金管理公司的招引力度，研究出台鼓励政策，吸引专业团队来淮合作、设

立分支机构。五是修订完善上市工作目标考核办法，定期通报上市工作推进情况，强化日常督查，提高县区重视程度。

3. 大力发展台资集聚区

淮安经济技术开发区外资、外贸进出口额连续多年占淮安市总量的50%左右，也是获批的全国唯一的"国家级台资企业产业转移集聚服务示范区"。要继续做大做强这一示范区，加大台资集聚力度，通过更加优惠友好贴切的政策吸引更多的台资台企落户淮安。同时，加大与昆山的南北协作力度，积极承接优质台资项目转移，持续打造台资集聚高地。鼓励台资企业在淮设立研发中心，积极吸引台湾籍工程师和高层次人才来淮创新创业，参与淮安建设，打造"台智"集聚高地。健全完善引才奖补制度，对引进高层次人才的企事业单位，通过跟奖、跟补等方式，在引才投入、租房补贴、项目资助等方面给予支持。

4. 大力构建绿色体系

积极探索以生态优先、绿色发展为导向的高质量发展新路子。深入贯彻新发展理念，统筹好经济发展和生态环境保护的关系，努力探索出一条符合战略定位、体现淮安特色，以生态优先、绿色发展为导向的高质量发展新路子。以国土空间规划为依据，把生态保护红线、永久基本农田保护红线、城镇开发边界作为调整经济结构、规划产业发展、推进城镇化不可逾越的红线，立足本地资源禀赋特点，体现本地优势和特色。

四、聚焦扩大内需重塑新旧动能转换的市场新空间

发展基于内需的全球化经济，并不是一个新的经济现象，也不是一个新的概念。目前全球人口规模较大的发达国家和地区，基本上属于这种经济形态，例如美日欧就是以本国（地区）市场为依托，推动跨国公司的全球化。就我国实际情况而言，实施扩大内需策略是实现"去产能化"的最佳方略，由此必然要求中国走依靠扩大内需支撑经济发展的道路。对于淮安来说，在外部不确定性不断增加的情况下，加快新旧动能转换同样要聚焦国内市场需求。内需不振的问题，既是需求方的问题，更是供给方的技术水平问题。从企业层面上看，没有疲软的市场，只有疲软的产品和技术。为

此：①打造江苏枢纽城市、苏北中心城市，通过功能优化和城市再造扩大经济规模，为全球创新要素的流动提供更多的平台和发展机遇，在世界经济低谷时期吸收更多的国外优秀人才到中国工作；②以民生和公共福利均等化为核心，实施收入分配改革，培育中等收入阶层；③充分挖掘淮安满足国内需求的高端特殊产品。作为著名的"鱼米之乡"和全国重要的绿色农副产品生产基地，淮安拥有"盱眙龙虾""淮安大米""淮安黑猪""淮安红椒""金湖大米""淮安黄瓜""洪泽湖螃蟹"等一批地理标志证明商标，为启动、对接国内需求提供了良好的产业产品基础。

五、聚焦人才强市着力培育新旧动能转换的能动要素

推动新旧动能转换，加速新动能培育，关键在于人才。人才有两类：一类是标准化人才，能够在常规的评价体系中得以发现与确认；另一类则是非标准化人才，在常规的评价体系中无法反映、体现。当前，各地推出的招才引智政策大多集中于标准化人才，而对非标准化人才的挖掘、发现、开发、使用还是一个空白，这使其完全能够成为未来人才开发、创新驱动的新亮点。淮安可及时启动针对非标准化人才的创新支持计划，大力实施超常规人才策略。首先，以"不可能性"为定位基准，在全国甚至全球范围内甄选立志于以"挑战不可能"为事业的特殊人才。其次，采用更为宽松的评估与考核标准。不以过去的成绩为依据，而是以经历中的开创性、专注度、执着度，辅以基础性的学历、能力因素进行综合认定。对于这类人才及其成果的评估与管理，采用"一人一议""一事一议"的模式，以是否全力以赴、坚持不懈为依据。最后，在时间周期上，要宽松一些。不能操之过急，要有耐心，可以年度为单位，分批次实施。同时，要打造一支忠诚干净担当的干部队伍。干部，一直是江苏实现率先发展的关键性因素。新时代要充分带动领导干部的精气神，就要挖掘本地优秀精神底蕴，并将其作为领导干部的信仰坐标与行动指南。

对于淮安来说，优秀精神文化底蕴非常深厚，特别是周恩来精神，其潜在价值的开发与利用远远不够。周恩来精神是共产主义远大理想同脚踏实地的工作作风的结合、对上负责同对下负责的结合、高度的原则性同高度的灵活性的结合，核心是全心全意为人民服务。周恩来精神，是中华民

族的宝贵精神财富，更是时代精神的体现，具有永恒的价值。要锻炼一大批不等不靠、担当作为的领导干部，带着党员群众往前闯、向前探，就必须发挥精神的作用、模范的力量，才能形成奋发有为、干事创业的浓厚氛围。省委、省政府也明确提出，要为踏实做事、不谋私利的干部撑腰鼓劲。出台鼓励激励、容错纠错、能上能下"三项机制"褒奖奋发有为的干部，宽容在改革创新中出现的失误，在全省实行"不适宜担任现职领导干部调整退出机制"，推动能者上、庸者下、劣者汰成为常态。对于那些在深化改革中勇争先、推动发展走在前、狠抓落实行动快的单位和个人要进行褒奖，同时也要对那些推进重点项目不得力、履行行政职能不到位、解决群众关切问题不及时的单位和个人进行批评。

第五章

城乡融合高质量发展：
体制机制与政策体系

建立健全城乡融合高质量发展的体制机制与政策体系，是乡村振兴和农业农村现代化的制度保障。当前，淮安市最大的发展不平衡是城乡发展不平衡，最大的发展不充分是农村发展不充分。建立健全城乡融合高质量发展的体制机制与政策体系，加快推进城乡融合发展，是解决人民日益增长的美好生活需要和不平衡不充分的发展之间矛盾的必然要求，是坚持以人民为中心的发展思想，让改革发展成果更多更公平惠及全体人民的重要举措。

第一节　城乡融合高质量发展成就、
问题及发展态势

一、淮安市城乡融合成就

党的十八大以来，在以习近平同志为核心的党中央坚强领导下，淮安市始终坚持以工促农、以城带乡方针，主动适应和引领经济发展新常态，切实把解决城乡二元结构问题作为全市工作的重中之重，统筹抓好稳产能、调结构、促改革、增收入、保生态、惠民生各项工作，城乡一体化进程明显加快，城镇面貌发生了翻天覆地的变化，城乡融合发展取得了巨大成就。

1. 城乡经济结构持续改善

近年来，在淮安市委、市政府的统一领导下，淮安市城乡融合发展取得了长足进步，从经济结构的演变中也能够看出城乡进一步融合的大趋势。从全市来看，2018年淮安市实现地区生产总值3601.3亿元，同比增长6.5%，其中第一产业增加值358.7亿元，同比增长3.1%，第二产业增加值1508.1亿元，同比增长4.9%，第三产业增加值1734.5亿元，同比增长8.8%，三次产业结构比例为10.0∶41.8∶48.2，与10年前15.2∶48.3∶36.5的三次产业结构相比，第一产业比重明显下降，第二产业比重下降明显，第三产业比重呈现逐年稳步上升的趋势（见图5-1）。综观淮安市产业结构发展，历经了从"一二三"到"二三一"再向"三二一"转变的波澜历程。而分县区来看，清江浦区三次产业增加值比例为2.4∶22.8∶74.8，淮阴区为14.07∶42.06∶43.85，淮安区为13.3∶38.0∶48.7，洪泽区为11.8∶40.3∶47.9；三县的三次产业比重情况分别为涟水县13.1∶38.6∶48.3，盱眙县13.5∶39.4∶47.2，金湖县12.5∶37.6∶49.8（见表5-1）。无论是四区还是三县，淮安市三次产业结构都呈现出第三产业发展领头、第二产业实力依旧强劲、第一产业质量不变比例下降的局面。淮安市三次产业结构在城乡融合发展的进程中逐年改善。

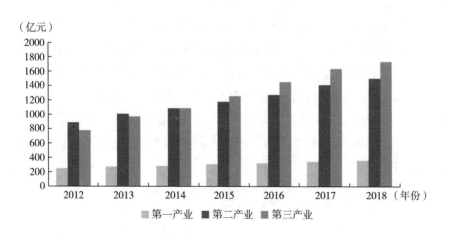

图5-1　2012~2018年淮安市三次产业地区生产总值情况

表5-1　2018年淮安市各县区地区生产总值情况

区域	地区生产总值		第一产业		第二产业		第三产业	
	总量（亿元）	增速（%）	总量（亿元）	增速（%）	总量（亿元）	增速（%）	总量（亿元）	增速（%）
全市	3601.3	6.5	358.7	3.1	1508.1	4.9	1734.5	8.8
清江浦区	479.7	6.1	11.7	3.4	109.5	1.6	358.5	7.8
淮阴区	534.5	6.4	72.25	2.2	224.85	6.1	234.4	8.8
淮安区	546.9	—	72.6	—	207.7	—	266.4	—
洪泽区	312.81	6.6	36.91	3.8	126.2	7.4	149.7	6.6
涟水县	476.3	—	62.4	—	183.9	—	230.0	—
盱眙县	441.3	—	59.4	—	173.8	—	208.2	—
金湖县	296.3	—	37.0	—	111.5	—	147.7	—

资料来源：《淮安市统计年鉴（2019）》。

长期以来，淮安市一直致力于产业层次升级、落后产能淘汰的工作，成效显著。在能源消耗方面，据淮安市统计年鉴显示，2017年全市年销售收入2000万元以上工业企业在保持总量有所提升的背景下，能源消耗量降低迅速，2017年淮安市规模以上工业煤炭消费总量为974.88万吨，较上年减少11.08万吨；从三县的使用情况看，涟水县原煤使用量为138.2万吨，较上年减少2.2万吨；金湖县使用量为92.9万吨，较上年减少6.3万吨，节能效果显著。2017年全市电力使用量112.3亿千瓦时，较上年减少1.4亿千瓦时；其中涟水县使用7.6亿千瓦时，较上年减少2亿千瓦时，盱眙县使用8.1亿千瓦时，较上年减少5.5亿千瓦时，金湖县使用6.8亿千瓦时，较上年减少3.3千瓦时。从数量上看，三县是目前淮安市节能减排的主战场，在确保经济社会发展的同时降低能源使用，这也是农村向城市融合发展的成就。

2. 城乡居民生活水平持续提升

淮安市城乡融合发展的最终目的是让老百姓享受到更好的生活。从收入来看，2018年全市居民人均可支配收入为27696元，同比增长9.5%；其中城镇居民人均可支配收入35828元，同比增长8.6%，农村居民人均可支配收入17058元，同比增长9.3%。如图5-2所示，近年来淮安市城镇与农村居民人均收入都呈现稳步增长，且农村居民人均可支配收入从总量上虽然与城镇依旧存在着较大差距。但是从增幅上来看，农村地区居民收入增幅均高于城镇，这说明农村地区居民收入正在逐年追赶城镇居民，两者间的差距正在逐年缩小，从这可以看出淮安市在城乡融合发展方面不懈的努力。

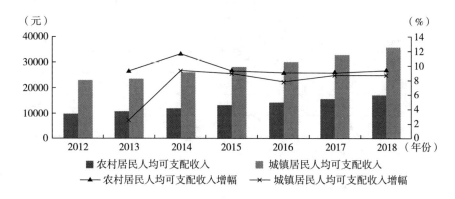

图 5-2　2012~2018 年淮安市城乡居民人均可支配收入情况

资料来源：《淮安市统计年鉴（2019）》。

从消费上来看，2018 年全市居民人均现金消费支出 15634 元，同比增长 7.2%；其中城镇居民人均现金消费支出 19015 元，增长 6.9%，农村居民人均生活消费支出 11210 元，同比增长 6.5%。从历年比较来看，城镇与农村在消费上都保持着每年平稳增长的趋势，且两者的增幅几乎同步。从消费质量内容上来看，我们以 2017 年数据为视角（见表5-2），在八大类消费中，无论是城镇还是农村居民，食品烟酒肯定是占据最多的，分别占全部生活消费支出的 29.5% 和 31.1%，农村居民在食品烟酒等生活必需品上的消费占比与城市居民基本一致；而在教育文化娱乐方面的消费，城镇与农村的消费占比分别为 18.3% 和 17.7%，两者在相对享受型、提升型消费上所占的比例也基本一致，因此仅以这两项为代表可以窥斑见豹，农村地区与城市地区的消费结构相差无几。而与 2016 年相比，八大消费类型中，增速最快的也是教育文化娱乐消费，城镇居民此类消费同比增长 8.6%；农村居民此类消费同比增长了 9.9%，从这一角度来看，淮安市农村地区居民消费结构改善速度快于城市地区，这也正是淮安市城乡融合发展的缩影。

表 5-2　淮安市城乡居民消费支出情况　　　　单位：元

项目	2017 年			2016 年		
	全体居民	城镇常住居民	农村常住居民	全体居民	城镇常住居民	农村常住居民
生活消费支出	14427	17788	10526	13382	16912	9633
食品烟酒	4335	5241	3283	4044	5054	3005
衣着	1084	1509	590	1040	1485	540
居住	2865	3743	1846	2601	3432	1704
生活用品及服务	870	1022	693	819	977	619
交通通信	1381	1663	1054	1316	1644	954
教育文化娱乐	2614	3258	1867	2362	3001	1699
医疗保健	906	830	994	852	819	884
其他用品和服务	372	522	199	348	500	178

资料来源：《淮安市统计年鉴（2018）》。

3. 城乡空间格局持续优化

城市空间格局是相对固定同时也顺势而变的概念，是城乡发展的基础概念。城乡空间格局对于城乡融合发展有着关键性影响，一方面，从城乡布局来看，城乡空间格局对城镇化发展起到促进作用，合理的空间格局可以带动农村地区的发展；另一方面，城市功能区的规划设计直接决定了区域未来发展的方向，是积极融入中心城区发展，还是努力做好中心城区配套，决定了城乡融合发展的路径。

从城乡区划来看，目前淮安市下辖清江浦区、淮安区、淮阴区和洪泽区四个区，以及金湖县、盱眙县和涟水县三个县。目前的城乡区划结构也是淮安市历经数十年城乡融合发展的成果。在新中国成立之初，历经淮阴专区、淮阴地区等行政区划，1983 年正式成立淮阴市，这是淮安市的前身，下辖 2 区 11 县；1996 年宿迁市、泗阳县、泗洪县、沭阳县划出，单独成立地级市宿迁市，同时灌南县划入连云港市，现有地理轮廓基本形成；2001 年，在全省"三淮一体"发展战略的推动下，淮安市正式成立，同时县级淮安市更名楚州区，淮阴县更名淮阴区，淮安市区划调至此拉开大幕；2012 年楚州区更名为淮安区，行政区域不变；2016 年，在淮安市城乡融合发展的大潮下，清河、清浦两区合并成立清江浦区。同时洪泽县撤县设市，更名为洪泽区，至此淮安市城乡区划已形成（见表5-3）。

表5-3 淮安市城乡区划调整过程

年份	名称	下辖	变更
1983	淮阴市	清河区、青浦区、涟水县、洪泽县、盱眙县、金湖县、灌南县、沭阳县、宿迁县、泗阳县、泗洪县、淮阴县、淮安县	—
1987	淮阴市	清河区、青浦区、涟水县、洪泽县、盱眙县、金湖县、灌南县、沭阳县、泗阳县、泗洪县、淮阴县、淮安市、宿迁市	淮安县、宿迁县改为县级市
1996	淮阴市	清河区、青浦区、涟水县、洪泽县、盱眙县、金湖县、淮阴县、淮安市	宿迁市、沭阳县、泗阳县、泗洪县4个县从淮阴市划出，成立地级宿迁市；将灌南县划入连云港市
2001	淮安市	清河区、青浦区、淮阴区、楚州区、涟水县、洪泽县、盱眙县、金湖县	地级淮阴市更名为淮安市；县级淮安市更名为淮安市楚州区；淮阴县更名为淮安市淮阴区
2012	淮安市	清河区、青浦区、淮阴区、淮安区、涟水县、洪泽县、盱眙县、金湖县	楚州区更名为淮安市淮安区
2016	淮安市	清江浦区、淮阴区、淮安区、洪泽区、涟水县、盱眙县、金湖县	清河区、清浦区合并更名为淮安市清江浦区；洪泽县更名为淮安市洪泽区

从城乡发展格局来看，《淮安市城市总体规划（2016—2030年）》显示，淮安市城市城乡融合发展已取得重大成就。一是多重重大战略聚焦淮安及周边区域，长江经济带、淮河生态经济带、江淮生态大走廊等，尤其是省委省政府对淮安建设成为"苏北重要中心城市"和江苏省特色增长极的战略要求以及全省"1+3"功能区战略布局，明显提升了淮安中心城市发展定位，确定了淮安生态优先、特色发展的战略路径。二是城市铁路、水运、航空等综合交通地位进一步提升，尤其是高铁方面结合国家铁路网规划，未来可北达京津、南抵沪宁，实现宁淮1小时同城生活圈，融入上海2小时经济活动圈。三是随着"两区一县"行政区划调整获批以及国家级高新技术产业开发区获批，淮安"纳湖入城，淮洪一体"战略构想亟须结合产业空间布局优化面临重大调整。四是国家新型城镇化、"多规合一"和土地使用制度改革三大试点获批，将有力地促进淮安城市发展和治理方式转型。同时规划还设立了市域城镇登记规模体系，将全市61个镇按照发展规模划

分为1个市域中心城市、3个市域副中心城市、10个重点中心镇和47个一般镇(见表5-4)。形成了层次清晰、重点突出的发展梯队,最终形成协同发展的市域城乡体系。

表 5-4　淮安市域城镇登记规模体系

城镇等级	规模等级(万人)	名称	城镇个数
市域中心城市	200~300	淮安中心城区	1
市域副中心城市	20~50	涟水县、盱眙县、金湖县	3
重点中心镇	5~10	车桥镇、高沟镇、马坝镇	10
	3~<5	钦工镇、渔沟镇、徐溜镇、岔河镇、红窑镇、旧铺镇、银涂镇	
一般镇	2~<3	—	47
	<2	—	
合计			61

4. 城乡基础设施建设持续完善

基础设施是城乡融合发展的关键与基础,修路、架桥都是经济发展的先决条件,而农村地区由于历史经济等多方面因素,基础设施条件一直都远远落后于城市。随着"美好乡村""村村通"等现代化农村建设工程的推进,目前农村也是旧貌换新颜。淮安市农村地区的基础设施也在近几年大力推进城乡融合发展下不可同日而语。

在交通出行方面,2017年全市农村地区道路面积1340万平方米,较上年增长56万平方米;拥有公共汽车449辆,较上年增加了172辆;拥有出租车1058辆,较上年增加了100辆,且近几年这些数字都保持着稳步的增长。而在住房方面,2017年全市农村地区人均住房面积为53.7平方米,城市地区为44.9平方米,就此来看农村居住情况较城市更为宽敞。另外,农村地区居住以往都呈现分散的特点,十里八乡没有几户人家;而城市地区居住普遍以小区的形式集中居住。两者各有优势,农村地区居住面积更优,而城市地区相对集约,公共资源使用率也相对较高,就目前的城乡发展而言,城市型的集约居住模式更适合社会发展与资源利用;而现在农村地区也在积极推广小区型的集中居住模式,且根据百姓的生产生活特点适当改动,农村地区日新月异的基础设施现状,正是淮安市城乡融合发展的缩影。

5. 城乡基本公共服务水平差距持续缩小

城乡融合发展的最终成果在于服务百姓、造福社会，因此公共服务是衡量城乡融合发展质量的关键因素，而相较于基础设施，农村公共服务设施更为复杂，不仅对设施上有要求，而且对服务的本质要求更高。淮安市城乡公共服务在历经了多年的城乡融合发展之后，在服务的基础设施和服务质量上都逐步提高，与城市逐步衔接。

城乡公共服务均等，发展的主体在于农村。在医疗方面，淮安市 2017 年农村地区医院数和卫生院数同去年保持平衡，基础设施上未有明显发展，但在医疗能力上有了新的突破，2017 年全市农村地区卫生技术人员 10067 人，较上年增长 73 人；拥有床位 9666 张，较上年增长 392 张。在教育方面，虽然 2017 年学校数量较上年未有增长，但教师数量全面增长，全部教师总量为 18047 位，较上年增长 215 位；其中小学教师增长 116 位，初中教师增长 48 位，职业高中教师增长 2 位，中等专科教师增长 26 位，技工学校教师增长 23 位，特殊学校教师增长 3 位。在文化方面，2017 年全市三县共有 5 个剧场、影剧院，较 2016 年增加了 2 个；共有图书馆 3 个，与 2016 年相持平，但图书总藏量却明显提高，2017 年底全市三县图书馆共有 82.3 万册图书，较上年增加了 13.6 万册；全市广播和电视都实现了全面覆盖。总体来看，2017 年淮安市农村公共服务在基础设施上未有明显突破，但在服务的本质上正在有序提升。

二、淮安市城乡融合发展的问题

1. 城乡融合发展质量有待提升

历经多年的城乡融合发展，淮安市城市与农村地区融合发展取得了显著的成果，但不得不承认的是，就目前而言淮安市城乡融合发展的质量依旧不高。建设现代化农业，发展农村经济，是城乡融合发展的最终目标，但目前淮安市农业增效难、农民增收难、农村社会进步慢的问题未能得到有效解决。

2018 年，淮安市第一产业生产总值 358.7 亿元，占全市 GDP 比重为

10%。而从人口与产业匹配来看，2018 年全市农村常住人口为 185 万人，占全部常住人口的比重为 37.6%，农村地区常住人口多为从事农业生产工作的人，这也就意味着这 10%的产值要养活超过 30%的人口，生活水平与生产能力水平可见一斑。再从能耗与产业匹配来看，2018 年全市第一产业用电量为 2.5 亿千瓦时，占全社会用电量的比重为 1.3%，这与 10%的地区生产总值占比差距悬殊，这说明现代化农业生产在淮安市依旧是凤毛麟角，传统的以人力为主的小型生产农业方式依旧是绝对的主流，农业机械化生产少之又少。这两者也是相互关联的，淮安市农业机械化程度偏低，导致农业产量、农业附加值极低，因此农村人口的生活水平也受到限制，这也是淮安市城乡融合发展面临的极大问题。

2. 乡村基础设施仍然比较薄弱

城乡差距一直都是城乡融合发展之间难以逾越的鸿沟，城乡融合发展旨在缩小城乡间的差距，但目前城乡融合已经进入深水区，经过多年的发展城乡差距虽已取得一定成就，但城市地区与农村地区之间的差距依旧较大。当前淮安市城乡之间差距主要体现在城乡设施差距、地区发展差距以及工农生活差距多个方面。

从城乡设施方面，淮安市农村地区与城市地区存在着较大差距，在道路、桥梁、房屋等方面的数量和质量上都存在差距，多存在年久失修、保养不当等问题，在学校、医院、服务中心等方面，多存在设施陈旧、服务不全等问题，农村基础设施与城市依旧存在着较大差距。从地区发展方面，淮安市四区三县之间也存在着差距，城区各项发展领先县域是不争的事实，而在四个区内部与三个县内部也存在着差距。在四区内，由于区划调整等原因，洪泽区划入城区时间不久，在城乡发展多方面还未完全融入城区。在三县内，由于金湖县在人口等方面远不如涟水、盱眙两县，因此在经济生产总值、农业产量、规模工业、企业利润、社会消费品零售总额、金融存贷款等多方面都与其他两县存在量级差，从总量上看金湖县经济发展远不如涟水县、盱眙县。从工农生活方面，2018 年淮安市城镇地区人均可支配收入较农村地区多 18770 元，城镇地区人均消费比农村地区多 7805 元；而分县来看，金湖县人均可支配收入最高，盱眙县其次，涟水县最低，全体居民人均可支配收入上，金湖县为 27400 元，领先盱眙县 931 元，领先涟水县 4831 元；城镇居民人均可支配收入上，金湖县为 36391 元，领先盱眙

县 213 元，领先涟水县 6610 元；农村居民人均可支配收入上，金湖县为
18718 元，领先盱眙县 1512 元，领先涟水县 2779 元(见表5-5)。可以看
出，在收入方面，金湖县处于绝对领先地位，盱眙县略低，而涟水县明显
落后，淮安市城乡融合发展不平衡。

表 5-5　2018 年淮安市分县区居民人均可支配收入情况　单位：元

项目	居民人均可支配收入	城镇常住居民人均可支配收入	农村常住居民人均可支配收入
全市	27696	35828	17058
淮安区	23853	30936	17305
淮阴区	24389	33458	16036
清江浦区	40848	43244	21101
洪泽区	27072	35824	18650
涟水县	22569	29781	15939
盱眙县	26469	36178	17306
金湖县	27400	36391	18718
开发区	40960	40960	—

资料来源：《淮安市统计年鉴(2019)》。

3. 农民就业创业和增收渠道有待拓宽

"二元经济"最早是由美国经济学家威廉·阿瑟·刘易斯提出的，是指
发展中国家的经济由传统农业部门和现代工业部门并存的经济结构组成。
中国作为发展中的人口大国，"二元经济"结构的特征更加突出，并且有其
特殊性。对于"二元经济"结构，以 2017 年第一产业及农村居民生活情况
为传统部门的代表，分析淮安与南京、苏州两市的对比情况(见表5-6)。
从表中可以看出，在第一产业就业人数上，淮安市占比较南京、苏州差距
明显，而在第一产业 GDP 占比上虽有差距，但差距较小，说明淮安市在第
一产业上投入的人力更多，产出的效益更少，规模化、机械化不明显；而
在农村居民生活情况方面，无论是收入还是支出，淮安都落后于南京、苏
州两市，城镇化速度与小康质量不及两者。典型的"二元经济"模式拉低了
淮安市城乡融合发展的质量。

表5-6　淮安市与南京市、苏州市二元经济比较

项目	第一产业就业人数占比(%)	第一产业GDP占比(%)	农村居民人均可支配收入(元)	农村居民人均生活消费支出(元)
淮安市	15.73	10.0	17058	11210
南京市	9.2	2.3	23133	17155
苏州市	3.3	1.3	29977	20298

资料来源:《江苏省统计年鉴(2018)》。

在土地方面,体现出"城乡二元结构",性质上城市土地属于国有性质,农村大部分土地则属于集体所有性质,城市土地和农村土地的价值和用途管制都有所不同。在户籍方面,城市户口享有一系列较高水平的社会保障及公共服务,农村户口则难以实现,在这样的差距下城乡之间的人口流动受到严格限制,农村人口很难在城市就业、定居。长期以来,城乡二元结构使城市不断从农村汲取人才、土地、农副产品等资源,却限制了农村人口享有城市较高水平的公共服务。

4. 城乡之间要素流动机制亟待健全

生产要素自由流动是城乡融合发展的重点工作之一,可以促进生产资源更合理的配置,实现经济效益最大化,但在长期的城乡"二元结构"的作用下,城乡之间生产要素流动阻碍重重,政策方面有问题,经营生产追求经济效益最大化也是主导因素。淮安市生产要素自由流动受阻也是在新一轮城乡融合发展中较为突出的问题。

在经济社会发展的长期进程中,淮安市在城市发展和农村前进之间形成了沟通交流的鸿沟,人力、土地、资金等生产要素在城乡间自由流动受到了阻碍,进而影响了城乡融合发展的进程。从全国来看,2018年我国常住人口城镇化率为59.6%,而户籍人口的城镇化率仅为43.4%,这16.2%的差距也就代表着2.3亿在城市拼搏的农民工没有城市户籍,在医疗、社保、教育、养老等方面与城镇人口差距较大。淮安市也是一样,大批在城市务工的农民工为城市建设挥汗如雨,却无法享受到与城市居民同等的权益,想要转为城市户籍确实阻碍重重,各种条件的限制让农民工望而却步。而土地问题是城乡融合发展过程中的又一尖锐矛盾,农民地少人多是全国通病,据测算平均每户仅能占到10亩土地,光靠目前自给自足的小

微农业实现养家糊口实在是天方夜谭；另外，在土地制度上，根据我国的《农村土地承包法》规定，农村土地第一轮承包从 1983 年前后到 1997 年，承包期为 15 年；第二轮承包从 1997 年开始到 2027 年，承包期 30 年，到期后再延长 30 年，在这种土地政策背景下，淮安市农村土地开发利用就会受到时间限制，投入大的建设回报慢，短短 30 年实现盈利难上加难，因此构建合理合法的农村土地入市机制势在必行。

三、淮安市城乡融合发展的态势

1. 城乡融合发展路径前瞻

城乡融合发展要紧紧围绕统筹推进"五位一体"总体布局和协调推进"四个全面"战略布局，坚持遵循规律、把握方向，整体谋划、重点突破，因地制宜、循序渐进，守住底线、防范风险，农民主体、共享发展的原则；但同时各地区也要结合自身发展的特点，坚持因地制宜的原则。

城乡融合发展就是要提升城乡发展质量，提高居民生活水平；就淮安市而言，这两点的结合就在生产要素上，因此淮安市促进城乡融合发展可以促进生产要素自由流动为抓手。而生产要素自由流动的关键在于农村土地，土地活了，满盘皆活。淮安市可以土地改革为切入点，调整农村土地经营方式，试点农村集体用地入市。对于农村而言，一方面盘活了农村土地，大批社会资金流入农村地区，实现了资金要素的流动，可以促进淮安市农村经济的发展；另一方面随着资金的到来，生产型、技术型人才等生产力要素的中坚力量也会纷至沓来，实现了生产力要素的自由流动。对于城市而言，农村土地入市极大缓解了城市用地紧张的困境，让投资者有了更多选择，土地资源紧张程度有所缓解，房地产热也会随之降温，住房难的问题也会相应得到缓解，更多的农村居民进入城市可以享受到更高质量的生活，这又促进了生产力要素的自由流动。因此，以农村土地试点入市为切入口，淮安市城乡融合速度与质量都会得以改善。

2. 城乡发展空间格局前瞻

城乡融合发展最直接的体现就在于城镇化，而城镇化最直接的体现在于城市区域面积的扩大。对于城区范围的扩大，首先要做好空间格局的规划。对于淮安市而言，要对全市 61 个镇进行梳理，根据各自特点制定合理的发展结构，形成由一个中心城区，涟水、盱眙、金湖三个副中心城区，车桥、高沟、马坝等 10 个重点中心镇以及 47 个一般镇组成的"1-3-10-47"的城镇等级规模结构，最终形成层次清晰、重点突出、协同发展的市域城乡体系。

而对于淮安市城市空间而言，要形成"双心、三轴、九组团"的空间结构。"双心"指的是商业金融中心与行政文化中心，也就是水渡口板块和生态新城东片区板块，淮安市的商业与文化要紧密围绕这两个中心展开，其他点实现空间上的辅助与互补。"三轴"指的是翔宇大道发展轴、枚皋路发展轴以及淮海路—洪泽湖大道发展轴，翔宇大道发展轴是淮安市城乡高质量发展当之无愧的代表，也是贯通清江浦区和淮安区的大动脉，周围商圈林立、高档住宅遍布，生产生活配套齐全；枚皋路发展轴则是高铁商务区的典型范例，虽距离老城区较远，但发展前景不容小觑；而淮海路—洪泽湖大道是青浦新城板块的核心。"九组团"指的是中心组团、淮阴组团、高新区组团、开发区组团(含空港产业园)、淮安组团、运南组团、生态文旅组团、工业组团及洪泽组团九个发展组团，各自定位清晰功能互补，虽多在城区但其辐射带动作用对淮安市城乡融合发展意义重大。

3. 城市发展阶段态势前瞻

根据中共中央、国务院印发《关于建立健全城乡融合发展体制机制和政策体系的意见》，淮安市到 2022 年城乡融合发展体制机制初步建立的近期目标，到 2035 年体制机制更加完善，到 21 世纪中叶体制机制成熟定型的发展目标。

到 2022 年，淮安市要初步建立城乡融合发展体制机制和政策体系，土地、资金、劳动力等生产可以实现基本流动，农村户口落户城市基本不受限，打破农村土地上市交易限制，试点农村土地入市交易市场；进一步提升淮安市农村公共服务能力，提升医疗、教育、养老等关键领域百姓使用的便捷性与满意度；不断完善乡村治理体系，提升乡村综合治理水平。2022 年前可以在金湖县综合试点，实施相关改革措施；同时选择洪泽区作为城区试点，探索淮安市城乡融合发展的新路径。

到 2035 年，淮安市要进一步完善城乡融合发展体制机制和政策体系，实现淮安市城镇化发展较高水平，发展阶段已经进入成熟期，城乡发展差距显著缩小，城市户籍制度已经较为完善，流动人口有序迁徙制度已基本形成；普惠金融对农村经济发展支撑体系基本建成；基本公共服务体系与城市能够基本接轨，百姓生活服务与城市基本无异；进一步促进农村宅基地制度改革，完善集体经营性建设用地入地准则；积极激励城市人才入乡扶持经济发展，加快农业科技成果孵化及产业转化，促进农村新产品新业态培养壮大，淮安市农业农村现代化基本实现。2035 年淮安市要全面总结前期试点阶段的经验教训，整理汇总形成《淮安市建立健全城乡融合发展体制机制和政策体系中长期发展规划》，逐步展开覆盖全市的城乡融合发展措施。

到 21 世纪中叶，淮安市要建立健全城乡融合发展体制机制和政策体系，形成一套完整的农村专业人口城市化机制，鼓励一批城市人才入乡发展农村经济，形成持久的农村科技成果入乡转化体系；公共服务方面实现城乡教育资源均衡配置，提升乡村医疗卫生服务水平，建立城乡公共文化服务体系，实现城乡医社保等完全并轨；农村建设上形成城乡一体化规划、建设、管护机制，农村与城市社会面貌无异；实现乡村经济多元化发展，实现"一村一店一品"工作，实现生态产品价值和乡村文化价值；实现农民收入多元化体系，促进工资性收入、经营性收入、财政性收入、转移性收入同步增长，形成城乡全面融合深度发展，实现乡村全面振兴，最终实现全体人民共同富裕的目标。21 世纪中叶淮安市要高水平建立健全城乡融合发展体制机制和政策体系，实现全市全部农村地区和边缘城市地区的经济社会发展与中心城区对接，编制《淮安市建立健全城市融合发展体制机制和政策体系成果汇总》，实现淮安市城乡完全融合发展。

4. 城乡发展产业支撑前瞻

产业是发展的根基，城乡融合发展同样需要产业的支撑，没有了产业，城乡融合也就丧失了发展动能。产业发展也有高下之分，在当前发展阶段，能源消耗型、劳动力密集型产业已经被时代所淘汰，而高附加值、长产业链的技术密集型产业已经成为时代发展的香饽饽。淮安市城乡高质量融合发展对产业发展也有所要求，经济支撑产业的发展要适应城乡融合的发展，服务城乡发展并引领产业经济社会发展的方向。

淮安市城乡高质量融合产业支撑，也应当遵循因地制宜、因时而变、因势而动的特点。对于农村地区，淮安市要在原先农业农村经济发展基础之上，进一步改进自给自足的小农生产模式，发展机械化现代化农业生产，提升生产效率；同时以农家乐等形式发展现代旅游业，并将"盱眙龙虾文化"发扬光大，实现农村经济蕴含文化，做到"一村一品"；此外要利用好电子商务的发展机遇，打破地域限制，促进农村特色经济的发展。城郊结合地区是淮安市城乡融合发展重点的过渡带，这也是产业转移的接收区，要利用好城郊地区土地资源丰富、交通相对便捷、生活成本相对较低的优势，发展大规模产业集中区，以龙头企业带动发展，发挥大企业集聚效应，实现经济效益最大化，扮演好城乡过渡带的重要作用。城乡融合发展，淮安市城区同样也要大力发展产业支撑，考虑到土地资源紧缺，可以发展地区总部经济，以及电子信息产业、高端装备制造业等附加值高的技术型产业，实现产业转型升级，以工补农、以城带乡。

第二节　城乡融合高质量发展
总体思路与重点任务

一、指导思想

以习近平新时代中国特色社会主义思想为指导，全面贯彻党的十九大和十九届二中、三中全会精神，以习近平总书记对淮安深情嘱托——"淮安人杰地灵，是周总理的家乡。把周总理的家乡建设好，很有象征意义"为元为纲，认真落实省委十三届六次全会精神、淮安市委七届九次全会决策部署，坚持稳中求进工作总基调，牢固树立新发展理念，落实高质量发展要求，紧紧围绕扎实推进"五位一体"总体布局、"四个全面"战略布局在淮安的实施，把解决好城乡融合发展问题作为全市各级党委工作的重中之重，突出党对城乡融合工作的领导，统筹空间布局、统筹生产要素、统筹城市乡村发展，建立健全城乡融合发展体制机制和政策体系，全面推进城乡经济建设、政治建设、文化建设、社会建设、生态文明建设和党的建设，着力打造苏北城乡融合示范城市，着力提高城乡发展建设水平，走中国特色社会主义城乡融合发展道路，推动以城带乡、以乡促城，实现城乡融合高质量发展，争当苏北振兴发展排头兵。

二、基本原则

1. 遵守规律，把握方向

经过多年的改革开放发展，我国依旧处于城镇化发展阶段，农村向城市发展依旧是大势所趋，但需要认识到的是，我国的城镇化发展已经进入了较快发展的中后阶段，城市发展已经形成规模，因此可以实现工业对农业、城市对农村的反哺，以城市为主导，以农村为主体，促进城乡融合发展。因此，在建立健全城乡融合发展的过程中，要积极顺应城镇化的大趋势，坚持城乡统筹发展的首位意识，突出城市发展的优势，实现以工促农、以城带乡，促进城乡合理规划、生产要素自由流动，在基础设施、公共服务、生态环境等多方面形成良性互动。

淮安市在建立健全城乡融合发展体制机制时要坚持"遵守规律、把握方向"的基本原则，在制定改革规划时要提高政治站位，认清盱眙县、金湖县、涟水县向洪泽区、淮阴区、淮安区发展，洪泽区、淮阴区、淮安区向清江浦区发展的潮流，坚持以城市发展拉动农村发展，农村发展向城市水平靠拢的总体思想，时刻牢记城市农村一盘棋的发展理念，突出盱眙县、金湖县、涟水县在城乡融合发展中战略中的主体地位，促进土地、资源、人力等生产要素在淮安市三县四区之间自由流动，进一步提升盱眙县、金湖县和涟水县的基础设施建设，加快交通、医疗、住房等的高标对接，将养老、医保、教育等系统接入全市统一系统，从内部提升城镇化水平，依次撤县设区设市，以实现淮安市城乡发展布局的进一步合理规划，最终实现淮安市三县四区之间城乡融合发展。

2. 整体谋划，重点突破

建立健全城乡融合发展体制机制不是一朝一夕之事，因此在制定城乡融合发展的政策时就要高站位、远规划，坚持整体意识，加强重点布局。在制定城乡融合发展规划时，要始终把握现代化国家建设的目标方向不动摇，并且结合实际情况以问题为导向调整具体措施以解决具体问题。在具体实施中，要始终坚持围绕乡村全面振兴和社会主义现代化建设的目标，强化统筹谋划和顶层设计；同时针对我国社会主义发展的具体情况，重点解决我国城乡发展在户籍、土地、公共服务等方面的问题与弊端。

淮安市在建立健全城乡融合发展体制机制时要坚持"整体谋划、重点突破"的基本原则，要以高瞻远瞩的视角制定长期发展规划，要将整个规划上升到战略高度。在规划制定方面，首先要与建设现代化国家的目标相适应，始终坚持高标准建设现代化淮安的总体目标，重点推进涟水、金湖、盱眙三县的现代化建设。同时紧抓清江浦、淮安、淮阴、洪泽四区的现代化建设工作更上一层楼。在紧跟总体发展目标的同时，淮安市建立健全城乡融合发展体制机制也要体现时代特色，正视改革痛点，户籍、土地、公共服务等共性问题同样是淮安市城乡融合发展过程中必须面对的，这是淮安市三县融入城市发展的重点问题与痛点问题。如何保障百姓的切实利益，寻求发展与社会之间的平衡点，是检验淮安市推进城乡融合发展成果的关键。

3. 因地制宜，循序渐进

城乡之间的发展矛盾不是单个地区的特殊矛盾，而是全国都亟待解决的共性问题，因此建立健全城乡融合发展体制机制同样是全国各地都需要推进的工作。但考虑到我国幅员辽阔，各个地区都有自身的发展特点，由于发展基础和现处水平的不同，面临的问题也各异，因此建立健全城乡融合发展体制机制不能一个模式覆盖全国。各地区要坚持实事求是的原则，从实际出发，充分考虑自身发展所处的阶段和亟待解决的问题，制定符合自己特点和需求的改革措施与步骤。同时，国家也应当有针对性地建立健全城乡融合发展体制机制，可以先选择城乡融合基础较好、经济社会发展程度较高的地方进行试点，待取得经验及成果后再铺开实施，同时向全国推广也应当逐步推进，形成改革梯队，有序有次地实施改革，最终将城乡融合发展的成果惠及全国。

淮安市在建立健全城乡融合发展体制机制时要坚持"因地制宜、循序渐进"的基本原则，各地区的城乡发展都具有自身的发展特点，淮安市也一样，因此在建立健全城乡融合发展体制机制中，我们不仅要始终坚持建设现代化国家的总体目标，同时也要体现淮安特色，解决淮安问题。淮安作为大运河上的重点城市，如何利用好水路资源这一历史资源推进城乡融合，将是城乡融合发展的重要节点；淮安市地处苏皖交界，这为全面推进淮安市城乡融合发展既提供了资源也造成了屏障；以加强与苏中、苏南地区交流为推手，推进全市城乡融合发展工作，这些都是淮安市城乡融合发展的特点与重点。淮安市三县四区的发展也各有千秋，可以先选择经济社会基础相对较好的县进行试点，分析成果并做相应调整，进而推广至其他两县；同时四区之间也要加强融合发展，清江浦区作为中心城区，地少人多是发展瓶颈，因此可以与其他三区形成差异化发展，产业结构形成互补，产业链条进一步延伸，分层次、有顺序地推进淮安市城乡融合发展。

4. 农民主体，共享发展

建立健全城乡融合发展体制机制的重点在于农村，只有农村地区得到发展，才能谈得上发展质量上的城乡融合；而农村地区的发展收益在于农民，因此农民的利益才是城乡融合发展的出发点和落脚点。只有充分地维护广大农民群众的根本利益，切实提高农民百姓的生活水平，促进农民群众共同奔小康创富裕，才能够说明城乡融合发展真正切实可行。因此在实施建立健全城乡融合发展体制机制时要自始而终地坚持以农民为主体，充分发挥农民群众的主体作用，切实为农民百姓所想，急农民百姓所急，充分尊重农民意愿，切实保护农民权益，只有这样才能够真正调动亿万农民积极性、主动性、创造性，提升农民的获得感、幸福感、安全感。这也是中国共产党始终坚持走群众路线的体现，从群众中来，到群众中去，而亿万面朝黄土背朝天的中国农民就是在建立健全城乡融合发展体制机制中的最广泛群众。

淮安市在建立健全城乡融合发展体制机制时要坚持"农民主体、共享发展"的基本原则，农村是城乡融合发展的重点，农民是发展成果的直接受益者，这对于淮安而言也是如此。淮安市推进城乡融合发展工作，是为了促进全社会发展，但其中盱眙、涟水、金湖三县才是发展的主力军，同样全体市民都可以享受到城乡融合发展带来的便捷，而这三县的农村百姓更能够体会由此产生的实惠。淮安市在改革措施中要始终坚持以农民利益为根本的主导思想，从百姓的"衣食住行、吃穿用度"入手，深入了解百姓生活中亟须解决的问题，充分认识百姓对于发展问题的看法与意见，以百姓的需求，特别是广大农民的真实需求为导向，推进城乡融合发展工作。同时淮安市城乡融合发展工作也要让三县农民积极参与进来，以相关政策、资金支持为手段提升农民积极性，甚至是担当融合发展的主力军，发挥主人翁作用，通过自己动手、自己创造，满足自己所需，促进农村发展水平提升。

5. 守住底线，防范风险

改革是一项破旧立新的工程，建立健全城乡融合发展体制机制也是同样，在实施过程中必定会打破窠臼，创立新项。然而并不是所有的传统都可以尝试创新，有些大政方针是我们在改革创新中必须坚守的底线，我们在这个过程中要正确地处理改革与坚守之间的关系。对于建立健全城乡融合发展体制机制而言，农民利益不受损害是最基本的底线，由此而来的土地利益、耕地利益等都是农民群众的根本利益，绝不容许任何个人和组织以任何理由及途径在改革过程中损害农民的土地利益、耕地利益；与此同时，我们要尊重农民群众的生产生活习惯，发扬中国农村的传统文化，并且坚决杜绝以生态环境换改革成果的做法。因此总结来说，我们在建立健全城乡融合发展体制机制的同时，要守住土地所有制红线、耕地红线、生态红线、农村文化红线不动摇，防范政治经济风险和社会发展风险，实现改革成果与优秀传统两者并存的发展平衡。

淮安市在建立健全城乡融合发展体制机制时要坚持"守住底线、防范风险"的基本原则，在淮安市城乡融合发展的进程中，农民利益不可侵犯是一切工作的根本底线，任何有损害到广大农民利益的行为都是与城乡融合发展的根本宗旨相违背的，同样土地红线、生态红线不仅关系到农民的利益，更是国家的基本方针政策，绝不可以轻易更改，事关全社会安全健康发展，因此淮安市在实施城乡融合发展中决不可触碰这些禁区问题。与此同时，我们在推进城乡融合发展的过程中，应当有所忌惮有所保留，对于农村优秀的风景资源、人文传统等应当极力保护，在城乡融合发展的同时形成区域特色，造就"一块一品、一块一景"的特色化融合模式。而对于推进淮安市城乡融合发展的工作人员来说，廉洁自律就是工作的底线，要始终坚持人民利益大于个人利益，杜绝在工作推进中为自己谋利、为家人造福，要始终心中装着老百姓，坚持推进城乡融合发展是为了让百姓过上更好的生活。

三、总体思路

1. 促进城乡生产要素双向互流

在我国经济社会发展的长期进程中，形成了城市和农村之间相对割裂的发展模式，在人力、土地、资金等生产要素之间也形成了鸿沟，阻碍了生产要素之间的自由流动，进而阻碍了城乡融合发展。2018年我国常住人口城镇化率为 59.58%，而户籍人口的城镇化率仅为 43.37%，两者间存在 16.21 个百分点的差距，也就是说 2017 年我国有 2.3 亿在城市拼搏的农民工没有城市户籍，在医疗、社保、教育、养老等方面与城镇人口差距较大。而土地问题是人力问题的另一面，第三次全国农业普查结果显示，我国仍有 2.3 亿农户，但仅有 21 亿亩耕地，平均每户仅能占不到 10 亩土地，在土地资源一定的情况下只有减少农户数量，而这就又回到了之前的人力要素流动问题上，只有解决了人力问题，土地问题才可以缓解，而人力问题中的住房问题又与土地问题相挂钩，需要改变目前农村土地制度，促进农村土地入市保证商品房供需平衡在新版《新村土地承包法》正式实施的背景下，广大市场资金不愿意更不敢投入农村建设发展中，因为农村基础设施较差，资本下乡后要投入巨大资金在基础设施建设上，这种投入往往是短期无法实现回报的，在这种挤牙膏式的土地承包制度下，资本投入无法预估在土地承包年限到期后的投入后果，因此目前工商资本下乡存在不敢为的问题。

　　淮安市在城乡融合发展的进程中生产要素之间的壁垒也是阻碍最终融合发展的巨大绊脚石，因此淮安市在建立健全城乡融合发展体制机制的关键点，在于进一步建立土地、人力和资金等生产要素领域的自由流动机制。就内里来看，这三项生产要素之间是相互联动的，关键在于农村土地制度改革，淮安市作为试点地区，不断探索推进农村土地制度改革，完善落实集体所有权，稳定农户承包权，放活土地经营权，实现"三权"分置，让沉睡的农村土地资产活起来，在农业发展和农民增收中发挥最大作用。淮安市通过土地制度改革，改变农村土地入市流通，建立城乡建设用地、土地要素自由流动的机制。淮安市农村土地制度的改革也为资金下乡打通了政策通道，截至 2019 年 7 月，白马湖、荷花荡、马头镇等农业休闲产业火爆，57 家省级农业龙头企业实现销售收入 112 亿元，同比增长 16%，农产品加工提质增效；电子商务也助力农村经济的发展，苏宁易购淮安特色馆即将上线，农业大数据平台方案调整完善，以农村土地为渠道积极引导城市资金向农村地区流动，促进农村地区的兴业发展，实现了资金要素的市场化流动。而劳动力要素会随着市场发展需求而流动，党的十八大以来，淮安市坚持实施就业优先战略，促进农民工就业创业，农民工数量持续增加，2018 年末淮安市户籍人口较常住人口多出 68.83 万人，外出就业趋势明显；2015 年淮安市就印发了《淮安市流动人口居住管理办法》，并相继从医社保并轨、子女教育、个人住房等方面制定了政策，保障淮安市流动人口生活水平。

2. 促进农民收入持续增长，逐步缩小城乡差距

收入差距一直都是横亘在城乡之间的无形沟壑，2014 年我国城乡居民收入比为 2.92，在此之前的 13 年内，这一比例都在 3 以上微小浮动，在国家努力缩小城乡收入差距的宏观政策下，2018 年全国城乡居民人均收入倍差缩小至 2.69。虽然近年来我国城乡收入差距有所缩小，但 2.69 倍的城乡收入差距仍旧明显，正常情况下国际最高水平在 2 倍左右，我国明显高于这一水平。2018 年我国城镇居民人均可支配收入为 39251 元，农村居民人均可支配收入为 14617 元，两者相差 24634 元，但从增速上来看，2018 年城镇和农村居民人均可支配收入增幅分别是 7.8% 和 8.8%，农村居民人均可支配收入增速明显快于城镇，因此相对来讲农村与城镇之间的人均收入差距正在逐年缩小。再从支出情况来看，2018 年全国城镇居民人均消费支出 26112 元，同比增长 6.8%，农村居民人均消费支出 12124 元，同比增长 10.7%，城乡消费在总量上还是存在 13988 元的差距，但在增速上，农村居民人均消费支出要远高于城镇，因此也可以说两者之间的差距正在逐年缩小。同时从贫困地区来看，国家统计局《改革开放 40 年经济社会发展成就系列报告》显示，1978 年贫困标准为 366 元每年每人，而贫困发生率高达 97.5%，贫困人口规模多达 77039 万人，到 2017 年贫困标准提高到了 2952 元，贫困发生率却降低至 3.1%，贫困人口减少至 3046 万人。2017 年，贫困地区农村居民人均可支配收入 9377 元，名义水平是 2012 年的 1.8 倍，5 年年均增长 12.4%；扣除价格因素，实际水平是 2012 年的 1.6 倍，年均实际增长 10.4%，比全国农村平均增速快 2.5%。2017 年，贫困地区农村居民人均消费支出 7998 元，与 2012 年相比，年均名义增长 11.2%；扣除价格因素，年均实际增长 9.3%。

而淮安市也一直都在以农民生活水平为抓手，着力促进城乡融合发展，建立健全城乡融合发展体制机制和政策体系。从收入上看，20 世纪 50~70 年代，随着淮安市推进土地改革和农业合作社的发展，促进了农村居民收入较快增长。改革开放以来，淮安市市场经济体制不断完善，为商品流通特别是农副产品交换提供了便利条件，农产品价格提高也为农民增收带来实惠。党的十八大以来，淮安市加大对社会保障和民生改善的投入力度，使农民的钱袋子更加殷实。2018 年农村居民人均可支配收入 17058 元，高于全国 2441 元，同比增长 9.3%，领先全国 0.5%。从支出上看，20

世纪 50~70 年代，淮安市农民消费逐步增长。改革开放以来，随着农村居民收入较快增长，淮安市消费能力显著提升。2018 年淮安市农村居民人均消费支出 11210 元，同比增长 6.5%，农村居民恩格尔系数从 2012 年的 37.5% 下降到 2017 年的 31.2%。家庭消费品升级换代，移动电话、计算机、汽车进入寻常百姓家，2018 年淮安市农村居民平均每百户拥有移动电话 275.9 部、计算机 51.6 台、汽车 21.1 辆、空调 120.3 台。淮安市精准发力，以切实提高农民生活水平为目标，大力促进城乡融合发展。

3. 构建城乡公共服务一体化平台

城乡在公共服务方面存在差距是不争的事实，公共服务是很宽泛的命题，城市在众多方面都相对领先于农村地区，而对促进城乡融合发展而言，融合发展是全方位融合，但就目前而言我们要有的放矢，有针对性地促进与百姓生活紧密相关的公共服务的融合发展，例如教育、医疗、养老等切实关乎百姓衣食住行的方面。在教育方面，我国始终坚持方针，改革开放后逐步将农村义务教育全面纳入公共财政保障范围，十八大以来，国家大力支持农村教育，实施农村寄宿制学校建设、教育脱贫攻坚等重大工程，据教育部统计，截至 2019 年 3 月，全国 92.7% 的县实现义务教育基本均衡发展，从学前到研究生教育的全学段学生资助政策体系已经基本建立。在医疗方面，改革开放以来，我国不断加强农村医疗卫生服务体系建设，以县级医院为龙头、乡镇卫生院为枢纽、村卫生室为基础的农村医疗卫生服务网络快速形成，2018 年全国乡镇卫生院 3.6 万个，床位 133 万张，卫生人员 139 万人；村卫生室 62.2 万个，人员达 144 万人，其中执业（助理）医师 38.1 万人、注册护士 15.3 万人、乡村医生和卫生员 90.7 万人。在养老方面，改革开放以来，在全国建立新型农村社会养老保险制度，党的十八大以来，逐步提高农村养老服务能力和保障水平，2018 年全国城乡居民基本养老保险基础养老金最低标准提高至每人每月 88 元，56.4% 的乡镇有本级政府创办的敬老院，以居家养老为基础、社区服务为依托、机构养老为补充的新型养老服务体系已在农村地区推广。

淮安市虽然处于东部发达地区，相较中西部地区在公共服务方面条件更优，但城乡之间的差距仍然存在，且不得不承认不仅在数量上有差距，在质量上同样存在较大差距。在教育方面，2017 年淮安市三县共有高校 207 所，占到全市学校总数的近四成；专职教师 18047 人；在校学生 26.7

万人，在校生与专职教师占比均略低于学校占比。同时淮安市积极提升农村教育质量，加强乡村教师队伍建设，出台《淮安市乡村教师支持计划实施方案（2015—2020 年）》，加大乡村教师补充力度，保障乡村教师待遇，推进教师交流，通过开展乡村教师定向培养、乡村骨干教师培育站、乡村音体美教师专项培训等，加强城区优质学校对重点中心镇学校的帮扶，组织市直学校与县区开展合作办学，提升乡村中小学师资水平。在卫生方面，2017 年淮安市三县共有卫生机构 960 个，其中医院 18 所，卫生机构占全市 44%，但医院资源仅占 30.5%；卫生技术人员 10067 人，略高于医院资源的占比。政府重视基层医疗卫生服务情况，相继发文《淮安市新型农村合作医疗管理办法》《淮安市城乡居民基本医疗保险暂行办法》《淮安市区域卫生规划（2016—2020 年）》等，按照服务人口 15 万~20 万人设置 1 个区域性医疗卫生中心要求，规划建设 21 个农村区域性医疗卫生中心，截至 2019 年初已基本建成农村区域性医疗卫生中心 8 个，支持将 10 个重点中心镇卫生院转设为二级医院，盱眙县马坝镇、涟水县高沟镇等已成功转设。今年，淮城镇卫生院等转设二级医院将纳入淮安市政府工作重点，加快推进金湖县银涂镇卫生院向医养结合方向转型发展。在养老方面，2017 年淮安市三县城镇职工基本养老保险参保人数为 257572 人，占全市总参保人数比重为 28.4%；基本医疗保险参保人数为 2020314 人，占比为 39.3%。新型农村养老保险也是淮安市推进农村养老模式改革的重要举措，早在 2010 年市政府就颁布了《关于贯彻实施省新型农村社会养老保险制度实施办法的意见》，2015 年颁布了《关于进一步完善城乡居民基本养老保险制度的意见》，并积极推进"四位一体"新型养老服务体系，在 2017 年已明确在 10 个重点中心镇至少各建设一所养老护理院。

4. 加快城乡基础设施高标对接

基础设施对于地区发展来说就是先决条件。长期以来，在多方面因素的共同作用下，相比城市，农村地区的基础设施较为落后，道路、网络、水电等多方面都对城乡融合发展形成制约。改革开放后，特别是党的十八大以来，在"四通工程"的大力推动下，我国农村地区水、电、路、网等基础设施和公共服务建设投资力度持续增强，教育文化卫生设施配置逐渐齐全，贫困地区农村旧貌换新颜。截至 2017 年末，贫困地区通电的自然村接近全覆盖；通电话的自然村比重达到 98.5%，比 2012 年提高 5.2%；通有线电视信号的自然村比重为86.5%，比2012年提高17.5%；通宽带的自然村比重为71.0%，比2012年提高32.7%。2017年贫困地区村内主干道路面经过硬化处理的自然村比重为81.1%，比2013年提高21.2%；通客运班车的自然村比重为51.2%，比2013年提高12.4%。在农业产业化方面，改革开放初全国农业机械总动力仅11750万千瓦，2018年达到10亿千瓦。主要农作物耕种收综合机械化率超过67%，我国农业科技进步贡献率达到58.3%，比2005年提高了10.3%，科技助力粮食单产不断提升，由1952年的88公斤每亩提高到2018年的375公斤每亩。

从省内来看，淮安市农村地区仍处于发展相对落后阶段，但近年来随着经济社会发展的深入，农村地区的基础设施已经不再是以往的小规模陈旧型，也逐渐与城市发展接轨，给淮安市农村地区百姓生活和经济发展提供基础保障。交通出行方面，目前全市所有镇村已全部开通公交，实现镇村公交与城乡客运无缝对接；2017年末全市三县共有公共汽车449辆，占全市公共汽车总数的20.8%；公共汽车客运总量6884万人次，全市占比与公共汽车基本持平；拥有出租汽车1058辆，占全市总量比重为43.5%；道路面积1340万平方米，占全市总量的26.8%。住房方面，2017年底全市农村住宅实有建筑面积3199万平方米，比上年增加47万多平方米，当年全市农村竣工住宅建筑面积92.24万平方米，农村住宅人均建筑面积30.62平方米；住宿质量也有明显提高，近4年，全市累计投入2540万元用于320个城乡社区综合服务中心达标升级，全市34个村庄通过省三星级"康居乡村"验收；未来，淮安市将用3~5年时间，建设300个农村新型社区，打造100个魅力乡村，引导10万农户进城入镇，基本实现一般村有条件的全部集中居住。网络通信方面，截至2018年全市农村地区已实现光纤宽带网络覆盖率98%、4G网络全覆盖。机械化生产方面，淮安市农业综合机械化水平达到84.4%，机耕面积63.2万公顷、机播面积52万公顷、机电灌溉面积38.3万公顷、机械植保面积59.1万公顷、机械收获面积60.4万公顷；共有拖拉机12.4万台，其中大中型拖拉机2.5万台，旋耕机13.8万台，播种机3.9万台。

四、发展目标

到2022年，淮安市要初步建立城乡融合发展体制机制和政策体系，进一步消除土地、资金、劳动力等生产要素在城乡间的流动壁垒，为后续完全畅通奠定基础；阻碍农村户口进城务工人员落户城市的因素基本消除，农村户口落户城市基本不受限；进一步改革农村产权交易，形成农村产权保护交易框架基本结构；打破农村土地上市交易限制，试点农村土地入市交易市场；进一步提升淮安市农村公共服务能力，提升医疗、教育、养老等关键领域百姓使用的便捷性与满意度；不断完善乡村治理体系，提升乡村综合治理水平。大力加强财政对农村经济社会发展的支持力度，确定专款专用，坚持党的领导，完善部门分工协作机制，压实地方政府责任。

淮安市建立健全城乡融合发展体制机制和政策体系可以试点推行，2022 年前可以选择经济发展状况相对较优的金湖县作为综合试点，实施相关改革措施，同时选择城区基础相对落后的洪泽区作为城区试点，探索淮安市城乡融合发展的新路径。

五、远景谋划

到 2035 年，淮安市要进一步完善城乡融合发展体制机制和政策体系。到 2035 年，淮安市城镇化发展水平达到相对较高水平，发展阶段进入成熟期，城乡发展差距显著缩小。到 2035 年，淮安市城市户籍制度较为完善，流动人口有序迁徙制度基本形成；普惠金融对农村经济发展支撑体系基本建成；基本公共服务体系与城市能够基本接轨，百姓生活服务与城市基本无异；进一步促进农村宅基地制度改革，完善集体经营性建设用地入地准则；积极激励城市人才入乡扶持经济发展，加快农业科技成果孵化及产业转化，促进农村新产品新业态培养壮大，淮安市农业农村现代化基本实现。

到 21 世纪中叶，淮安市建立健全城乡融合发展体制机制和政策体系要成熟定型。淮安市要形成城乡全面融合深度发展，乡村全面振兴。21 世纪中叶，淮安市要形成一套完整的农村专业人口城市化机制，鼓励一批城市人才入乡发展农村经济，形成持久的农村科技成果入乡转化体系；公共服务方面实现城乡教育资源均衡配置，提升乡村医疗卫生服务水平，建立城乡公共文化服务体系，实现城乡医社保等完全并轨；农村建设上形成城乡一体化规划、建设、管护机制，农村与城市社会面貌无异；实现乡村经济多元化发展，实现"一村一店一品"工作，实现生态产品价值和乡村文化价值；实现农民收入多元化体系，促进工资性收入、经营性收入、财政性收入、转移性收入同步增长，高质量打赢脱贫攻坚战，最终实现全体人民共同富裕的目标。

第三节　促进城乡融合高质量发展战略路径

一、促进城乡要素自由流动和平等交换

城乡要素自由流动和平等交换是城乡融合发展的必然要求，支持和引导人才、技术、土地、资金等资源要素投向乡村是加快推进城乡融合，实现乡村振兴的关键。要进一步破除妨碍城乡要素自由流动和平等交换的体制机制壁垒，促进各类要素更多向乡村流动，在乡村形成人才、土地、资金、产业、信息汇聚的良性循环。

1. 健全农业转移人口市民化机制

（1）农业转移人口在城镇"零门槛"落户。全面放开市区、县城和建制镇落户条件，具有合法稳定住所（含租赁）、合法稳定职业或可靠收入来源的人员，本人及其共同居住生活的配偶、未成年子女、父母等，可以在当地申请登记常住户口，不附加任何其他条件，引导和促进农业转移人口在城镇落户定居。

（2）健全农业转移人口市民化成本分担机制。建立健全由政府、企业、个人共同参与的农业转移人口市民化成本分担机制，根据农业转移人口市民化成本分类，明确成本承担主体和支出责任。政府承担农业转移人口市民化在义务教育、劳动就业、基本养老、基本医疗卫生、保障性住房以及市政设施等方面的公共成本，同时统筹用好资金，加强农业转移人口公共服务供给、增强社区服务能力以及支持城市基础设施运行维护等。企业等用人单位落实农民工与城镇职工同工同酬制度，加大职工技能培训投入，依法为农民工缴纳职工养老、医疗、工伤、失业、生育等社会保险费

用。农民工积极参加城镇社会保险、职业教育和技能培训等，并按照规定承担相关费用，提升融入城市社会的能力。

（3）建立农业转移人口市民化激励保障机制。市、县（区）财政部门要根据不同时期农业转移人口数量规模、不同地区和城乡之间农业转移人口流动变化、农业转移人口市民化成本差异等，对转移支付规模和结构进行动态调整。探索建立城镇建设用地增加规模同吸纳农业转移人口落户数量相挂钩的机制，根据各地农业转移人口数量，给予建设用地指标倾斜。强化监测检查，将常住人口城镇化率和户籍人口城镇化率列入市、县（区）统计公报，准确快捷反映各地指标变动状况。维护进城落户农民土地承包权、宅基地使用权、集体收益分配权。落实农村土地"三权"分置政策，积极推进农村集体资产股份权能改革。不得强行要求进城落户农民转让其在农村的土地承包经营权、宅基地使用权和集体收益分配权，或将其作为进城落户条件。健全农村产权流转交易市场，逐步建立进城落户农民在农村的相关权益退出机制，积极引导和支持进城落户农民依法自愿有偿转让相关权益。

2. 建立城市人才入乡激励机制

（1）实施人才引进计划。依托"淮上英才"行动计划，探索多样化人才引进模式，加大农业农村人才引进力度，建立社会人才投身乡村建设的激励机制。落实和创新融资贷款、财政扶持、土地使用、税费减免、风险补偿等优惠政策，为人才服务"三农"提供优厚条件。按照"顶尖人才+创新团队+优质项目（优势学科）"模式，采取"一人一策"的方式对引进的国内外现代农业领域科技顶尖人才、专家给予科研奖励资助。支持涉农科研院所、涉农企业引进生物育种、生物农药、生物肥料、生物兽药、兽用生物制品及疫苗、生物食品等人才，对引进农业顶尖人才并签订5年及以上工作协议的，根据其在淮工作时间，给予科研经费和奖励资助。对引进的农业青年人才、农业高技能人才，给予相应的奖励资助。统筹机构编制资源，为基层引才提供组织保障。鼓励有条件的县（区）建立村庄人才公寓或专家公寓，为农业科技人才短期性、周期性下乡提供便利。

（2）实施人才培养计划。一方面，培育新型职业农民。围绕生产经营型、专业技能型、生产服务型、新型经营主体带头人和现代青年农场主5类新型职业农民组织开展培训。创新培训机制，完善新型职业农民教育培训、认定管理、政策扶持"三位一体"培育制度，健全完善以农业广播电视学校、农民科技教育培训中心等农民教育培训专门机构为主体，以农业科研院所、农业院校和农技推广服务机构及其他社会力量为补充，以农业园区、农业企业和农民专业合作社为基地，满足新型职业农民多层次、多形式、广覆盖、经常性、制度化教育培训需求的"一主多元"新型职业农民教育培训体系。扩大培训机构范围，支持农民专业合作社、专业技术协会、龙头企业等参与培训工作。统筹利用农广校、农机校、农学院、农业科研院所、农技推广机构等各类公益性培训资源。创新培育模式，坚持理论与实践相结合、集中培训与现场实训相结合、线上培训与线下培训相结合。支持新型职业农民通过弹性学制参加中高等农业职业教育。提高培训基地培训能力，每年给予市级新型职业农民培训基地经费支持。鼓励有条件的涉农区组织新型职业农民走出去，开展跨区域和国际交流。另一方面，加强农村专业人才队伍建设。建立区专业人才统筹使用制度，健全农业科技人员激励机制。开展农业科技后备人才培养和农村劳动力职业技能培训。加强涉农院校和学科建设，在农业院校、农科类专业中探索开展公费农科生招生试点，鼓励高等院校、职业院校开设乡村规划建设、特色种植养殖等适应农业农村发展需要的课程。深入实施农业科研杰出人才计划和杰出青年农业科学家项目。鼓励高等院校、科研院所等事业单位专业技术人员到乡村和农业企业挂职、兼职和离岗创业，保障其在职称评定、工资福利、社会保障等方面权益。定向培养能够承担多门学科教学任务的乡村教师。组织开展农村实用人才带头人培训。全面建立城市医生、教师、科技文化人员等定期服务乡村机制。鼓励和支持企业家、大学生、党政干部、专家学者、医生、教师、技能人才等各类社会人才向农村流动，推动城乡间各类人才培养合作与交流，加快项目、资源向基层下沉。

（3）实施农业人才认定计划。完善农业人才认定制度，落实基层专业技术人才职称认定评聘工作，优先推荐基层专业技术人才参与市级、省级、国家级人才认定。每年围绕农技推广、畜牧兽医、渔业渔政、农村卫生、乡村教育、农村法治、建设规划、环境整治等领域，评选认定一批扎根基层、业绩优异和具有典型示范作用的优秀实用人才，按照有关规定给予表彰奖励。全面推进农村实用人才认定管理，引导农村实用人才不断提高文化水平、科技素质、职业技能和经营能力。以乡村手工业、建筑业和民间文化艺术为重点，培育并认定一批技艺精湛、扎根农村、热爱乡土的乡村工匠、文化能人和非物质文化遗产传承人。

（4）建立创新创业激励机制。加快将现有支持创新创业的财政政策措施向返乡、下乡人员创新创业拓展。研究创设财税、金融、用地、用电、用水、科技、信息、人才等政策支持措施，建立推进协调机制，分区域、分层次促进乡村创新创业。依托基层就业和社会保障服务平台，做好返乡、下乡人员创业服务，做好社保关系转移接续等工作。

3. 深化农村土地制度改革

（1）统筹农村土地制度改革三项试点。系统总结国内农村土地征收、集体经营性建设用地入市、宅基地制度改革试点经验。统筹农村集体经营性建设用地出让、租赁、入股等入市权能，改革农民住宅用地取得方式，探索宅基地资源有偿退出新机制，根据农村集体经营性建设用地入市情况缩小征地范围。进一步完善征地民主协商程序和补偿标准，在国家政策制度框架内探索具体用地项目的征地补偿安置争议解决机制，平衡好国家、集体、个人利益，确保农民公平分享土地增值收益。扎实推进房地一体的农村集体建设用地和宅基地使用权确权登记颁证。

（2）盘活农村存量建设用地。以苏北农村集中居住为契机，完善农民闲置宅基地和闲置农房政策，探索宅基地所有权、资格权、使用权"三权"分置，落实宅基地集体所有权，保障宅基地农户资格权和农民房屋财产权，适度放开放活宅基地和农民房屋使用权。结合返乡下乡人员创业、发展休闲观光和养生养老等新产业新业态新模式，研究"三权"分置的具体实现形式。积极引导进城落户农民依法自愿有偿退出承包地、宅基地。不得违法违规买卖承包地、宅基地。在严格禁止开发商品住宅或建设私人庄园会所的前提下，拓宽农村建设用地使用范围。鼓励通过村庄整治、宅基地整理等方式节约建设用地，调整优化村庄用地布局，有效利用农村零星分散的存量建设用地。根据规划建设需要，可安排一定比例的新增建设用地指标专项支持农业农村发展。农业生产过程中直接从事或服务于农业生产的生产设施、附属设施和配套设施用地，在不占用永久基本农田的前提下，符合设施农用地管理规定的，按农用地管理，实行区级备案。鼓励农业生产与村庄建设等用地复合使用，发展农村新产业新业态。

（3）建立集体经营性建设用地入市制度。加快完成农村集体建设用地使用权确权登记颁证。按照国家统一部署，在符合国土空间规划、用途管制和依法取得的前提下，允许农村集体经营性建设用地入市，允许就地入市或异地调整入市；允许村集体在农民自愿的前提下，依法把有偿收回的闲置宅基地、废弃的集体公益性建设用地转变为集体经营性建设用地入市；推动城中村、城边村、村级工业园等可连片开发区域土地依法合规整治入市；推进集体经营性建设用地使用权和地上建筑物所有权房地一体、分割转让。完善农村土地征收制度，缩小征地范围，规范征地程序，维护被征地农民的合法权益。

4. 健全多元投入保障机制

（1）继续坚持财政优先保障。建立健全城乡融合发展财政投入保障制度，完善财政支农投入稳定增长机制，坚持把农业农村作为财政支出的优先保障领域，确保财政投入与乡村振兴目标任务相适应，保障乡村振兴等各项重大任务和决策部署落实到位。优化财政供给结构，加快建立涉农资金统筹整合长效机制，实行"大专项+任务清单"管理模式和因素法分配机制，推进行业间涉农资金统筹使用，进一步提高涉农资金投入效率和使用效益。积极盘活涉农财政存量资金，切实保障"三农"重点领域急需资金的需求。落实国家调整完善土地出让收入使用范围政策，提高投向农业农村的比例。加大政府投资对农业绿色生产、可持续发展、农村人居环境、基本公共服务等重点领域和薄弱环节的支持力度，充分发挥投资对优化供给结构的关键作用。根据实际需要，争取国家支持，发行一般债券或专项债券，用于支持乡村振兴公益性项目或有一定收益的公益性项目建设。优化政府投资安排方式，探索通过建立基金、先建后补、以奖代补等方式提高投资效益，允许以多种方式投入"三农"领域确需支持的经营性项目。

（2）引导和撬动社会资本。充分发挥财政政策导向功能和资金杠杆作用，撬动社会资本更多地投向农业农村，努力形成多渠道投入、多点位支撑的支农新格局。鼓励引导社会资本通过PPP（政府和社会资本合作）模式参与支持乡村振兴的公共服务领域项目。相关行业主管部门和区政府按照规范程序建立PPP项目发起机制，通过规范科学的遴选论证，将符合条件的农业领域项目纳入PPP项目储备库，积极推进项目落地，为城乡融合、乡村振兴提供更多更好的公共产品和公共服务。

5. 加大金融支农力度

（1）完善金融支农组织体系。健全农村金融服务体系，各金融机构要将普惠金融重点放在乡村，服务好乡村振兴战略，增加对涉农区的信贷投放，加大对多元市场主体入市收购粮食的信贷支持力度，着力满足乡村基础设施、公共服务、产业支撑、环境风貌等领域的多元化融资需求。

（2）创新金融支农产品和服务。依据现代农业的经营特点和融资需求，以商业可持续为原则，强化风险共担机制建设，深入推进产品和服务方式创新，提高金融服务乡村振兴能力和水平。鼓励我市证券、基金、租赁、信贷、担保、期货经营机构开发符合乡村发展的金融产品，增强金融服务覆盖面和可得性。大力推动金融机构下沉服务网点、优化网点布局，积极推进农业供应链金融产品、大型农机抵押贷款、农机融资租赁、农户小额信用贷款等业务，加大对农村新产业新业态新模式的信贷投放。探索扩大抵押品范围，开展农业设施、水域滩涂养殖权、林权等农村产权抵质押贷款产品创新工作，在试点地区稳步开展农村土地承包经营权、农民住房财产权、农村集体经营性建设用地使用权等"三权"抵押贷款试点。探索区级土地储备公司参与农村土地承包经营权和农民住房财产权"两权"抵押试点工作。深入推进与全国农业信贷担保体系合作，降低合作门槛和担保贷款利率，支持农业担保公司提高担保放大倍数。大力推广"政银保"模式，探索开展"财政+银行+保险+担保"业务。扩大农业保险的保险品种、保险责任和保险金额，开发满足新型农业经营主体需求的保险品种，支持开展特色农产品、价格指数保险试点，进一步完善农业保险大灾风险分散机制。引导开展保单质押贷款业务。支持符合条件的农业企业在多层次资本市场上市挂牌，鼓励符合条件的农业企业通过发行债券融资，拓宽直接融资渠道。

（3）完善金融支农激励政策。综合运用奖励、补贴、税收优惠等政策工具，加大对"三农"金融服务的政策支持力度。完善涉农贴息贷款政策，探索对粮、棉、油、糖等重要农产品绿色生产贷款以及购置大型农机贷款实行全额或定额贴息支持。探索推动政策性农机保险试点。对支农成效显著、风险控制能力强、推动农村金融产品和服务方式有特色的金融机构，按照政策规定发挥再贷款、再贴现资金的引导作用。完善农村金融机构存款主要用于农业农村的考核和约束机制。加快完善"三农"融资担保体系，用好国家融资担保基金，引导更多金融资源支持乡村振兴。完善农村金融差异化监管体系，按年度对金融支农工作情况进行监管评价，实施正向激励政策。强化各级政府防范处置金融风险责任，守住不发生系统性金融风险的底线。

6. 完善科技成果入乡转化机制

（1）实施农业科技自主创新能力提升工程。建立适应我市农业发展需求的农业科技创新体系，提升农业科技创新能力和科技服务水平，重点打造农产品安全、绿色生态农业、特优高效种植、特种绿色水产、畜禽健康养殖、智能农业、绿色植物保护、农村产业融合等科技创新体系，用科技支撑农业供给侧结构性改革，用农业科技自主创新推动我市现代农业发展由要素驱动向创新驱动转变。加快建设淮安市农业高新区，建成全省乃至全国有影响力的农业科技园区。完善现代农业产业技术体系创新团队首席专家、农业技术推广体系推广专家和新型经营主体之间的联动机制，探索建立"创新团队+基层农技推广体系+新型农业经营主体"的新型农业科技服务模式。加快打造水产、蔬菜、生猪、水稻等现代农业产业技术体系创新团队，推进产学研用结合，解决制约产业发展的重大关键技术问题，为优质绿色农产品生产流通提供技术保证。

（2）实施重大农业科技成果转化推广工程。根据淮安市农业农村产业特点和发展需求，支持相关领域课题研究和创新成果转化，进一步促进农产品绿色生产，调优农产品结构，做优做强做响农业品牌。鼓励科研院校、农业企业及相关农业推广机构、农业组织，在绿色种养、循环农业、乡村环境治理、农业工程、农产品加工、农业品牌建设等领域，扩大农业科技成果转化和推广，加强农业新技术培训，以农业科技成果试验示范基地和农业科技示范户为依托，提升我市农业农村发展技术水平。支持与国内外高水平涉农科研机构开展技术合作，引进先进适用的农业科技成果，将技术水平领先的科技成果优先在淮安市示范推广，推动淮安现代农业加快发展。

（3）积极推动智能农业发展。大力发展并推进智能农业、智能畜牧、智能水产、智能园艺和智能农机5个重点领域建设。建设智能农业平台，深化实施"物联网+农业""电商网+农业""信息网+农业"三网联动工程，推进农业信息进村入户全覆盖，提升农业信息化水平。建设农业气象大数据平台，提升气象为农服务能力。发展农业遥感技术应用，提高农业精准化水平。

二、加快建设城乡普惠共享的基本公共服务体系

淮安市持续保障和改善民生，实施乡村公共服务全覆盖工程，推进乡村困难帮扶工作，探索破解城乡二元结构，缩小城乡发展差距，提高农村美好生活保障水平，增强农民的获得感、幸福感和安全感。

1. 建立城乡教育资源均衡配置机制

淮安市推动建立以城带乡、整体推进、城乡一体、均衡发展的农村教育发展机制。大力推进农村学前教育资源建设，建立以政府投入为主的农村学前教育成本分担机制，完善农村学前教育管理体制，落实学前教育五年发展计划，每个乡镇(街道)至少办好1所公办中心幼儿园。实施新一轮农村地区义务教育学校提升工程，推进农村义务教育公办学校现代化标准化建设，提升乡村教育质量，促进城乡义务教育一体化优质均衡发展。加强乡村小规模学校和乡镇寄宿制学校建设。完善城区学校对口支援帮扶农村学校制度，推动城区优质教育资源向农村地区辐射。高水平普及农村高中阶段教育。扩大市属高校地方农村专项计划规模，让更多农村学生接受高等教育。创建5个国家级农村职业教育和成人教育示范区。利用好"一师一优课、一课一名师"国家课程优质资源库。落实好乡村教师支持计划，加大高质量乡村教师培养补充力度，建好建强乡村教师队伍。

2. 健全乡村医疗卫生服务体系

淮安市加强农村重大疾病、重点地方病、重大传染病预防控制。建设慢性病综合防控示范区，着力抓好心脑血管疾病、恶性肿瘤等慢性疾病防治工作，做好糖尿病、高血压病人规范化管理。提升卫生应急能力和水平，推进农村二级及以上医疗机构、各级公共卫生机构和卫生计生监督机构的卫生应急组织管理体系建设。合理配置医疗卫生资源，促进优质医疗资源纵向流动、下沉农村(社区)，推动乡镇(街道)、村(社区)卫生服务一体化。基本建立农村(社区)首诊、双向转诊、急慢分治、上下联动的分级诊疗制度。进一步提高基层医疗机构门诊服务量占比和服务能力，完善15分钟医疗卫生服务圈。推进基本公共卫生服务均等化，巩固和加强预防接种工作。加强妇幼系统保健服务，巩固健康档案覆盖面。加速基层医疗

卫生人才和技术人员培养，推进以全科医生为重点的医疗卫生人才队伍建设。加强对全科、儿科和社区护士等紧缺专业技术人才的在职培训。强化家庭医生签约服务制度建设，完善智慧医疗便民措施，逐步提高签约服务质量。加强健康教育与健康促进，倡导文明健康生活方式，提升村民健康意识和自我保健能力。

3. 健全城乡公共文化服务体系

淮安市统筹城乡公共文化设施布局、服务提供、队伍建设，推动文化资源重点向乡村倾斜，提高服务的覆盖面和适用性。推行公共文化服务参与式管理模式，建立城乡居民评价与反馈机制，引导居民参与公共文化服务项目规划、建设、管理和监督，推动服务项目与居民需求有效对接。

（1）健全公共文化服务体系。建立公共文化服务保障制度，增加政策、资金、人员、设备等投入，有序开展城乡公共文化服务工作。坚持以"服务基层"文化建设先进集体评选表彰为抓手，提升基层公共文化服务效能，实现区、乡镇（街道）、村（社区）三级公共文化服务全覆盖。充分发挥互联网等现代信息技术优势，利用公共数字文化资源项目，提供数字阅读等服务。完善城乡公共体育服务体系，推动城乡健身设施全覆盖。

（2）增加公共文化产品和服务供给。保障城乡群众基本文化权益，落实我市公共文化服务标准，推动公共文化服务均等化。加强我市图书馆、文化馆总分馆制建设，在农村地区建设分馆，整合文化资源，提升公共文化服务效能。开展文化结对帮扶。鼓励各级文艺组织深入农村地区开展惠民演出活动。

（3）广泛开展群众文化活动。创新活动载体，打造精品活动，形成"一区一品"，有条件的地区打造"一镇一品"或"一村一品"。建设"书香淮安"，广泛开展城乡全体居民阅读活动，推进阅读大众化、家庭化和生活化。按照雅俗共赏、普及提高的原则，积极组织丰富多彩的群众性文化活动。推进民间文化艺术之乡建设，打造一批文化强镇强村。鼓励群众自办文化团体，支持成立读书会、合唱队、舞蹈队等群众文化活动团队。通过组织示范性展演等形式，为民间文化队伍和群众文化爱好者提供展示交流平台。

4. 完善城乡统一的社会保险制度

（1）加强农村社会保障体系建设。按照兜底线、织密网、建机制的要求，建成更加完善的覆盖全民的社会保障体系。实施全民参保计划，完善个体从业人员和农民工等群体参保政策，建立社会保险待遇正常调整机制。进一步扩大社会保险覆盖范围，鼓励新型职业农民、新产业新业态新模式从业人员以及外来务工人员等群体参保。健全农村留守儿童和妇女、老年人、残疾人关爱服务体系。

（2）提升农村养老服务能力。加强农村养老服务设施建设，提升养老服务能力和水平。建立以居家为基础、社区为依托、机构为补充的养老服务体系。推动乡村地区医养结合发展，提高乡村医疗卫生服务机构为老年人提供医疗保健服务的能力。鼓励有条件的医疗机构开办老年护理院、康复医院和养老机构，有条件的农村养老机构按规定内设医疗机构并取得医保资质。支持医疗机构和养老机构开展多种形式的协议合作，开展老年病治疗、康复和护理等服务，加强养老护理人员培养培训。充分发挥中医药在养生保健和疾病康复领域优势，推动中医药与养老结合。支持主要面向失能、半失能老年人的农村养护服务设施建设，逐步扩大困难老年人居家养老政府服务（护理）补贴范围，最终实现城乡融合。

5. 完善困难帮扶机制

（1）加大困难村结对帮扶力度。一方面，建立健全困难帮扶长效机制，大力实施以加强党建帮扶、就业培训帮扶、产业带动帮扶、科技教育帮扶、金融服务帮扶、生态补偿帮扶、基础设施帮扶、住房安全帮扶、医疗救助帮扶、社会保障帮扶为主要内容的"十项帮扶行动"。帮助困难村加强基层组织建设、发展壮大村集体经济、增加农民收入、改善基础设施条件、完善基层治理机制、培育文明乡风。举办结对帮扶困难村创新创业大赛，挖掘产业帮扶创新创业元素和农村创新创业典型案例，培育一批农村创新创业的"新农人"。另一方面，推进困难村创建文明村工作。各涉农区制定区级指导困难村创建文明村工作方案和区级文明村镇测评细则，并指导相关乡镇（街道）制定本级工作方案，指导困难村"一村一策"制定工作措施，确定示范村，以点带面推进工作。落实《文明村建设要则》各项任务，推进文明村建设。

（2）做好农村低收入困难群体帮扶工作。加强农村困难群体救助机制建设，实现农村困难群体产业帮扶一批、转移就业一批、社会兜底一批。完善最低生活保障、特困人员供养、受灾救助、医疗救助、教育救助、住房救助、就业救助、临时救助 8 项社会救助制度和社会力量参与 1 种救助途径的"8+1"社会救助制度体系，做好农村困难群体的兜底帮扶工作。逐年提高农村低保标准、特困人员供养标准和低收入家庭救助标准。2020 年起连续 3 年提高农村困难群众年终一次性补贴标准，2022 年实现城乡统一。资助农村困难群众参加城乡居民医疗保险，采取医疗保险、医疗救助"一站式"结算方式，对农村困难群众实施门诊救助和住院（门特）救助，对符合条件的农村困难群众给予重特大疾病医疗救助，减轻困难群众的医疗负担。完善临时救助制度，提高救助时效性，全面开展"救急难"工作。

6. 建立健全乡村治理机制

淮安市走乡村善治之路，建立健全党委领导、政府负责、社会协同、公众参与、法治保障的现代乡村社会治理体制，促进自治、法治、德治相结合，推动现代乡村治理工程建设。

（1）抓实农村基层党建工作。一方面，突出农村基层党组织政治功能。坚持农村基层党组织领导核心地位，坚持和加强党对村级组织换届选举工作的全面领导，强化党组织的领导和把关作用，全面推行村党组织书记通过法定程序兼任村民委员会主任，对村党组织书记全面实行区级备案管理。另一方面，加强村级党组织带头人队伍建设。严格选人用人标准，严把政治首关，拓宽选人视野和渠道，选优配强村党组织书记，打造一支政治强、能力强、有威望、有凝聚力的带头人队伍。加强村级组织带头人教育培训，每年对村党组织书记实行全员轮训，持续提升村党组织书记政治素质和推动发展、服务群众的工作本领。注重在致富能手、外出务工返乡人员等群体中培养后备村干部。鼓励政治性、组织性、纪律性强的退伍军人进入村"两委"班子。坚持与年轻干部锻炼培养相结合，选派机关优秀年轻干部到村任职，面向全国招录农村专职党务工作者到村工作，推进选调生与大学生村官工作衔接并轨，推动村党组织书记队伍整体优化提升。另外，健全党组织领导下的乡村治理机制。加强党组织对村级各类组织的集中统一领导，健全和完善农村组织治理体系。强化党组织对村级事务的领导，健全重大事项、重要问题、重要工作由党组织讨论决定的机制，全面推行"六步决策法""四议两公开"民主议事决策制度，推行每个行政村设立综合服务站、配备村级事务助理的"一村一站一助理"工作法。

（2）深化村民自治实践。加强农村群众性自治组织建设，完善村民自治制度。深入实施村民委员会组织法，规范村民委员会等村民自治组织选举办法，切实把"能干的好人"找出来、选上来、用起来。健全民主决策程序。依托村民会议、村民代表会议、村民议事会等，形成民事民议、民事民办、民事民管的多层次基层协商格局。创新村民议事形式，完善议事决策主体和程序，落实群众知情权和决策权。实施村务阳光工程，完善村务公开目录，丰富村务公开内容，创新村务公开形式，规范村务公开程序。全面落实村务监督制度，建立健全村务监督委员会，定期培训相关人员，提升监督能力。充分发挥自治章程、村规民约在农村基层治理中的独特功能，弘扬公序良俗。

（3）推进乡村法治建设。深入开展法治宣传教育。落实"谁执法谁普法、谁主管谁负责"的普法责任制，全面推进农村精准普法，提高农民法治素养。充分发挥基层党组织带动作用，加强对村"两委"班子成员法治教育，提高农村"两委"班子法治观念和依法管理、依法办事能力。加快完善农业农村法规体系，保障农村改革发展稳定。健全农村公共法律服务体系，加强对农民的司法救助和法律援助，引导农民依法维权，自觉运用法律手段解决矛盾纠纷。深入开展民主法治村创建活动。

（4）提升乡村德治水平。首先，发挥道德教化积极作用。弘扬中华民族传统美德，倡导社会主义道德，让崇德向善、勤勉敬业、明礼诚信、开明包容等道德风尚在农村落地生根。挖掘春节、元宵节、清明节、端午节、中秋节、重阳节等传统节日蕴含的文化内涵，开展形式多样的"我们的节日"民俗文化活动。其次，促进乡村移风易俗。抓好党员带头和村民自治两个关键环节，坚持自治、法治、德治相结合，反对和抵制封建迷信、陈规陋习、奢侈浪费以及腐朽落后文化的侵蚀，倡导简约适度、绿色低碳、健康文明的生活方式。推动公益性公墓发展规划与城市总体规划、土地利用规划、生态环保规划、农村社区建设规划等相衔接。发挥红白理事会作用，协助村民简办新办红白事。最后，发挥村规民约作用。制定修订村规民约，增加文明乡风、良好家风、淳朴民风等内容，让村民心中有尺度、行为有准则。发挥党员干部带头作用和村规民约在农村社区治理中的约束作用，进一步推动村民自治工作深入开展。

7. 健全农村基层服务体系

完善农村社区服务体系，健全农村综合服务设施。统一按照"六室六站两栏两校一所"（"六室"即社区党组织办公室、居委会办公室、居民代表大会会议室、社区警务室、阅览室、多功能活动室；"六站"即党员服务站、社区工作站、综治信访站、计生服务站、劳动和社会保障服务站、慈善捐助站；"两栏"即宣传栏、公示栏；"两校"即社区党校、居民学校；"一所"即室外活动场所）的标准建设社区综合服务中心，扎实推进资源整合、要素集成、规范提升、制度机制建设，强化科技创新，构建农村社区建设管理新格局。实行居民事务"一口式"受理、"一站式"办公，水、电、气、暖、有线电视、网络通信等服务进驻社区，提升农村社区管理服务水平。培育发展服务性、公益性、互助性社会组织，深入做好农村社会工作和志愿服务工作。建立县（区）、乡镇（街道）、村（社区）三级社会组织服务平台，探索建立区级社会组织联合会，提高农村社区治理能力。着力打造一批管理有序、服务完善、文明祥和的农村社区建设示范点，为深化淮安市农村社区建设积累经验、提供示范。

三、加快推动乡村基础设施提档升级

把公共基础设施建设重点放在乡村，坚持先建机制、后建工程，加快推动乡村基础设施提档升级，实现城乡基础设施统一规划、统一建设、统一管护。

1. 建立城乡基础设施一体化规划机制

按照城乡一体化的要求，把农村基础设施建设纳入城市基础设施建设总体规划。以市县域为整体，统筹规划城乡基础设施，统筹布局道路、供水、供电、信息、广播电视、防洪和垃圾污水处理等设施。

（1）推动城乡路网一体规划设计。加快城乡一体化的交通基础设施建设，畅通城乡交通运输连接，加快实现县乡村（户）道路联通、城乡道路客运一体化，完善道路安全防范措施。重点加强高速公路、干线公路和乡村公路建设，形成干支相连、区域成网、城乡通达的综合交通网络。

（2）加快城乡一体化的公共服务设施建设。统筹规划重要市政公用设施，推动向城市郊区乡村和规模较大中心镇延伸。重点加强农村供水、供电、通信、通广播电视、通客车、商业网点等设施建设，引导各方面力量加大投入，扩大基础设施的服务范围、服务领域和受益对象，促进城市公共服务设施向农村延伸覆盖，使乡村联系城市的硬件设施得到尽快改善，着力改变农村基础设施滞后的状况，让农民同城市居民一样也能享受到完善的基础设施和服务。

（3）统筹规划城乡污染物收运处置体系。严防城市污染下乡，因地制宜统筹处理城乡垃圾污水，加快建立乡村生态环境保护和美丽乡村建设长效机制。

2. 健全城乡基础设施一体化建设机制

（1）加强农村交通物流基础设施建设。全面推进"四好农村路"建设，以提升路网服务水平、完善交通安全设施为目标，打造"畅、安、舒、美"的农村交通环境。加大农村公路提级改造力度，扩大农村公路服务范围，保障农村公路路网畅通。强化农村公路建设管理，加强质量监管，健全权责一致的农村公路运行机制。提高农村公路路政管理和执法水平，改善农村公路路域环境，保证路网良性发展。推进农村公路常态化专业化养护，全面提升养管水平。实施"村村通客车"工程，提高城乡人员往来交流的快捷性和便利性，推进城乡客运服务一体化，提高村镇公交发展水平。加快构建农村物流基础设施骨干网络，鼓励商贸、邮政、快递、供销、运输等企业加密在农村地区的设施网络布局。

（2）加强农村水利基础设施建设。继续实施农村饮水提质增效工程，提升农村生活用水饮水质量。新建中小型水源工程，增加农业灌溉水源，发展高效节水灌溉，提高用水效率。实施农村国有扬水站更新改造工程，推动农村河渠、桥闸涵维修改造，提高农村排涝能力。开展中小河流综合整治，推进农村智慧水利建设。

（3）构建农村现代能源体系。更新改造农村电网，全面提升农村电网供电能力和供电服务水平，扎实做好农村地区电力增容保障工作。紧密围绕农村"煤改电"等基础设施建设重点领域，构建全民覆盖、城乡一体的电力服务体系，破解城乡电网发展建设不平衡不充分问题，彻底消除低电压、"卡脖子"等农网瓶颈，到2022年基本实现城乡供电一体化。加强民生用电用气保障，按照"宜电则电、宜气则气"原则，稳妥有序推进冬季清洁取暖。推动太阳能、生物质能等可再生能源在农村的利用。

（4）夯实乡村信息化基础。加快农村地区宽带网络和第四代移动通信网络覆盖步伐，实施新一代信息基础设施建设工程。实施数字乡村战略，做好整体规划设计与建设，结合第一、第二、第三产业深度融合加快现代信息技术推广应用。同步规划、建设、实施网络安全工作，确保重要数据安全和公民个人信息安全。

3. 建立城乡基础设施一体化管护机制

（1）统一城乡基础设施一体化管护责任主体。各级政府应统一确定城乡公共基础设施管护责任单位，明确统一管护主体，通盘考虑，统一管护，协调发展，避免出现城市和乡村公共基础设施分头管理，各走各的路，各唱各的调，城市公共基础设施"经常保养""锃光瓦亮"，农村公共基础设施管护因各种因素"无人问津""丑陋不堪"的现象。

（2）统筹城乡基础设施一体化管护资金保障。有效管护是发挥公共基础设施作用的重要前提。现实中，农村公共基础设施往往缺乏充足的资金进行管护，作用发挥不充分甚至发挥不了。为此，我们要在明确统一管护主体的基础上，将农村公共基础设施管护资金纳入公共基础设施管护资金一个箩筐里，统筹管护资金使用，发挥管护资金效用，防止城市公共基础设施管护资金充裕，建了拆，拆了建，又要防止农村公共基础设施管护资金匮乏，用不好，无法用。

（3）分类实施城乡基础设施一体化管护。因地制宜，因类施策，科学制定管护标准和规范，合理选择城乡公共基础设施管护模式。要在坚持政府主导的基础上，通过市场化运作，积极鼓励社会各类主体参与农村公共基础设施管护，加强考核监管，落实管护责任，充分发挥乡村公共基础设施作用，满足农村居民生产生活需要，全面推动乡村振兴。

四、加快健全乡村经济多元化发展

1. 完善农业支持保护制度

以市场需求为导向，深化农业供给侧结构性改革，走质量兴农之路，不断提高农业综合效益和竞争力。

（1）加快农业基础设施标准化建设。当前，淮安市广大农村区域亟须快速干道通达辐射，现代农业生产设施缺乏，抗风险能力低。亟须加强基础设施和特色农旅融合发展规划，以普通干线公路网改造和农村联网公路建设为重点，着力实施"快联工程"和"通畅工程"，实现产业集中区快速到达，干线公路和连接公路提档升级，促进乡村旅游产业发展；提升休闲农业和乡村旅游配套基础设施整体规划和建设水平，加大标准化农田、养殖场所建设；扩大机耕道宽度，便于大型农业机械通行，为机械化创造条件。

（2）提高农业补贴政策效能。建立以绿色生态为导向的农业补贴制度，进一步提高农业补贴政策指向性和精准性。落实和完善农业支持保护补贴制度，扶持新型农业经营主体开展农业适度规模经营。加大耕地地力保护等直接补贴力度，重点向普通农户倾斜。完善结构调整补助政策，支持开展轮作和休耕试点，结合规模化、规范化设施示范园区建设，实施种植业标准化设施新建及改造工程，支持开展畜牧业、水产业标准化设施改造和提升工程，支持开展耕地深松、平地、秸秆综合利用等节能环保的农机作业补贴。落实渔业成品油价格改革补贴调整政策，推进海洋牧场建设和海洋捕捞渔船减船转产。完善农机购置补贴政策，重点支持绿色生态环保机具、促进农业规模化经营的大型机具和优势特色产业关键环节机械化机具的应用。

（3）完善重要农产品收储制度。落实国家粮食收储制度改革措施，鼓励各类有资质的市场主体入市收购，树立优粮优价导向，提高农民种植收益。指导国有企业主动与农民对接落实粮源，将淮安市地产粮食纳入政策性粮食储备轮换的粮源补充，拓宽农民卖粮渠道。加强粮食收购资格核查和收购市场检查，规范收购行为，保护种粮农民利益。持续推进粮库功能提升改造，为储备粮安全储存提供良好条件。进一步完善储备粮监管方式，开展智能化粮库建设，提升储备粮科学化监管水平。做好粮食质量风险监测工作，从源头把好质量关，确保粮食质量安全。

（4）提高农业风险保障能力。完善农业保险政策体系，推动农业保险不断扩大覆盖范围、提高保障水平、优化服务质量。鼓励保险经办机构设计多层次、可选择、满足不同保障水平的保险产品和适应新型农业经营主体需求的保险品种。监督农业保险经办机构建立和完善农业保险大灾准备金制度，提高抗御大灾风险能力。鼓励开展天气指数保险、价格指数保险、贷款保证保险等试点。

2. 加快农业转型升级

（1）推进农业结构优化调整。以农业园区为载体，以科技为支撑，以项目为龙头，以效能为根本，以联农带农为目标，推进国家级现代农业示范区、农业高新技术产业园区、农产品物流中心区、农业农村改革试验区和农业信息化平台、农业对外合作平台建设。建成优质稻米、高效园艺、规模畜禽、特色水产和休闲农业"4+1"现代农业产业技术体系。着力建设高标准粮食生产功能区、基本保障型蔬菜生产功能区、优质特色作物标准化种植基地。重点支持推进现代水产绿色养殖工程、质量提升工程、水域生态环境修复工程、龙头企业带动工程和休闲农业工程建设，着力打造都市型现代农业升级版。

（2）培育壮大特色优势产业。各涉农县(区)结合本区资源禀赋和发展实际，建设特色优势产业区，形成产业布局清晰、集中优势突出、市场竞争力强的发展新格局。以乡镇(街道)为单位，在特色粮经作物、特色园艺产品、特色水产品等领域，建设一批特色明显、产业基础好、发展潜力大、带动能力强的特色农产品优势产业区。

（3）保障农产品质量安全。实施食品安全战略，完善农业质量标准体系，制定与国家标准和行业标准相适应的生产技术要求和操作规程，督促企业严格执行国家强制性标准。落实农产品生产经营者主体责任，规范农产品生产经营行为，鼓励企业制定严于国家标准的企业生产标准。进一步扩大无公害农产品、绿色食品、有机产品和地理标志农产品生产规模。健全食品安全监管体系，加强监督检查，确保本市基地食用农产品抽检合格率达到98%以上，不发生重大农产品质量安全事件。

（4）培育提升农业品牌。推进淮安市农产品品牌化建设，力争在肉、蛋、鱼、菜、粮、种等农业优势产业，打造国内外有较高知名度和影响力的农产品品牌，形成较为完善的淮安农产品品牌体系。培育特色明显、竞争力强、知名度高的10个区域公用品牌、50个企业品牌和100个产品品牌。建立健全品牌创建激励保护机制，鼓励支持农业经营主体进行品牌塑造传播、科技集成创新、优良品种推广，提升品牌研究支撑能力。加强农业品牌质量管控，建立知名农产品品牌数据库，实行社会监督，加强动态管理，实行品牌准入退出机制，提升品牌监管保护能力。加大品牌宣传推广力度，积极参加各类展会，组织开展系列"网农对接""直供直销""产销对接"活动，鼓励知名农产品品牌进超市、进学校、进企业、进社区。

（5）构建农业对外开放新格局。依托农业大数据建设，推动智慧农业加快发展。充分利用国际国内两个市场、两种资源，支持农业企业参加国际性展会，不断扩大特色农产品出口，培育农业国际化自主品牌。支持农业企业"走出去"，创新投资方式和海外运营模式，鼓励有条件、有实力的农业企业赴海外发展。

3. 探索生态产品价值实现机制

牢固树立"绿水青山就是金山银山"的理念，建立政府主导、企业和社会各界参与、市场化运作、可持续的城乡生态产品价值实现机制。

（1）健全自然资源资产产权制度。建立自然资源资产全面调查、动态监测、统一评价制度，重点界定水流、湿地等自然资源资产的产权主体及权利。开展生态保护修复的产权激励机制试点。深入推进河道资源管理改革和农村宅基地"三权"分置改革试点工作。

（2）持续推进生态保护修复。加强生态保护红线管控，确保市域生态保护红线面积不减少、功能不降低。实施生物多样性保护重大工程，开展公益保护地试点，建立由公益组织提供资金、当地居民有偿保护的机制。支持开展山水林田湖草生态保护与修复试点工程。推进全市水域治理数据化工作，实现全域生态流量智能化监测。

4. 健全城乡统筹规划制度

坚持"全域规划"，推动"多规合一"，创新规划编制管理机制。全面贯彻依法治国基本方略，将规划编制管理纳入法制化轨道。健全规划体系，按照国家"多规合一"试点要求，构建以经济社会发展规划为主导，土地利用总体规划、城乡规划为载体，生态保护规划为保障以及各类专项规划为支撑的规划体系结构。

（1）推进城乡统一规划。加强各类规划的统筹和系统衔接，形成城乡融合、区域一体、多规合一的全域规划体系。全面推进全市乡村规划工作，编制各涉农区区域乡村建设规划，优化乡村布局，落实重要基础设施和公共服务设施项目，分类提出村庄整治指引，实现村庄规划管理全覆盖。结合村庄实际确定村庄发展方向，明确产业发展及配套设施空间布局和村容村貌整治要求。合理规划村庄用地，加强乡村建设规划许可管理，避免随意撤并村庄搞大社区、违背农民意愿大拆大建。加强乡村风貌整体设计管控，打造别致多样、干净整洁、环境优美、留住乡愁的升级版美丽村庄，避免千村一面，防止乡村景观城市化。

（2）完善城乡布局结构。坚持全域统筹、城乡一体、协调发展原则，加快构建"市域中心城市、市域副中心城市、重点中心镇、一般镇、中心村"五级城乡体系，充分发挥新型城镇化、工业化、信息化对乡村振兴的辐射带动作用。坚持"以人为本、四化同步、优化布局、生态文明、文化传承"的基本原则，以郊区城区和小城镇为主体形态，优化生产、生活、生态空间布局，完善综合服务功能，增强人口经济集聚能力。推动农业转移人口就地就近城镇化，加快培育创建一批产业特色鲜明、人文气息浓厚、生态环境优美、兼具旅游与社区功能的特色小镇，补齐基础设施、公共服务、生态环境短板，以镇带村、以村促镇，推动镇村联动发展。推动中心村建设，集聚乡村优势资源，大力发展休闲农业、观光农业和生态农业等特色产业，不断提升基本公共服务水平，增强对周边农村地区的服务覆盖能力。有序推进村庄整治、功能提升。

五、加快构建淮安市农民持续较快增收长效机制

拓宽农民增收渠道，促进农民收入持续增长，持续缩小城乡居民生活水平差距。

1. 完善促进农民工资性收入增长环境

推动形成平等竞争、规范有序、城乡统一的劳动力市场，统筹推进农村劳动力转移就业和就地就业创业。规范招工用人制度，消除一切就业歧视，健全农民工劳动权益保护机制，落实农民工与城镇职工平等就业制度。健全城乡均等的公共就业创业服务制度，努力增加就业岗位和创业机会。提高新生代农民工职业技能培训的针对性和有效性，健全农民工输出输入地劳务对接机制。

2. 健全农民经营性收入增长机制

（1）进一步优化创业环境。进一步放宽市场准入条件，鼓励民间资本进入基础产业、基础设施、市政公用事业、社会事业、金融服务等领域。进一步简化涉及创业的行政审批程序，深化联合审批、限时办理等"一站式"服务，为返乡农民工、退伍军人、高校毕业生等有创业意愿的人员提供创业平台。以创新就业为导向和新型培训模式为载体，着力培养农村实

用人才，提高农民就业能力。

（2）大力扶持农副产品加工业。通过项目争取，为淮安市农业专业合作社、农业产业化龙头企业，积极争取农业产业化、农民专业合作经济组织、农业产业结构调整等专项资金。对用工大户予以政策扶持。对部分资金周转困难企业实行"五缓四降三补贴"政策，减轻其各项保险负担，有效缓解企业资金短缺难题，促进农民工就业增收。围绕农业优势产业和特色农产品，积极培育多形式、多层次、全覆盖的农民专业合作经济组织。

（3）促进小农户和现代都市型农业发展有机衔接。改善小农户生产设施条件，提高个体农户抵御自然风险的能力。鼓励新型农业经营主体带动小农户专业化、标准化、集约化生产，激励小农户建立契约型、股权型利益联结机制。培育各类专业化市场化服务组织，加快发展面向小农户的农业生产性服务业。扶持小农户发展生态农业、设施农业、休闲农业、观光农业，开展农事体验，提供定制服务，提高产品档次和附加值。加强工商企业租赁农户承包地的监管和风险防范，健全资格审查、项目审核、风险保障金制度，维护小农户权益。

3. 建立农民财产性收入增长机制

以市场化改革为导向，深化农村集体产权制度改革，推动资源变资产、资金变股金、农民变股东。加快完成农村集体资产清产核资，把所有权确权到不同层级的农村集体经济组织成员集体。加快推进经营性资产股份合作制改革，将农村集体经营性资产以股份或者份额形式量化到本集体成员。对财政资金投入农业农村形成的经营性资产，鼓励各地探索将其折股量化到集体经济组织成员。创新农村集体经济运行机制，探索混合经营等多种实现形式，确保集体资产保值增值和农民收益。完善农村集体产权权能，完善农民对集体资产股份占有、收益、有偿退出及担保、继承权。

4. 强化农民转移性收入保障机制

（1）加快覆盖城乡的社会保障体系建设。落实参保人员各项社保待遇，全市纳入城乡居民社会养老保险全覆盖。进一步加快构建城乡一体化的基本医疗保障体系建设。同时加快推进按病种付费试点工作，扩大病种数量及试点医疗机构范围，初步实现"住院有保障，门诊有补偿，看病花钱少，报销很方便"的目标。进一步提高城乡居民最低生活保障水平，不断提高五保供养水平，集中供养对象和分散供养对象年补助标准。加强工伤预防、补偿、康复三位一体制度建设，全面实施建筑施工企业农民工参加工伤保险。

（2）落实和完善强农惠农政策。严格执行种粮直补、良种补贴、农资综合补贴、农机购置补贴等惠农政策。积极开展家电、建材下乡等活动，减少农民消费支出。进一步扩大政策性农业保险覆盖面，提高受灾损失赔付兑现率。继续大力实施农村危房改造和"一事一议"财政奖补试点等民生工程，大力推进农业和农村基础设施建设。

第六章
缩小城乡居民收入差距，促进共同富裕

中国式现代化是全体人民共同富裕的现代化。不断实现人民对美好生活的向往，是我们党始终不渝的奋斗目标。2021 年，习近平总书记在《求是》杂志上发表的重要文章《扎实推动共同富裕》中指出，我国已经到了扎实推动共同富裕的历史阶段。扎实推进共同富裕必须着手解决区域、城乡、行业、收入差距等问题。其中，城乡收入差距是随着市场经济的发展而产生的，由于不同地区的经济发展速度不同从而导致了城乡居民之间的收入存在着一定的差异，这也是我国当前收入差距占比最重的一个关键因素。因此，淮安在扎实推进共同富裕过程中应把缩小城乡收入差距作为重点任务。本章以改革开放以来淮安市城乡居民收入发展演变为基础，对淮安市城乡居民收入结构进行深入剖析，探究影响淮安市城乡居民收入差距的关键因素。

第一节　城乡收入差距的度量与现状

一、淮安市城乡居民收入发展演变

淮安市城乡居民人均可支配收入自改革开放以来逐年增长，由于20 世纪 80 年代初数据缺失，因此，把研究时间段确定为 1985~2020 年，对这一时间段的淮安市城乡居民人均可支配收入数据进行收集整理。从淮安市城镇居民人均可支配收入变化趋势中可以直观地看出，在这段时间内淮安市城镇居民人均可支配收入由 592 元增长为 40318 元，农村居民的人均可支配收入由 369 元增长为 19730 元，城乡居民人均可支配收入分别增长了 68.09 倍和 53.37 倍。虽然城乡居民人均可支配收入都大幅增长，但是城乡居民人均可支配收入差距的绝对值也在逐年扩大，由 223 元扩大到 20588 元。从淮安市城镇居民人均可支配收入比可以看出，在 21 世纪之初，淮安市城乡居民收入比有所缩小，1989 年城乡居民收入比最小，为 1.2。但自 1989 年以后逐年扩大，2009 年城乡居民收入比最高，达到 2.24。2010 年后，城乡居民收入差距开始逐渐呈缩小趋势。

淮安市城乡居民收入差距的演进历程可以主要分为以下三个阶段：

第一阶段：城乡收入绝对差距与相对差距同步缩小（1985～1989 年）。改革开放初期，家庭联产承包责任制的实行，农民的生产积极性得到极大提高，农村活力进一步释放。随着农产品市场开放，国家对农产品价格改革等一系列的配套改革使农村经济快速发展，特别是淮安乡镇企业大量的兴起，农村居民收入显著提高，在这一阶段中城乡居民收入差距大幅下降，自 1985 年的 1.59 缩小至 1989 年的 1.2。

第二阶段：城乡收入绝对差距与相对差距同步扩大（1990～2010 年）。随着国家"三来一补"大进大出开放战略的实施，淮安适时顺应开放步伐，大力招商引资，城市经济飞速发展，城镇化快速推进，城镇居民收入也随之大幅提高。与此同时，大量乡镇企业受到挤压，农村经济发展开始放慢，农村居民收入增加有限。此外，城乡居民在教育、医疗、社会保障、基本公共服务等方面供给不均衡，使城乡居民收入差距进一步拉大。自 1989 年以后，淮安市城乡居民收入差距大幅增加，特别是在 2001 年我国加入 WTO（世界贸易组织）后，城乡居民收入差距更为明显。2010 年最高，达到 2.12，是 1989 年 1.2 的两倍左右。

第三阶段：城乡收入绝对差距扩大，相对差距缩小（2010 年至今）。党中央历来关注"三农"问题，在 2010 年国家发布的"十二五"规划中首次提出了拓宽农民增收渠道，缩小城乡居民收入差距，并制定了一系列的政策举措，特别是 2013 年中央 1 号文件提出以城乡一体化解决"三农"问题，更多惠农政策的实施，使农村经济快速提升，农民经营性收入大幅提升。

随着 2013 年中国"刘易斯拐点"的到来,① 农村进城务工人员的工资性收入开始迅速提升。此外,通过加大农村基础设施建设、稳步提升农村社会保障水平及农民受教育程度等一系列缩小城乡居民收入差距的措施实施,农村居民收入增速开始高于城市居民。淮安市历年统计数据显示,自 2010 年后,淮安市城乡居民收入差距呈下降趋势,但城乡居民收入绝对差距的拐点还未到来。

二、城乡居民收入增长与经济增长比较

从改革开放以来淮安市人均 GDP 增长率的变化趋势来看,2004 年以前,它经历了先下降后上升,再下降后再上升的"W"形波动。其中,1989 年和 1999 年为两个局部最低点,人均增长率仅为 4.83% 和 6.68%;1993 年为这一阶段最高点达到 54.54%,这也与当时全国经济过热相吻合;1988 年和 2004 年是人均 GDP 增长率的两个局部高点,分别达到 22.12% 和 22.49%;2006 年后,人均 GDP 增长率经历了先上升再下降的倒"V"形波动。从淮安市城乡居民收入增速来看,总体上与人均 GDP 变化趋势相一致,但在 2010 年之前城乡居民收入增速小于人均 GDP 增速,这一现象在 2010 年以后得到缓解,城乡居民收入增速双双超越了人均 GDP 增长速度。从淮安市城乡居民收入增速的比较来看,改革开放初期,淮安市农村居民收入增速高于城镇居民,1989 年以后城镇居民收入增速开始超过农村,一直延续到 2009 年。2010 年以后淮安市农村居民收入增速重新超过城镇居民,这一趋势变化与国家宏观层面以及淮安市经济发展战略、政策基本一致。

三、城乡居民收入差距比较分析

改革开放以来,与全国城乡收入差距平均水平相比,虽然淮安市整体经济社会发展水平有了极大提升,城乡居民的收入得到大幅度的提高,且淮安市城乡居民收入绝对值远远领先全国平均水平,但是从城乡居民收入差距的变化趋势来看,淮安与全国一致,特别是自 2000 年以后城乡居民的收入差距绝对值逐渐拉大。从城乡居民收入差距比来看,淮安市城乡居

---

① 杨永华. 后刘易斯时代的经济发展 [J]. 学术月刊, 2012(1):79-85.

民收入比略低于全国平均水平。从城乡居民收入比的变化趋势来看，淮安与全国基本趋于一致。此外，虽然两者的城乡居民收入比的拐点都是在2010年前后到来，但是淮安市城乡居民收入比下降的幅度快于全国，主要原因在于淮安市城镇化水平略高于全国平均水平。

第二节 城乡居民收入差距原因分析

我国城乡居民收入来源构成大体上包括四个部分：工资性收入、经营净收入、财产净收入和转移净收入。从2014年淮安市城乡居民分项收入来源情况数据可以看出，在淮安市城镇居民可支配收入中，工资性收入是最主要的收入来源，占城镇居民可支配收入的60%左右，其他收入来源按照其在城镇居民可支配收入中所占比重从大到小依次为转移净收入、经营净收入和财产净收入；与此同时，在农村居民可支配收入中，工资性收入也与城镇居民一样为最主要收入来源，占比也在60%左右，其他收入来源按照其在农村居民可支配收入中所占比重从大到小依次为经营净收入、转移净收入和财产净收入。

根据2014~2020年淮安市城乡居民分项收入来源情况，我们可以分别将工资性收入、经营净收入、财产净收入、转移净收入这四项收入来源对淮安市城乡居民可支配收入差距的贡献度进行计算，研究其变化及其对城乡居民可支配收入总体差距的贡献，探究影响淮安市城乡居民收入差距的关键因素。

1. 工资性收入

工资性收入差距对淮安市城乡居民可支配收入差距的贡献率最大，从2014年以来的数据看，工资性收入差距对城乡居民的总体收入差距的贡献率都在60%以上，2014~2020年的年均值达到了63.3%，这说明淮安市城乡居民之间的工资性收入差距对城乡居民可支配收入差距的作用最为突出。为什么工资性收入差距对淮安市城乡居民可支配收入差距贡献最大？主要原因主要体现在一方面工资性收入无论是在城镇居民还是农村居民可支配收入中占比重都较高。2014~2020年，工资性收入占淮安市城镇和农村居民可支配收入比重年均值分别为62.15%和63.30%。另一方面淮安市农村居民与城镇居民工资性收入比下降不显著。2014年淮安市城乡居民可支配收入比为1.96,工资性收入比为2.00;2020年淮安市城乡居民可支配收入比为1.87,工资性收入比为1.89。

从工资性收入对淮安市城乡居民可支配收入差距影响的时间序列变化来看,自2014年以来工资性收入差距的贡献率基本没有变化,在63%左右。出现这种情况的主要原因在于淮安市无论是城镇居民还是农村居民工资性收入在其可支配收入中的比重基本没有发生变化,城乡居民工资性收入增速也呈现齐头并进之势。不过,尽管工资性收入差距的贡献率基本没有变化,但是工资性收入差距仍然是导致淮安城乡居民收入差距的最主要因素,2014~2020年平均达到63.3%,2020年最低仍然达到62.24%。

2. 经营净收入

经营净收入是城乡居民家庭或家庭成员从事生产经营活动所获得的净收入,是全部经营收入中扣除经营费用、生产性固定资产折旧和生产税之后得到的净收入。一般来说经营净收入是农村居民可支配收入的重要来源。从淮安市城乡居民经营净收入数据来看,经营净收入对淮安市城乡居民的可支配收入差距的贡献率相对较小,但仍然是正值,也就是说经营净收入没有淮安市居民的可支配收入差距缩小的贡献因素。这主要是由于2014~2020年,虽然经营净收入占淮安市农村居民的可支配收入比重平均高出9%左右,但城镇居民的经营净收入高于农村居民的经营净收入,年均多1128元。此外,从经营净收入占淮安市居民的可支配收入比重来看,城乡居民都呈现缓慢下降趋势,降幅基本趋同。由此可见,经营净收入对城乡居民可支配收入差距的贡献率虽然不显著,但仍然是一个贡献因素。

从经营净收入差距对淮安城乡居民可支配收入差距作用的变化趋势来看,2014年以来呈现出缩小的趋势,经营净收入差距对城乡居民可支配收入差距的贡献率由2014年的5.19%下降到2020年的3.96%。这主要是由于乡村振兴战略的实施使农村居民的经营净收入增长快于城镇居民。2014~2020年城镇居民人均经营净收入年均增长率为6.72%,而农村居民人均经营净收入的年均增长率为7.11%,城乡居民经营净收入比由1.22下降到1.16。从淮安市城乡居民经营净收入数据来看,经营性净收入的相对差距系数与城乡居民可支配收入相对差距系数之比的绝对值也逐年下降,从 2014 年的 0.29 降到 2020 年的 0.23。总的来看，经营性收入差距对城乡居民可支配收入差距的贡献在减弱。

3. 财产净收入

财产净收入包括居民出让财产使用权而获得的利息、股息、红利、租金收入及财产增值收益等，是非生产性收入的一个主要组成部分。虽然这项收入在城乡居民可支配收入中所占的比重都很小，2014~2020 年财产净收入占淮安市城镇居民可支配收入和农村居民可支配收入的比重的年均值分别为 8.74% 和 1.93%，但是在四类收入来源中城乡居民之间的财产净收入差距是最大的，2014~2020 年淮安市城乡居民财产净收入的相对差距系数的年均值高达 2.62，淮安市城乡居民的财产净收入差距对城乡居民可支配收入差距的贡献率的年均值为 16.08%。由于我国存在的城乡"二元经济"结构，使城市居民的财产不断积累，而农村居民的财产积累速度相对较慢，城乡财产性收入差距不断拉大。①

从淮安财产净收入对城乡居民收入差距的贡献率来看，财产净收入对淮安市城乡居民可支配收入差距影响的变化趋势并不明显。虽然 2014~2020 年淮安市城乡居民财产净收入由 955 元下降到 796 元，但是城乡居民财产净收入绝对差额由 3146 元扩大到了 4731 元。由于财产性净收入积累有很强的"马太效应"，② 淮安市城乡居民财产净收入差距未来可能会以更快的速度扩大，因此，财产性净收入对淮安市城乡居民可支配收入差距的作用会逐步增大。

4. 转移净收入

从城乡居民转移净收入来看，政府转移支付部分始终居主导地位，因此，分析转移净收入对城乡居民收入差距的影响以及对政府收入再分配政策的调整具有重要意义。2014~2020 年淮安城乡居民转移净收入的相对差距系数的年均值达 0.71，2014 年城镇居民获得的转移净收入是农村居民的 2.03 倍，2020 年为 1.97 倍，与淮安市城乡居民的工资性收入差距变化基

① 王悦侠. 我国居民财产性收入差距的实证研究：基于城乡间的比较 [D]. 合肥：安徽大学，2017：12~14.

② 徐冰清. 城乡居民财产性收入差距的比较研究：以杭州市余杭区为例 [D]. 杭州：浙江大学，2017：3~4.

本一致，城乡居民转移净收入差距基本没有发生变化，7 年仅缩小 0.06
倍。淮安市城乡居民之间转移净收入差距的根本原因在于城乡二元的转移
性收入政策，[①] 城乡居民在养老、医疗、失业、住房等社会保障方面，以
及享受政府转移支付方面存在差距。转移净收入差距对淮安市城乡居民可
支配收入差距起到了重要的作用，2014~2020 年淮安市城乡居民的转移净
收入差距对城乡居民可支配收入差距的贡献率的年均值达到 15.88%。

第三节　发达国家城乡居民收入
差距演变特征分析

从发达国家经济发展历程来看，工业化初期城乡居民收入普遍存在扩
大趋势，工业化发展中期工业反哺农业的作用开始显现，城乡居民收入差
距开始逐渐减小，工业化后期城乡居民收入差距基本上处于相对均衡区
间。但是，不同国家城乡居民收入差距的演化过程呈现了不同的特征。为
此，通过分析美国、韩国、日本 3 个发达国家城乡居民收入差距的演化及
趋势，总结缩小城乡收入差距的经验与教训，以期为实现我国城市经济高
质量发展、逐步实现共同富裕提供经验借鉴。

一、美国城乡居民收入差距演变趋势

美国是当今世界的农业大国和农业强国，其典型特征是农业劳动生产
率与城市化程度都较高。截至 2020 年，美国占国土面积 91% 的农村区域
居住着约 5711 万人，占美国全国人口的 17.34%，美国农业就业人员占总
就业人员的 1.4%，农林牧渔业为 GDP 贡献了 1745.27 亿美元，约占
0.8%。在城市化与工业化的双重推动下，加之政府对农业部门财政转移支
付的增加，美国有效缩小了农村居民与城市居民的收入差距。然而近年
来，美国城乡居民收入差距出现上升的趋势，以下分别从城市居民收入和

---

　　① 白素霞，陈井安. 收入来源视角下我国城乡收入差距研究［J］. 社会科学研究，
2013（1）：30.

农村居民收入相比较以及全体家庭收入与农场经营者家庭收入相比较的视角加以说明。

20世纪80年代中后期至今，美国城市居民收入中位数始终高于农村居民收入中位数；从变化趋势来看，美国城乡居民收入差距经历了保持稳定、下降、再上升三个时期。第一个时期是1989~1999年，美国城乡居民收入中位数之比在1.3~1.4，城乡收入差距基本保持稳定。第二个时期是2000~2014年，美国城乡居民收入差距逐渐缩小，城乡居民收入比由1.37下降至1.23，为考察期内的最小值。在此期间，美国人均GDP于2006年突破了4.5万美元，同年美国城乡居民收入比为1.32，相较于人均GDP2.3万美元时期没有发生太大的变化。第三个时期是2015~2019年，美国城乡居民收入差距逐渐扩大，2019年城乡居民收入比为1.38，近似于2000年的城乡居民收入比。2015~2019年，美国城市居民收入年均增长率为4.97%，同期农村居民收入的年均增长率为3.93%，美国城市居民收入的快速增长可能是导致美国城乡居民收入差距再次扩大的原因。

农场是美国农业最主要的生产经营主体。2020年，美国农场对GDP贡献了1346.61亿美元，约占0.6%。从家庭收入比来看，美国农场经营者家庭收入与全体家庭收入的差距经历了一个先缩小、后扩大、继而波动缩小，然后再扩大的过程。1960~1973年，美国全体家庭与农场经营者家庭平均收入比由1.54下降至0.68，农场经营者家庭平均收入由占全体家庭平均收入的65%增长为全体家庭平均收入的1.47倍。1974~1981年，美国全体家庭平均收入与农场经营者家庭平均收入比由0.72上升至1.31，1981年美国农场经营者家庭平均收入水平低于美国全体家庭平均收入。1982~2014年，美国全体家庭与农场家庭平均收入比由1.2下降至0.56，全体家庭平均收入与农场经营者家庭平均收入比在1987~1989年经历了一个短期的增长后呈现出波动式下降的过程。2015~2019年，美国全体家庭平均收入与农场经营者家庭平均收入比增长至0.8，农场经营者家庭平均收入一直高于全体家庭平均收入水平，未来的发展趋势仍需进一步观察。

二、韩国城乡居民收入差距演变趋势

韩国作为一个后起的工业化国家已实现工业化与现代化。韩国农业资源禀赋和农业生产经营模式与中国相近，其缩小城乡居民收入差距的主要做法是在依靠工业化与城市化推进城乡居民收入差距缩小的同时，政府需要在相关方面主动介入。如韩国进行的"新村运动"建设，大大改善了农业农村基础设施，有效推动了农业农村现代化，显著缩小了城乡居民生活水平的差距。韩国的农村区域面积约为 7.7 万平方千米，是城市区域的 3.5 倍；在农村区域居住着 962 万人，占全国总人口的 18.6%。2020 年，韩国农村人口为 231.4 万人，农林牧渔业为 GDP 贡献了 35.42 万亿韩元，约占其经济总量的 1.83%。

韩国 1990 年以后的城乡居民收入差距变化趋势呈现出倒"U"形，即曾经处于较低的状态，经历了持续的增长后出现下降的趋势，未来进一步发展仍需观察。1990 年以来，韩国城乡居民收入差距的演变经历了三个时期。第一个时期是 1990~1999 年，韩国城镇家庭与农民家庭平均收入比为 0.95~1.15，变化幅度小，城乡居民收入较为均衡。第二个时期是 2000~ 2012 年，韩国城镇家庭平均收入增长速度为 5.23%，农民家庭平均收入增长速度只有 2.46%，城乡居民收入差距不断扩大。2011 年，韩国人均 GDP 达到 2.5 万美元，城镇家庭与农民家庭平均收入比上升至 1.55，相较人均 GDP 为 1 万美元、收入比为 0.98 的时期，韩国的城乡家庭收入差距出现明显的扩大。第三个时期是 2013~2019 年，韩国城乡居民收入差距呈现出下降的趋势，但在 2019 年出现小幅回升，2013 年韩国城镇家庭与农民家庭平均收入比为 1.46，2018 年下降至 1.36，2019 年又小幅度回升为 1.43，未来韩国城乡收入差距的发展趋势还需进一步观察。总体看来，韩国的城乡居民收入差距伴随经济增长呈现出倒"U"形，城乡居民收入差距具有缩小的趋势，但状态还不稳定。

三、日本城乡居民收入差距演变趋势

日本是亚洲第一个走上工业化道路的国家。随着工业化与城市化对农业发展的推动，一方面，农业生产效率和农村居民收入大幅度增加；另一方面，农业农村在经济发展中的贡献逐渐降低。日本农村区域约占总国土面积的 65.5%，2020 年日本农村居住人口占总人口的 8.21%，约 1034 万人。2019 年，日本农业从业人员 168 万人，占总就业人口的 3.38%；同年农林渔业产值 5.65 万亿日元，约占 GDP 的 1%。

在 2003 年统计口径发生变化前，日本农民家庭平均收入长期高于工人家庭平均收入，工人家庭与农民家庭的收入差距表现为先缩小、再扩大，继而基本稳定；2003 年统计口径变化后，指标出现新的波动。具体而言，1950~1959 年，日本工人家庭与农民家庭收入比不断提高，工人家庭收入由不到农民家庭收入的 75% 增长为与农民家庭收入近似相等。1960~1975 年，日本工人家庭与农民家庭收入比由 1.08 下降至 0.72，城乡居民收入差距由"城乡基本平衡"演化为"城低于乡"，这一状况持续了近 30 年。1976~2002 年，日本工人家庭与农民家庭收入比由 0.73 增长到 0.83，城乡收入差距变化幅度较小。在此期间，日本的人均 GDP 在 1981 年突破 1 万美元，1988 年突破 2.5 万美元，这两年日本工人家庭与农民家庭收入比均为 0.76；1976~2002 年，日本农民家庭平均收入始终高于工人家庭平均收入。2003 年，日本家庭收入统计口径变化后，工人家庭平均收入超过农民家庭，工人家庭与农民家庭收入比始终处于 1.0~1.2 之间，城乡差距较为合理。2011 年，日本人均 GDP 达到 4.8 万美元，工人家庭与农民家庭收入比为 1.14，城乡收入没有明显的差距。

四、发达国家城乡居民收入差距特征

一方面，发达国家城乡收入差距显著低于发展中国家。发达国家具有"居民高收入、高福利"的社会特征，并且这种社会特征在经济发展水平高的国家长期保持着比较稳定的态势。另一方面，近年来城乡居民收入差距出现了扩大的趋势。Williamson 的区域收入差距倒"U"形假说反映了一个国家在工业化阶段城乡居民收入差距的长期变化趋势，但并不意味着城乡居民收入差距会一直保持低水平状态或延续缩小趋势。[1] 全球化与数字化这两种趋势通过促进城市地区高技能劳动力的聚集，加剧了城乡地区生产率和就业动态的差异，重新扩大了这些国家的城乡居民收入差距。

---

① Williamson. Regional inequality and the process of national development：a description of the patterns［J］. Economic development and cultural change，1965，13(4)：1-84.

五、发达国家城乡收入差距格局成因分析

1. 提高农业劳动生产率

提高农业劳动生产率，推动部门间劳动生产率趋同，是缩小农业与其他产业收入差距、实现城乡劳动收入差距合理化的重要因素。一是提高农业生产技术密集化程度，以先进农业技术作为提高农业劳动生产率的源泉。作为农业技术先进大国，美国构建了税收、知识产权保护等方面的政策约束与支持体系，通过政府部门投资与鼓励私人企业自主进行农业创新发展项目投资的方式，实现资本向农业技术领域集中，显著提高农业生产力。二是推进人口由农村向城市，由农业向工业、服务业转移，以提高人均占有耕地面积、发展适度规模经济作为提高农业劳动生产率的推动力。日本政府通过投入大量的资金普及农村教育，提高农村居民的劳动素质，推进农村富余劳动力转移。与此同时，日本政府还从明晰土地产权、突破户籍的社会保障措施以及土地规划与征地补偿立法三个方面入手，保障劳动力转移的过程中，农民的土地住宅等财产能够得以补偿，并足以支持其融入城市生活的需求。

2. 发展丰富多样的乡村产业

国家在工业化、城市化有了一定发展后都会统筹城乡发展，积极发展乡村产业，推行多样化经营，从而达到稳定乡村就业、扩大居民收入来源、缩小城乡收入差距的目的。日本在 2010 年制定了《六次产业化·地产地消法》，在政府层面统筹推进"六次产业化"，推进产业多元化发展和全产业链经营，提高农民收入。韩国在 2010 年开始推进"农工商融合型中小食品企业培育战略"，统筹农工商融合发展，提高农产品附加值。美国 1992 年成立"农村旅游发展基金"，目的是鼓励城市居民到农村度假、丰富农村地区就业种类、提高农村居民收入。①

---

① 方向明，覃诚. 现阶段中国城乡发展差距评价与国外经验借鉴［J］. 农业经济问题，2021（10）：32-41.

3. 建立高效的农业补贴体系

建立大规模的农业补贴体系，是各国提高农业从业者收入、缩小城乡差距的典型做法。综观各国农业补贴政策发展的历程可以发现，发达国家农业补贴政策在方式上由价格补贴转向收入补贴，在补贴程度上不断增加，在补贴对象上由农民转向农村基础设施建设与农业可持续发展。美国在20世纪30年代至20世纪90年代相继出台了以农产品价格支撑为核心的《农业调整法》，实现农产品出口补贴的《农业安全法》，直接对农民进行收入补贴的土地休耕补贴、生产性合同补贴等。[①]

4. 提供高质普惠基本公共服务

高质普惠的公共服务可以提高农村居民的生活质量，大多数发达国家，城乡居民在获取教育、卫生、交通与社会保障等基础设施与公共服务上没有明显差异。一是在供给主体方面，形成了政府主导多元化公共服务供给模式。在日本和韩国这类具有中央集权历史传统的国家，则以中央政府为主，各级农业合作组织共同参与。二是在保障制度方面，政府主要通过立法与财政投资为农村提供社会保障与公共服务的支持。美国通过颁布《社会保障法》，确立了城乡居民在法律意义上可以享受同样的医疗、养老、失业救济等社会保障服务。韩国在20世纪70年代末协调各部门成立特别委员会推动"新村运动"，10年累计投入2.8万亿韩元，为农村修建基础设施，大力改善农民的居住环境，提高居民生活质量。

第四节　缩小城乡收入差距的路径探索

考虑到面对的各种制约因素及其影响，淮安缩小城乡收入差距实现共同富裕是不可能一蹴而就的，而是需要经过若干步骤和阶段的。面向未来，淮安迫切需要结合实际情况探索和实践符合国情和本地实际情况的可

---

① 李俊松，李俊高. 美日欧农业补贴制度历史嬗变与经验鉴镜：基于速水佑次郎"农业发展三阶段论"［J］. 农村经济，2020（4）：134-142.

行路径，持续提升城乡居民的获得感、幸福感和安全感。具体而言，虽然面临的路径选择很多，但以下四个方面则是重中之重。

1. 聚焦供给侧结构性改革，加快推进要素市场化配置综合改革

深化要素市场化配置改革，提高要素配置效率，不仅能够激发全社会创造力和市场活力，推动经济高质量发展，而且是实现共同富裕的重要基石。淮安应坚持顶层设计和基层探索相结合，加快贯彻落实中共中央、国务院发布的《关于构建更加完善的要素市场化配置体制机制的意见》和江苏省印发的《关于构建更加完善的要素市场化配置体制机制的实施意见》，高标准谋划，全力推进要素市场化配置综合改革试点。一是通过土地要素市场化配置改革，特别是农村承包地"三权"分置、宅基地"三权"分置及农村集体经营性建设用地入市等改革，实现城乡建设用地同权同价，大幅提高农村居民财产性收入。二是通过劳动力要素市场改革，特别是深化户籍制度改革，大幅增加城市外来人口和农村人口在城市落户机会，共享城市教育、就业创业、社保、医疗卫生等城市发展红利。三是通过技术市场、要素价格市场化等改革，着重保护劳动所得，增加劳动者特别是一线劳动者劳动报酬，提高劳动报酬在初次分配中的比重，同时增加知识价值为导向的收入分配政策。四是通过推进资本要素市场化配置，鼓励和引导上市公司现金分红、探索公司债券实行发行注册管理制等，进一步提高居民财产性收入。

2. 聚焦稳就业促创业，实现就业创业规模质量双提升

一方面，就业是民生之本，是人民改善生活的基本前提和基本途径。对于淮安在稳定就业方面主要锚定结构性就业矛盾、提高劳动力素质、就业困难群体精准发力。一要坚持城市建设由规模建设向功能建设转型，大力发展与城市主导产业匹配的生产性服务业缓解结构性就业矛盾；二要大力发展产业园区职业培训学校，通过专业的职业培训大幅提高劳动者技能，促进产业结构高级化调整和劳动生产率提升，进而提升劳动报酬；三要针对就业困难群体，开发一些不讲技能、不讲学历、不讲年龄的爱心岗位，让就业困难群体获得持续稳定的收入。另一方面，创业相比就业来说是更加主动的富民。党的十八大以来，淮安在岗职工平均工资与劳动者报酬占 GDP 比重不断提升，在岗职工工资年均增长 19% 左右。工资是经济运行的主要成本之一，工资的长期上涨将导致劳动力被其他生产要素替代，有可能引起失业的增加。而创业不仅可以提高居民的经营性收入，而且可以创造大量就业岗位。对于淮安要锚定城市品质的提升，营造有利于人才干事创业的良好氛围和环境，同时针对性地出台有利于创业和包容创业失败的托底政策措施。

3. 聚焦乡村振兴，统筹山水林田湖草系统开发促进乡村全域全空间生态产品价值转化

城乡发展的不平衡不充分是实现共同富裕的主要制约因素之一，淮安也不例外。对于乡村发展过去有增产导向的农业 1.0 版本发展到提质导向的农业 2.0 版本，未来要实现乡村振兴最根本的就是要唤醒投入乡村大量设施资产并且与乡村生态资源相结合，统筹山水林田湖草系统开发促进乡村全域全空间生态产品价值转化的农业 3.0 版本。一方面通过空间生态资源价值化，可以使原本乡村农业规模经营的条件逐步成熟，部分外出农民工、城市工商资本返乡入乡发展现代农业、互联网技术和数字化转型，促进乡村新产业、新业态、新商业模式的快速发展；另一方面通过空间生态资源价值化，使一些对大型基础设施依赖度低、空间集聚效应不明显、适合线上交流和分布式办公的行业向城市周边的乡村布局。

4. 聚焦基本公共服务高质量供给，擦亮"共同富裕"幸福底色

基本公共服务高质量供给不仅有利于保障基本民生，改善居民的生活品质，也有利于增强人的发展能力。在推进实现共同富裕进程中，基本公共服务均等化更容易在近中期推进，并在相对较短的时间内取得成效。一是坚持教育优先发展战略地位不动摇，进一步扩大优质教育资源均衡供给，特别是针对民众热议的初中阶段分流问题可以进一步增加高中阶段的学位，探索 12 年制义务教育。二是加快构建生育友好型、老年友好型社会，缓解当前人口出生率和老龄化问题。三是在着力提升城市品质基础上，坚持"房住不炒"定位，保持合理地价房价，增加公租房、保障性租赁住房供给，扩大公积金覆盖面和受益面，有效解决新市民、青年人、低收入困难群众等群体住房问题，加快构建青年和人才友好型社会。四是进一步健全覆盖城乡的社会保障体系，稳步提高城乡低保、社会救助、抚恤优待等标准，构建分层分类的社会大救助体系，大力发展慈善事业，确保共同富裕路上一个都不能掉队，助力建设"有温度的社会"。

第七章
加快推进城市全方位
高水平对外开放

第一节　推进城市全方位高水平
对外开放面临的机遇与挑战

一、新时代淮安市推进全方位高水平对外开放面临的新机遇

1. 国家发展战略给淮安对外开放带来新机遇

基于建设制造强国契机，提高淮安对外开放的层次和水平。加大外商投资高端制造的力度，改变淮安产业发展水平和层次较低的现状，加快传统制造业高端化、智能化，在高质量跨越发展中实现"淮安智造"。制造业在世界发达国家的国民经济中占有重要份额。机械制造业的专业化、标准化、自动化和智能化等技术的应用水平是衡量一国经济发展水平与科技发展水平的重要标志。中国制造业高质量发展的建设核心将以提高制造业创新能力和基础能力为重点，推进信息技术与制造技术深度融合，促进制造业朝高端、智能、绿色、服务方向发展，培育制造业竞争新优势。智能装备产业既是建设制造强国的关键内核之一，更是实现我国"十三五"经济转

型的核心因素。近年来，我国先后出台了《智能制造科技发展"十二五"专项规划》《服务机器人科技发展"十二五"专项规划》等一系列支持政策。可以说，智能装备产业已经成为我国制造业发展的热点，未来10年将是中国机器人产业发展和中国制造模式变革的黄金时期。我国应牢牢把握"第四次工业革命"的历史机遇，推动"中国制造"升级为"中国智造"，从"世界工厂"转型为"创新型国家"。

为深入贯彻习近平总书记对江苏工作提出的最新要求，践行落实建设制造强国战略部署，适应和引领新常态，保持经济中高速增长，促进产业向中高端迈进，筑牢"迈上新台阶，建设新江苏"根基，江苏省政府提出了一系列具体的目标（见表7-1）。淮安可以此为契机，找准发展方向、明确自身定位，在竞争中先行建立起优势地位。

表 7-1 2020 年和 2025 年江苏省制造强省建设主要指标

类别	指标	2020 年	2025 年
创新能力	规模以上研发企业研发经费内部支出占主营业务收入比重(%)	1.3	1.7
	企业每万名职工中科技人员数(人)	90	100
	工业企业每百亿元产值发明专利授权量(件)	87	120
质量效益	制造业质量竞争力指数	88	90
	制造业增加值率(%)	22.5	23
	制造业全员劳动生产率年均增速(%)	7	6.5
两化融合	两化融合发展水平总指数	98	105
	数字化研发设计工具普及率(%)	75	85
	关键工序制造设备数控化率(%)	52	70
	产供销财管理集成覆盖率(%)	30	40
结构优化	战略性新兴产业产值占制造业比重(%)	33	38
	生产性服务业增加值占服务业比重(%)	58	60
	进入世界 500 强、中国 500 强的企业数量(家)	55	60
绿色发展	单位工业增加值能耗比 2015 年降低(%)	18	34
	单位工业增加值二氧化碳排放量比 2015 年降低(%)	19	35
	单位工业增加值用水量比 2015 年降低(%)	20	35
	工业主要污染物排放量比 2015 年降低(%)	10	20

（1）建设制造强国为淮安提供了转型升级的机遇。这有助于帮助淮安

重新审视自身的产业结构，以便集中要素、资源，投入具有战略重要性的领域。淮安制造业基础扎实，经过多年的发展已经形成了"4+2"的工业体系，其中新材料、特钢、电子信息三大主导产业以及高端装备制造、新能源汽车及零配件两大战略性产业能够很好地契合建设制造强国战略目标，可以在政策上加以引导、资源上适当倾斜，进一步鼓励相关企业做大做强，打造各领域的领军型企业。台资企业作为淮安产业发展的重要力量，处于向创新发展、智能制造加速迈进的窗口期、机遇期。智能制造促进企业实现高效率低成本的生产。公司积极创新，进行装备智能化升级，有效地提升传统制造企业的品质、降低成本，同时运用工业互联网思维，搭建网上交易平台。通过完善基础设施，用优惠的政策、宽松的营商环境、便利的产业配套吸引苏南、上海的转移产业，尤其注重吸引南京江北新区的转移产业。利用长久以来积累的吸引台资的经验，打造台资企业产业转移集聚服务示范区，加强与东莞、厦门、昆山等传统台企聚集城市的联系，合作搭建台资企业转移承接平台和创新发展平台，积极承接当地台资企业的转移。

（2）大力发展智能装备产业。淮安加快发展智能装备产业的一个重要契机，也是两岸智能装备产业精英把脉产业发展，淮台寻求产业合作、把握发展机遇的一场高端聚会。淮安是正在崛起的长三角北翼区域中心城市、江苏省新兴增长极，淮安的智能装备产业正在快速成长，自动化设备整机制造实力明显，企业"智造"已成趋势。淮安为企业家投资兴业提供广阔的空间和优质的平台，建设成智能装备产业集聚之城，实现淮安智造、智能淮安的发展梦想。高端装备制造产业作为"4+2"优势特色产业中的重要板块，得到了淮安市委、市政府大力支持。为了促进淮安智能装备产业加快发展，营造更加具有比较优势的竞争环境。特别是在装备产业培育中，淮安市委、市政府始终紧扣智能化这一关键，精准发力，全力推动产业发展壮大、提档升级。从淮安情况来看，智能装备产业围绕传统设备升级、数控设备普及、机器人推广应用等方面，加快实施智能化改造，积极推进"机器换人"工程，着力打造一批"智能工厂""智能车间"，企业的自动化生产水平得到大幅提升，产业转型升级步伐不断加快。2015年，淮安市创成省级示范智能车间11家，获批数为苏北第一。截至2020年，全市已落户智能机器人终端产品生产项目4家。

（3）迈向智能装备产业升级新高端。推动两岸在智能装备产业方面加深交流，建立形式灵活、富有成效的科技创新合作机制，携手迈向产业升级新高端。"十三五"期间，淮安特钢及装备制造产业将抢抓"互联网+"发展机遇，以高端化、智能化、绿色化、服务化、集群化、国际化"六化同步"发展为主线，全力推动传统装备产品高端化发展，加快新兴高端装备产业引进与培育，力争实现产值超 2000 亿元发展目标。其中，智能装备产业主攻方向为工业机器人、高端数控机床、3D 打印装备、无人机、智能专用精密仪器仪表、成套智能专用设备等。任何产业的转型升级都离不开人才的支撑，智能装备产业也不例外。论坛现场记者了解到，作为淮安市唯一一家工业机器人职业学校——淮安众智机器人职业培训学校，位于淮安市智慧谷，拥有 1500 平方米的实训基地。学校董事长曾说，学校创新教学体系、教材内容的研发，建设特色实训体系，同时提供线上线下职业培训服务，选用最新应用案例，确保学以致用，构建业界全面领先的培训优势并与全国高职院校开设机器人应用与维护专业共建的创新模式。让与众智合作的企业从院校获得的学子技能精湛、"零距离"对接市场、毕业即就业、上岗即上手。此外，淮安经济技术开发区被省机械行业协会授为"江苏省智能装备制造产业基地"，实联长宜淮安科技有限公司、淮安威灵电机制造有限公司、江苏和兴汽车科技有限公司、实联化工（江苏）有限公司、江苏艾科维科技有限公司、淮安联力化工有限公司 6 家企业被省经济和信息化委员会授为"江苏示范智能车间"。

（4）打造"淮安制造"品牌。目前，我国台湾省在多轴运动控制技术、线型马达及其驱动器、控制系统应用技术等方面的技术研究和储备已经处于世界领先地位。台湾的企业家到淮安共同开创淮台合作新时代。近年来，富士康、实联化工、时代芯存、德淮半导体、澳洋顺昌等名企纷纷进驻淮安，实联长宜、和兴汽车、膳魔师等企业成功创成省级"智能工厂""智能车间"，国家级盐化产品检测中心投入运营，敏安获批全国第 5 张新能源汽车生产牌照，臻鼎多层挠性线路板填补淮安 IT 产业高科技产品空白，"淮安制造"品牌逐步凸显。淮安台资集聚"加速度"，淮安要一手改造传统制造，一手发展绿色制造、着力智能升级。

自 2006 年富士康落户淮安以来，就有"南有昆山、北有淮安"台资集聚新高地战略部署。11 年来，淮安台资集聚一直保持"加速度"。进入"十三五"时期，淮安以建设国家级台资集聚示范区为主线，实施台资项目倍增、交流平台拓展和 101%服务升级"三大计划"。目前台商台企已成为淮安产业集聚和转型升级的重要力量。首先，产业日益多元化。以富士康、实联化工等为代表的知名台企纷纷进驻，加快了盐化新材料、电子信息、高端装备、新能源汽车及零部件等优势特色产业集聚，在淮安市"4+2"工业优势特色产业中，4个千亿级主导产业龙头都是台资企业，台资产业支撑作用日益凸显。同时，台商投资领域正由制造业向现代农业、生物技术、现代服务业等领域加速拓展。其次，生产逐步智能化。淮安台企围绕传统设备更新、数控设备普及、机器人推广应用等领域，加快智能化改造和"机器换人"步伐，实联长宜、和兴汽车、膳魔师等企业成功创成省级"智能工厂""智能车间"，国家级盐化产品检测中心投入运营，企业技术装备水平和自动化生产水平大幅提升。最后，产品走向高端化。淮安台企正向中高端、品牌化、国际化迈进。"淮安制造"品牌逐步打响。台资高地已经成为代表淮安形象的响亮品牌。此外，淮安着力构建良好政策生态，努力为深化淮台交流合作提供更好的发展沃土。

2. "一带一路"倡议

"一带一路"是"丝绸之路经济带"和"21世纪海上丝绸之路"的简称，2013年9月和10月由中国国家主席习近平分别提出建设"新丝绸之路经济带"和"21世纪海上丝绸之路"的合作倡议。依靠中国与有关国家的双多边机制，借助既有的、行之有效的区域合作平台，借用古代丝绸之路的历史符号，高举和平发展的旗帜，积极发展与沿线国家的经济合作伙伴关系，共同打造政治互信、经济融合、文化包容的利益共同体、命运共同体和责任共同体。截至2019年8月底，已有136个国家和30个国际组织与中国签署了195份"一带一路"合作文件，参与国遍及六大洲，发展层次多样，有着广阔的市场空间。

随着"一带一路"倡议的深入推进，越来越多的国家积极地加入进来，这为淮安开展国际交流合作提供了越来越广阔的平台。淮安借助"一带一路"倡议深入推进带来的机遇，能够进一步打开国际市场。

（1）淮安地理位置优越、气候适宜，具有发展农林牧渔业的良好基础。目前已有"盱眙龙虾""淮安大米""淮安红椒""洪泽湖大闸蟹"等一批知名特产驰名国内。"一带一路"倡议带来的海外市场的机遇将倒逼淮安农业向更加精细化、高端化、品牌化的方向发展，促进农产品质量品质大大提高、农产品生产效率大大提高、农产品附加值大大提高。通过加快制定、执行相关行业规范，使农产品在保持不同产区各自特点的同时实现品质的标准化，最终实现"分散种植（养殖）、统一指导、统一认证、统一出口"，打造一支淮安农产品"正规军"，在国际上树立、维护淮安农产品的高品质形象。同时，淮安工业门类多元、层次丰富，当前已有富士康、实联化工、时代芯存、德淮半导体、澳洋顺昌、实联长宜、和兴汽车、膳魔师等名企进驻淮安，加上大量的本土制造业企业，淮安基本形成了从轻工业到重工业、从低端到高端的结构上相对完备的产业链。淮安可以根据自身在不同领域的比较优势，引导企业差异化发展，促使资源流向能产生最大价值的地方，避免同质竞争；有针对性地打造由行业内龙头企业驱动的产业生态圈，龙头企业负责整合资源、出口拳头产品，中小企业负责提供配套、保障供给，进而形成一批有特色的工业出口产业集群；与"一带一路"沿线国家城市缔结合作条约、结为友好城市，以定期展会、常设展厅、组团互访的形式将淮安工业品牌整体输出，为相关地区提供一站式的采购服务。

（2）淮安自然风光优美、文化底蕴深厚。淮安共有国家A级旅游景区42家，其中AAAAA级1家，AAAA级16家；省星级乡村旅游区52家，省级自驾游基地3家、旅游度假区2家、工业旅游区2家、生态旅游示范区2家，省级旅游风情小镇1家，近年来吸引了越来越多境内外游客来淮观光（见图7-1）。借助国家大力推进"一带一路"倡议的契机，淮安将会有更多的机会在国际上展示城市形象，通过积极承办国际会议、国际赛事、国际友好交流活动提高淮安知名度，逐步成为国际上公认的旅游目的地城市。

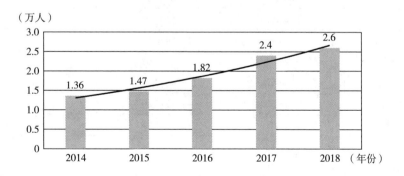

图7-1 淮安2014~2018年接待入境过夜游客统计

资料来源：《淮安市统计年鉴》（2015~2019）。

（3）在更大范围内配置资源。"一带一路"沿线国家发展层次多样，既有和中国一样的发展中国家，也有发达国家和欠发达国家，因此各自的比较优势各不相同，具有很强的互补性。在"一带一路"框架下，通过与沿线国家签署合作协议，工业、服务业企业能够在更大的范围内甄选原材料、中间品、产成品，可以为生产经营提供优质、低价、稳定的货源；能够为淮安实现"腾笼换鸟"提供机遇，淮安可以将一部分不符合自身未来发展定位的产业转移到沿线国家，整合资源集中发展前瞻性产业；可以把一部分产能、生产环节转移到生产成本较低的国家，提高产品利润；可以拓展海外投资渠道，为闲置资金提供获利的途径，减轻房地产、股市的压力；能够建立常态化的交流合作机制，以论坛、参访的形式加强人才互动，为双方搭建取长补短、相互学习、共同发展的平台。

3. 淮河生态经济带给淮安带来新机遇

2018 年 10 月 18 日国务院批准《淮河生态经济带发展规划》，这标志着淮安市首提首推的淮河生态经济带已上升为国家战略。淮河发源于河南南阳，全长约 1000 公里，干流、支流遍及河南、湖北、安徽、江苏、山东五省二十八市，对流域的生态环境、交通运输、经济发展等有着重大而深远的影响（见表7-2）。

表7-2 《淮河生态经济带发展规划》所涉地区的经济发展状况

地区	2017 年 GDP（亿元）	2018 年 GDP（亿元）	名义增速（%）
徐州	6605.95	6755.23	2.26
盐城	5082.69	5487.08	7.96
扬州	5064.92	5466.17	7.92
泰州	4744.53	5107.63	7.65
济宁	4650.57	4830.58	3.87
临沂	4345.39	4717.80	8.57
淮安	3328.88	3601.25	8.18
菏泽	2820.18	3078.78	9.17
连云港	2640.31	2771.70	4.98
宿迁	2610.94	2750.72	5.35
南阳	2567.94	2741.74	6.77

续表

地区	2017年GDP(亿元)	2018年GDP(亿元)	名义增速(%)
枣庄	2315.91	2402.38	3.73
周口	1889.95	1984.92	5.03
孝感	1742.23	1912.90	9.80
滁州	1604.39	1901.80	18.54
商丘	1705.36	1802.68	5.71
驻马店	1616.89	1771.28	9.55
信阳	1675.59	1767.28	5.47
阜阳	1571.10	1759.50	11.99
蚌埠	1550.70	1714.70	10.58
宿州	1466.50	1630.22	11.16
平顶山	1476.73	1588.54	7.57
六安	1168.10	1288.10	10.27
亳州	1149.80	1277.19	11.08
淮南	1060.20	1133.30	6.89
随州	935.72	1011.19	8.07
淮北	924.01	985.20	6.62
漯河	878.60	933.94	6.30

资料来源:淮河生态经济带各市统计数据(2017—2018年)整理所得(2019)。

淮河生态经济带是顺应发展大势的创造性战略规划,坚持节约资源、保护环境,改革引领、创新驱动,互联互通、共建共享,深化合作、扩大开放,量力而行、防范风险五大基本原则,为淮河流域的区域合作定下了总的基调。淮安作为淮河生态经济带上的重要节点城市,可以充分发挥作为主导者的优势,抓住机遇实现更高水平的对外开放。

淮河生态经济带二十八市发展梯度明显,优势产业各不相同,具有很强的互补性,可以开展区域合作,实现优势互补。

(1)在农业方面。淮河流域地区虽坐拥淮河,但由于淮河治理欠佳,农林渔牧业的发展滞后。淮河水资源分布不均衡,流域防洪能力欠缺,导致旱涝灾害频发,大雨大涝、小雨小涝、无雨则旱。同时,淮河超过50%水域的水质尚未达到功能区水质目标要求。但淮安拥有区位优势,温度适宜,水资源丰富,境内有中国第四大淡水湖——洪泽湖,调蓄能力强,有力地保障了地区生态环境平衡。这些优势使淮安已经成为全国重要的绿色农副产品生产基地，4个县区跻身"全省粮食生产全程机械化整体推进试点县"。淮安已有"盱眙龙虾""淮安大米"等中国驰名商标6件、农产品地理标志8件、地理标志证明商标120件，其中"盱眙龙虾"品牌价值近180亿元，稳居国内淡水水产品品牌榜首位；洪泽湖大闸蟹出口日本、韩国等国家和地区，"淮安红椒""淮安大米"获得行业和全国性金奖达20多项。淮安可以对外输出优质农产品，向淮河生态经济带内其他地区输出品质优良的种苗和先进的种植养殖经验，带动区域内其他地区共同发展，构建区域现代农业产业体系、生产体系、经营管理体系。

（2）在工业方面。淮河流域自然资源丰富，拥有煤炭、碱、盐、铁精矿、凹土、石英石等矿产资源，淮安可以在区域合作框架内通过协调各地政府开展河道联合整治行动，建立高标准的内河航道，从而利用淮河的运力将矿产资源输送到淮安、徐州等工业基础扎实的地区，在带动相关地区采掘业、航运业成长的同时促进淮安高端装备制造业以及相关上下游产业的发展。此外，淮安可以将不符合自身未来发展定位的产业通过淮河生态经济带这一合作机制转移到区域内其他地区，既实现了本地区的产业升级，又促进了区域的协同发展。近年来，淮安盐化工、新材料、特钢、新能源汽车及零配件产业发展迅猛，通过参与区域分工合作，在本地区形成产业集群，在本地区周边形成配套产业链，以此进一步强化自身优势，明确自身定位，增强淮安参与其他区域合作的能力。

（3）在服务业方面。淮安可以借助淮河生态经济带这一平台重点推进现代物流服务、商贸服务、科技服务、信息服务、设计服务、环保服务等生产性服务业的发展。根据《淮河生态经济带发展规划》（以下简称《规划》），支持淮安建设康养产业示范区；支持淮安等城市大型综合性医疗卫生机构跨区域合作，推动优质医疗资源共享，鼓励医疗机构联合培养人才；推动淮安与蚌埠、徐州等地高校开展联合办学、课程互选、教师互聘、学科共建等多种形式的交流与合作，加强高校与国内外知名院校交流合作，支持举办中外合作办学机构，适时组建高校联盟；推动淮安等有条件的城市组建综合性大学。淮安可根据《规划》精神，协调各地区开展优质资源共享，搭建多种形式的资源共享平台，进一步巩固在相关产业的优势地位。

2018年11月7日，国家对淮河生态经济带的战略定位，可以概括为

"三带一区"。即流域生态文明建设示范带、特色产业创新发展带、新型城镇化示范带，以及中东部合作发展先行区。《规划》为淮安市对外开放带来了新机遇。

一是打造畅通高效的淮河水道。《规划》提到的措施有利于推进淮安市内河港口二类口岸建设，推进内河航运船舶标准化，打造集物流仓配、水运、综合性口岸为一体的淮河水运中心，促进了淮安市的水利发展，沟通了沿淮城市，使淮安市的水运产业更加高效便利，这不仅极大降低了企业的运输成本，而且对做大做强国际物流、推动产业发展、承接产业转移、促进加工贸易、引领淮安及江苏地区开放型经济发展等起到了重要的支撑作用。

二是健全立体交通网络。在铁路建设方面，淮安将作为枢纽，建设横贯东西、连接南北的铁路大动脉。此举将淮安融入"一带一路"建设之中，互联互通是对外开放的前提和条件，建设便捷的铁路设施，有利于淮安市产业的发展和对外交流与贸易，节约运输成本，吸引外资来淮。在管道方面，可以推进跨区域盐卤输送管道，配套建设输配体系和储备设施，以淮安为中心枢纽，建设整个淮河生态经济带的成品油输储网络，有利于盐卤等货物的出口，扩大对外开放。

三是推进产业转型升级。《规划》要协同发展优势特色产业、共同培育壮大战略性新兴产业、加快文化产业发展。对外开放与产业转型升级相互促进，新产业的发展离不开对外开放，通过积极引进外资，主动吸引产业的国际转移是发展中国家建立新产业的"捷径"；反过来说，产业转型升级也有利于进一步对外开放。坚定不移深化供给侧结构性改革，全面提高产业技术、工艺装备、产品质量等有利于加快淮安市产业的发展，优化产业结构、降低生产成本，提高出口品在国际上的竞争力。并且可推动淮安及周边城市产业链接通、专业化整合，打造世界级工程机械产业集群，提高国际上的知名度，为淮安市对外开放带来了新的机遇。

四是增强协同创新能力。《规划》推进企业技术创新，有利于将淮安打造成国家创新型城市，推动产业转型升级取得新突破，加快新旧动能转换。在淮安市的产业发展中，尽管许多产品已经出口到国外，但竞争优势不明显。因此提高创新能力，加快人才的引进有利于淮安市的出口贸易企业较好地适应产业结构和布局的需求，为经济的发展和全方位高水平的对外开放增添动力。淮安市积极参与国际贸易，能够有效地强化企业进行技术创新的内在动力和外部压力，对出口企业来说，为了能与国外厂家竞争，最有效的途径就是开展技术创新，以降低自身商品的生产成本，从而扩大市场占有份额。技术创新与对外开放相互影响相互联系，技术创新加快了对外开放的速度，而对外开放也给技术创新提供了动力。

五是加快对外开放平台建设。《规划》要推进对外开放平台创新升级、营造优良营商环境。该举措有利于淮安打造台资集聚高地，推进淮安综合保税区建设，支持淮安建设区域性物流中心，保税区作为对外开放的亮点，充分发挥转口贸易、保税仓储、出口加工三项基本功能的同时，还开展了产品包装、运输、商品展示、房产、金融、保险、信息等服务业务，而物流中心也提高了淮安市货物运输的效率，提高了淮安市的国际竞争力，并且完善园区的功能，促进园区招商，有利于引进跨国公司、知名企业、国际新兴产业等大型项目到本地区投资，提高招商引资的档次和水平。通过保税区和物流中心可以有效整合物流资源，推进淮安市物流中心服务水平提升，促进全球供应链形成，加快产业结构优化，对促进淮安市经济和社会发展有重要作用。

六是拓展国际经贸合作。淮安市作为"一带一路"沿线城市，继续参加和推进"一带一路"倡议，有利于深化与其他国家在能源资源、农业、装备制造、现代物流、服务外包、环境保护、科技、旅游、文化、公共卫生等领域的合作，推动淮安市企业、产品、技术、标准、品牌、装备和劳务"引进来"与"走出去"。在推动国际产能和装备制造合作方面，可以发挥淮安市机械、汽车制造等重大装备制造领域和轻纺等传统行业的优势，有序地推进优势企业和产能"走出去"的步伐，有利于淮安市在境外投资建设生产加工基地和贸易服务中心，节约了生产和运输成本，提高产品质量和知名度，有利于与外国企业合作，将淮安市的产品更高效地输出到国外。

七是深化国内区域合作。淮安市作为沿淮城市的一员，可以承接高端企业，促进淮安市产业分工和协作发展。深化开放合作是经济社会发展的内在要求，通过开放合作，能够突破行政地域的限制，在更大范围内利用和配置生产资源和要素。生产资源和要素的有限性与需求的多样性决定了开放合作的必要性。通过深化合作有利于在发挥各地区比较优势的基础上实现合理分工，从而最大限度地减少恶性竞争，最大限度地获得总体效益。除此之外，深化国内区域合作，有利于淮安市打破资源要素的约束，有利于有效利用各种高端资源与先进成果提升自身的发展水平，可以通过开放合作借资源、借人才、借市场、借一些自身不具备的要素为己所用，从而扩展发展的空间，增强发展的能力，提高对外开放的效率。

4."一区两带"和航空货运枢纽建设，有助于提升淮安资源配置空间和能力

淮安作为"中国运河之都"自古以来就是交通要塞，为提高对外开放的范围和水平，江淮生态经济区、大运河文化带、航空货运枢纽四大战略规划应运而生，这将为淮安全方位推进高水平对外开放提供新机遇。淮河生态经济带已上升为国家战略。

（1）江淮生态经济区为淮安高水平对外开放带来新机遇。传统的地域划分标准把江苏省分为苏南、苏中、苏北，而这些称谓早已超越了单纯的地理意义，变成先进与相对落后的代名词。随着公路、铁路等交通基础设施的不断完善以及互联网、移动通信技术的不断发展，地理位置已经不是、更不应该是制约地区发展的主要阻力。放眼全省，经济布局应当突破地理格局的限制，根据各个区域的资源禀赋、发展阶段划分不同的功能定位，将各地区的同质竞争变为优势互补，将你追我赶变为协同发展。江淮生态经济区正是产生于这样一个地区融合发展的大背景下。江淮生态经济区是江苏省"1+3"战略板块的重要组成部分，定位为扬子江城市群、沿海经济带、徐州淮海经济区中心城市的共同腹地和后花园，重在展现江苏省发展的生态价值、生态优势、生态竞争力。①整治自然环境，塑造淮安良好形象。淮安生态环境基础较好，国土开发强度在17%左右，优于国际公认的宜居城市国土开发强度不超过20%的标准，加之近年来在环境综合治理上的大力投入，生态环境有了明显改观。2018年全市水环境评估中，南水北调东线国家控制断面、淮河流域4个国家考核断面、大运河和里运河各断面水质100%达到Ⅲ类标准，共计35个检测断面中有29个被评定为水质优良；2018年淮安市空气质量检测结果显示，全年空气质量优良天数为282天，优良率达77.3%，$PM_{2.5}$浓度均值同比下降18.3%；2018年淮安市国家网土壤环境质量监测点位土壤环境质量状况良好，5个点位属于清洁（安全）等级，占比83.3%。②自然环境的改善对推动淮安高水平对外开放有着强大的辅助作用。一方面，生态环境的改善能够让货"出得去"。生态环境的改善能够吸引一批对卫生标准要求较高的企业入驻，它们的产品通常属于精密、精细、精致类型，具有较高的附加值，市场对这些类型商品的需求量仍然保持高位。同时，生态环境的改善对原有产业的品牌形象也会产生正面影响，特别是淮安的食品，一出产便会"自带""绿色环保无公害"的标签。此外，在环境治理上的持续投入会在当地形成一条完整的环保产业链，相关的污染处理设备、环境治理技术、环境保护经验等，都可以作为有形、无形的资产来输出，在决胜全面建成小康社会、打好污染防治攻坚战的大背景下，环保设备和技术将会有广阔的市场。另一方面，生态环境的改善能够让人"进得来"。首先，优美的环境是城市靓丽的名片，能够促进生态旅游的发展，吸引更多的游客前来观光，留下 GDP、带走好印象，充分释放"国家生态市""全国第一批生态文明先行示范区"的红利。其次，"良禽择木而栖"，优美的城市环境能够助力淮安人才战略的实施。用舒适宜居的自然环境、风清气正的社会环境留住在淮安毕业的大学生、召回外出求学的淮安籍毕业生、唤起在外打拼的淮安"乡贤"的思乡之情、吸引各地行业精英来淮创业就业，使淮安成为"群贤毕至，少长咸集"的人才高地。③促进绿色发展，倒逼地区产业升级。生态经济区是注重生态的经济区而不是单纯的保护区，但与此同时，生态经济区对区域内的产业提出了更高的要求。淮安当前的工业体系中还有不少高污染、高能耗的企业，这些企业在创造 GDP 的同时牺牲了自然环境。此外，这些企业通常处于产业链的底端，附加值低、对应的市场已接近饱和，作为夕阳产业很难再产生较强的辐射带动能力，也无助于淮安在新时代参与区域分工合作。生态经济区的划设迫使这些企业转型升级或停产搬迁，这会给淮安的高水平对外开放创造新的机会。一方面，江淮生态经济区的划设能够提高淮安"引进来"的质量水平，帮助淮安实现高水平的对外开放。首先，夕阳产业在发展绿色经济的背景下面临被淘汰的风险，从保障就业和保持本地区经济稳步增长的角度出发，需要引进先进的技术设备、经营管理理念来帮助这些产业实现转型升级，进而促进淮安整体产业结构的升级。其次，一些最终被淘汰的企业会让出原本占用的生产要素，这为扩大招商引资提供了充足的资源，使更多的绿色产业、高端产业入驻淮安，使淮安的产业结构更加优化。另一方面，江淮生态经济区的划设能够提高淮安"走出去"的质量水平，帮助淮安实现高水平的对外开放。首先，传统产业的转型升级能够使其生产过程更加的绿色环保，使其生产的产品具有更高的附加值、面向更高端的市场，优化淮安输出产品的结构。其次，江淮生态经济区注重生态的属性将会吸引环保相关领域的企业扎根淮安，进而形成绿色产业集群，在促进本地区生态环境改善的同时，也能够对外输出相关的环保设备、技术，使淮安不仅自身成为生态之城，还能协助更多的城市解决环境污染问题。

（2）大运河文化带。京杭大运河是世界上里程最长、工程最大的古代运河，也是最古老的运河之一，与长城、坎儿井并称为中国古代的三项伟大工程，并且使用至今，是中国古代劳动人民创造的一项伟大工程，是中国文化地位的象征之一。大运河南起余杭（今杭州），北到涿郡（今北京），途经今浙江、江苏、山东、河北四省及天津、北京两市，贯通海河、黄河、淮河、长江、钱塘江五大水系，主要水源为南四湖（山东省微山县微山湖），全长约1797千米。2014年，中国京杭大运河成功申遗，为沿线优质文化资源的整合提供了前所未有的机遇。大运河文化带是以大运河文化为内核，以保护、传承、利用为主线，以带状地理空间为载体，以区域交通束为基础，以沿线城镇为发展主体，集遗产与生态保护、经济与社会发展、文化与休闲游憩等多种功能于一体的综合性文化功能区域。淮安历史上与苏州、杭州、扬州并称运河沿线的"四大都市"，曾"因运而兴、因运而盛"，有"中国运河之都"的美誉，因此更要抓住这一机遇，加快文化旅游产业的对外开放。①助力淮安建设历史文化名城。淮安作为大运河申遗的重要节点之一，共有遗产区2处（清口枢纽、漕运总督遗址），河道1段（淮扬运河淮安段）、遗产点5处（清口枢纽、双金闸、清江大闸、洪泽湖大堤、总督漕运公署遗址）被列入。除大运河，淮安还有里运河文化长廊、文通塔、镇淮楼、韩信故里、水下泗州城、明祖陵、吴承恩故居、梁红玉祠、关天培祠、周恩来故里景区、周恩来童年读书处、古淮河生态文化园等众多人文景观。总的来看，作为第二批入选历史文化名城的城市，淮安历史文化资源十分丰富，具有很大的发展潜力。应当围绕把大运河文化带建设成为高品位的文化长廊、高颜值的生态长廊、高效益的经济长廊三大规划重点，推进大运河历史研究，开展大运河文化交流，做好大运河题材文艺作品规划，扶持具有鲜明运河特点、风格、气派的文创精品；打造一批凸显大运河文化特色的节庆、会展、演艺、民俗等品牌活动，用艺术再现大运河文化底蕴；同时，深入挖掘其他人文景点的文化价值，与时代背景相结合，与特色小镇、动漫影视、旅游产品等有机融合，用人民喜闻乐见的形式打造属于淮安的特色IP，向全世界讲好淮安故事。②促进淮安生态文旅产业发展。除大运河，淮安还有烟波浩渺的中国第四大淡水湖——洪泽湖，有水上长城——洪泽湖大堤，有被誉为"江苏九寨沟"的铁山寺自然保护区，有国家级森林公园盱眙第一山，有农业观光好去处金湖荷花荡。

淮安共有国家 A 级旅游景区 42 家，其中淮安周恩来故里旅游景区获批为国家 AAAAA 级旅游景区，AAAA 级 16 家；省星级乡村旅游区 52 家，省级自驾游基地 3 家、旅游度假区 2 家、工业旅游区 2 家、生态旅游示范区 2 家，省旅游风情小镇 1 家。星级旅游饭店 29 家。旅行社 110 家，其中四星级旅行社 2 家、出境社 5 家。持有电子导游证导游 2013 人。西游乐园、白马湖生态旅游度假区二期、中国漕运城、金湖水上森林休闲旅游度假区、萧湖景区生态旅游二期等，被列为 2018 年省级重点旅游项目。

从图 7-2 可以看出，淮安旅游业呈较快的增长趋势，"大运河文化带"的建设将成为旅游业新的增长极，进一步促进淮安旅游业的发展。淮安可以积极地采取行动，引导旅游业从观光休闲游拓展到生态养生游、深度文化游等更高附加值的模式。同时，注重运河沿线生态环境保护、修复，让大运河不仅能绵延千里，更能流传万年。

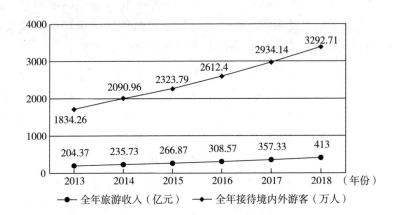

图 7-2　2013~2018 年淮安旅游业发展趋势

资料来源：《淮安市统计年鉴》（2014~2019）。

（3）航空货运枢纽。淮安地处江苏中部，水陆交通便捷，境内公路网、铁路网、内河航道密布，具有建设航空货运枢纽的良好基础。《淮河生态经济带发展规划》中明确指出，要推进淮安航空货运枢纽建设，这为淮安涟水机场未来的发展定下了总的基调。航空货运产业有着很强的辐射带动能力，为配合航空货运枢纽的建设，应当以淮安涟水机场为中心建设空港产业园，而空港的地位一旦形成，便会刺激本地区航空配套产业的发展，成为城市经济发展新的引擎。

促进高端制造业发展。为了维持航空货运枢纽的正常运转，飞机的维护保养，飞机零配件的生产制造，地勤保障车辆、装置的制造和维修，安检、安防设备的维护等工作应当能在本地及时完成，淮安的高端制造业将在市场需求的推动下向着更加高精尖的方向发展。

促进仓储行业发展。航空货运枢纽作为中转站，需要配有充足的仓储资源，考虑到通过航空运输的货物一般为贵重物品、鲜活货物、精密仪器等，这对仓储环境提出了更高的要求，将会带动安保、安防、冷链等更多专业服务的发展。

促进物流产业发展。地面交通的发达程度决定了航空枢纽能否取得成功，它反映的是一个机场通过航空以外的其他运输方式与航空运输的有效链接从而增加辐射区域的范围和能力。淮安交通运输便捷，淮安境内有京沪、宁宿徐、淮盐、宿淮、宁淮5条高速公路，有新长、宿淮沪通、连盐淮铁路以及正在建设中的徐宿淮盐、连淮扬镇、宁淮、沂淮等高铁项目，目前已有顺丰、中通、圆通、申通、百世、韵达、天天等物流公司在淮安建立集散中心并作为其在苏北地区的唯一区域运营中心。未来，航空货运枢纽将与陆路交通网实现空铁联运、空陆联运，"零距离换装，无缝隙衔接"的物流体系建设，将会进一步巩固淮安作为苏北物流中心的地位。

促进跨境电商发展。以往受制于物流运输方式，许多淮安本地产品，尤其是特色农产品，只能在国内销售，出口规模有限。一旦航空货运枢纽建立起来，跨境电商将会迎来新一轮的发展高峰期，淮安的特色农产品也有望能进入国际市场，以最新鲜的状态被端上外国人的餐桌。

与之同时，淮安港包括市区、淮安、淮阴、盱眙、涟水、洪泽和金湖港区，以原材料、能源等大宗散杂货以及集装箱运输为主。2018年印发的《江苏省内河港口布局规划（2017—2035年）》中明确提出要将淮安港逐步建设成为国家主要港口，将淮安新港作业区发展成为区域集装箱运输的综合性大型枢纽作业区，将黄码作业区加快发展成为区域物流枢纽，淮阴城东作业区主要服务于淮阴工业园区及淮安经济开发区。明确的发展规划进一步提升了淮安在要素配置上的能力和在区域内的影响力。淮安自古就是"运河之都""因运而兴"，是明清时期的漕运指挥中心、河道治理中心、漕粮转运中心、漕船制造中心、盐榷税务中心，具有发展内河航运的天然优势。借助建成国家主要港口的规划安排，淮安可以按照运输枢纽的标准建设集装箱集散中心，在相关港口作业区高标准建设集装箱产业园，打造集装箱运输产业的全产业链，切实提高淮安在内河航运中的作用、地位。同时，通过借港出海、江海联运，淮安可以重点布局煤炭、建材、铁矿石的"换乘"产业，将公路、铁路运输来的煤炭、建材装船发出，将远洋运输来的进口铁矿石卸船转运，着力提升运输效率，降低企业物流成本，使淮安成为联运中转的最佳选择。淮安曾"因运而兴"，未来也将"因运而盛"。

二、淮安市推进全方位高水平对外开放面临的新挑战

当前，世界百年未有之大变局加速演进，中国特色社会主义进入新时代，淮安市推进全方位高水平对外开放的外部环境和内部条件都在发生深刻复杂的变化。

1. 外部经济形势变化带来的新挑战

（1）外贸结构不合理对淮安市全方位高水平对外开放提出的新挑战。

其一，外贸步伐加快，外向型经济不强。2000 年以来，淮安市先后与美国、日本、欧盟等国家和地区建立了贸易往来，正逐渐融入经济全球化。自 2008 年淮安受国际金融危机的影响，淮安市对外贸易增速减缓，对外贸易总量相对较小，但发展潜力巨大。2018 年淮安市外贸进出口总额 50.1 亿美元，比上年增长 8.1%，总量创历史新高。其中，出口 33.7 亿美元，增长 12.1%；进口 16.4 亿美元，增长 0.6%。机电和高新技术产品出口占比 40% 以上；一般贸易进出口占货物进出口比重 58.6%。全市有进出口实绩企业 934 户，较上年增加 71 户，进出口超亿美元企业 11 户。新设境外投资项目 10 个，完成外经营业额 1.73 亿美元，增长 10.8%。根据 2018 年淮安海关统计数据显示，淮安的外贸进出口实现了增长，淮安市累计实现外贸进出口 50.1 亿美元，同比增长 8.06%（见表 7-3）。

同时，表 7-3 也表明，近几年淮安市实际利用外资从绝对量和相对量上出现了停滞不前的现象，出口额和进出口总额增长较为缓慢。虽然淮安在江苏省各市中进出口额的增速较快，但是淮安市 2018 年进出口额的排名倒数第二，外向型经济不强（见表 7-4）。

表 7-3 2006~2018 年淮安市实际利用外资金额、进出口贸易总额及出口贸易额

单位：亿美元

年份	实际利用外资额	出口额	进出口总额
2006	1.16	6.59	10.23
2007	2.86	9.20	14.48
2008	3.60	11.94	17.82
2009	5.47	15.36	21.40
2010	10.10	14.95	21.70
2011	16.20	18.40	28.50
2012	21.21	33.66	42.40
2013	11.52	31.60	41.10
2014	11.99	27.82	36.02
2015	12.10	30.10	41.30
2016	11.61	26.98	35.04
2017	11.78	30.03	46.36
2018	11.82	33.70	50.10

资料来源：《淮安市统计年鉴》(2007~2019)。

表 7-4 2018 年江苏省各市进出口额排名汇总

排名	城市	进出口额（亿美元）	名义增速（%）
1	苏州	3541.14	12.0
2	无锡	934.44	15.0
3	南京	654.91	7.0
4	南通	385.91	10.8
5	常州	343.86	10.0
6	泰州	147.30	13.8
7	扬州	119.93	11.1
8	镇江	118.39	12.4
9	徐州	117.44	50.5
10	连云港	95.51	16.3
11	盐城	95.49	10.4
12	淮安	50.10	8.1
13	宿迁	36.01	22.2

资料来源：《江苏省统计年鉴(2019)》。

其二，外贸市场过于集中。自 2018 年 3 月 23 日美国正式签署关于从中国进口的 600 亿美元商品提高关税的贸易备忘录，中美贸易摩擦正式开启。之后的陆续几个月，美国更是通过扩大加征关税的商品范围和总额来对中国进行贸易制裁。2018 年 6 月 15 日，美国宣布对来自中国的 500 亿美元进口产品加征 25% 的关税；6 月 18 日，美国宣布针对价值 2000 亿的中国商品加征 10% 的额外关税；7 月 6 日，美国决定对价值 340 亿美元的中国产品加征 25% 关税；7 月 10 日，美国公布加征从中国进口的 2000 亿美元商品关税清单。可见，中美贸易摩擦步步升级。虽然我国也相应扩大征税税目并提高关税税率至同等水平，但是 2018 年我国从美国进口的商品总额（1551.0 亿美元）远小于我国出口美国的商品总额（4784.2 亿美元），中国在贸易摩擦中可能处于劣势。

欧美市场是淮安市外贸企业的主要出口市场。据海关统计，2018 年淮安市实现外贸进出口总值 330.3 亿元，美国、欧盟和东盟贸易占比为50.5%，其中美国占比为 20.2%，为第一大贸易伙伴。2018 年，淮安市对美国、欧盟和东盟分别进出口 66.7 亿元、56.1 亿元和 44.2 亿元。对日本进出口增长虽然较快，增长 49.3%，但进出口仅 23.5 亿元，基数较小。随着中美贸易摩擦愈演愈烈，美国等西方国家纷纷对华建立起关税壁垒，淮安市对外贸易经济必将受到一定程度的打击。近年来，淮安市对亚洲、非洲、拉丁美洲等新兴市场国家的对外贸易虽然得到了拓展，但这些新兴外贸市场尚不能代替传统外贸市场的主导地位。因此，如何调整淮安市外贸经济结构，推进外向型经济建设，增强淮安市抵御国际风险的能力就成了淮安市全方位、高水平提升对外开放水平的重要课题。

其三，一般贸易占比虽大幅提升，但加工贸易附加值偏低。2018 年淮安市一般贸易进出口 193.1 亿元，占全市外贸总值的 58.5%。与此同时，加工贸易进出口 132.8 亿元，占 40.2%。淮安市加工贸易附加值依然偏低。

由此可见，近年来淮安市进出口贸易发展势头良好，但外向型经济不强，加上美国对华加征关税，淮安寻求外资、外贸、外经这"三外"联动难度较大。淮安市对外贸易整体上存在着规模较小，对外依存度较高，对外经济体系较为脆弱的特点。基于这些特点，全球经济不景气，贸易壁垒高筑的国际恶劣环境将给淮安市对外开放带来新的挑战。

（2）"逆全球化"思潮涌动，贸易保护主义和内顾倾向上升对淮安市全方位高水平对外开放提出了新挑战。2014 年 WTO 发布了一份最新的研究报告，报告表明贸易保护主义已经抬头。事实上，在对中国发动贸易摩擦的同时，美国对其西方盟友同样挥舞起关税大棒，西方各国出于反制也纷纷筑起关税高墙，贸易保护主义和逆全球化趋势日益明显，对全球经济发展已产生较大的负面影响。在全球贸易方面，联合国于 2019 年 5 月发布的《2019 年世界经济形势与展望》报告指出，在全球贸易摩擦加剧的情况下，2018 年全球贸易增长放缓，从 2017 年的 5.3% 降至 3.6%，2019 年可能进一步降至 2.7%。这两年的全球贸易增长数据与 2007 年、2008 年的数据不可同日而语，当时全球贸易增长大约在 7.5% 的水平，超过当时全球 GDP 增速的一倍，现在则大幅下降，所以目前全球贸易情况并不乐观。在全球投资方面，联合国贸发会议于 2019 年 6 月发布的《2019 年世界投资报告》指出，受美国税改政策以及部分经济体加强外资项目审查的影响，2018 年全球外商直接投资（FDI）同比下降 13%，降至 1.3 万亿美元。近几年全球 FDI 数值远低于 2007 年的峰值。由此可以看出，现在全球的资本一改过去多年对外扩张的欲望和对全球投资的积极性，而处于相对保守的状态。从金融市场角度来看，已多年未受到重视的黄金的避险功能在增强，这也表明全球对现有的金融体系的担忧。上述数据表明，在贸易保护主义和对外投资约束的多重影响下，全球贸易和投资缺乏新的增长动力。

与中国的"稳外贸""稳外资"政策相反，境外各主要发达国家（如 G7 的所有成员国）正在不断加强对外国投资者在国内投资的政府审查，欧盟也正在谋划出台一项其成员国之间关于外国投资审查的联动机制。外国投资审查的核心，通常在于确认本国的国家安全是否会因某一特定交易而受到不利影响，通常会引起关注的行业主要包括基建、能源、运输、国防、军工、电信通信、医疗卫生、高新技术（半导体）、军民两用设备、核技术等。这些恰恰是中国企业"走出去"的热门领域，因此受到的冲击也将会最多。在逆全球化思潮的影响下，淮安市外贸企业过度依赖欧美市场必将对淮安市全方位高水平对外开放提出全新的挑战。

（3）淮安实际利用外资能力有待提升。2018 年淮安新设外资项目 168 个，实际到账注册外资 11.8 亿美元（省口径），比上年增长 0.3%。新设总投资 3000 万美元以上外资项目 73 个，其中 1 亿美元以上项目 16 个；制造业实际利用外资占比 40%，和兴汽车被认定为全省跨国公司地区总部。台资高地建设加快推进，新引进及增资台资项目 48 个，其中超千万美元项目数增长 45%，连续 7 年获评台商投资"极力推荐城市"。2018 年，淮安市实际利用外资 10.4 亿美元；进出口总额 50.1 亿美元，其中出口总额 33.67 亿美元；完成外经营业额 1.73 亿美元。而 2017 年淮安市实际利用外资 11.78 亿美元；进出口总额 46.36 亿美元，其中出口总额 30.03 亿美元；完成外经营业额 1.56 亿美元（见图 7-3）。2018 年淮安市实际利用外资相比 2017 年下降了 11.5%。

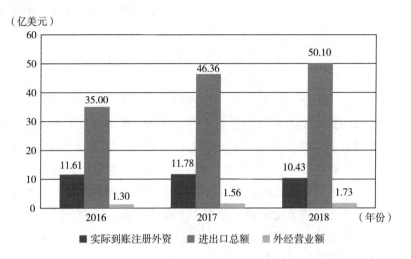

图 7-3　2016～2018 年淮安市外资利用情况

资料来源：《淮安市统计年鉴》（2017～2019）。

　　淮安市实际利用外资能力是否得到提升必将对淮安市全方位高水平对外开放提出全新的挑战。

2. 内部经济形势变化带来的新挑战

　　（1）中国经济转型带给淮安市全方位高水平对外开放的新挑战。党的十八大以来，以习近平同志为核心的党中央总揽战略全局，推进对外开放理论和实践创新，确立开放发展新理念，实施共建"一带一路"倡议，加快构建开放型经济新体制，倡导发展开放型世界经济，积极参与全球经济治理，更高水平的开放格局正在形成。当今世界正处于大发展大变革大调整时期，我国经济正处在转变发展方式、优化经济结构、转换增长动力的攻关期，对外开放面临的国内外形势正在发生深刻复杂变化，机遇前所未有，挑战前所未有，机遇大于挑战。从国内看，加快培育竞争新优势成为我国开放型经济的发展方向。当前，我国人均国内生产总值已突破 8000美元，这是个发展关口。我国劳动力成本持续攀升，资源约束日益趋紧，环境承载能力接近上限，加快转变发展方式、优化经济结构、转换增长动力的任务更加紧迫。如何推动我国经济由高速增长阶段向高质量发展阶段转变，从而实现质量变革、效率变革、动力变革，是对外开放工作必须把握的主攻方向。当前我国经济结构转型升级步伐加快，从顶层设计到细化部署，以创新驱动为主线，发挥区域示范效应，消费升级、制造升级以及新兴技术研发应用是引导经济高质量发展的三大方向，中国已进入经济结构转型期。从中长期角度看，中国正从增量经济向存量经济转变，从投资拉动转换为消费驱动，供给端人口红利减弱、资本积累放缓、全要素生产率提升有限，结构性改革势在必行；从短期角度看，三大需求的结构性改善已开始呈现变化，消费升级、投资转向新基建以及高端制造业的"进口替代"现象增加。

产业政策引导叠加区域示范提速助力新经济转型。产业政策聚焦创新驱动产业智能化、信息化发展，通过制定发展规划和指导意见、定向税收优惠、产业基金投资等方式，支持智能服务、集成电路、创新药和医疗器械、信息基础设施建设等相关产业发展，重点发展信息产业、高端制造业和现代服务业。淮安市需要跟上祖国发展的大浪潮，加快自身经济发展步伐，优化产业结构，全方位高水平提高对外开放水平，争做时代弄潮儿。

（2）中国经济下行压力带给淮安市全方位高水平对外开放的新挑战。自2015年起，中国GDP增速25年来首次跌破7%，中国经济进入新常态。2018年我国经济"稳中有变，变中有忧"，GDP同比增速6.6%，比2017年回落了0.3个百分点，经济增长面临的下行压力加大。就工业而言，2018年1~11月，规模以上工业增加值同比增长6.3%，较2017年同期略微回落0.3个百分点，基本保持平稳。不过值得注意的是，工业的三大门类中，制造业增加值增速下滑幅度较为明显，2018年1~11月增速为6.6%，比2017年同期下降了0.6个百分点。消费方面，居民商品消费与服务消费增速双双放缓。2018年上半年城镇居民人均消费性支出增速为4.7%，不仅比2017年同期降低了0.4个百分点，而且是2014年以来的最低值。与此同时，2018年1~11月社会消费品零售增速为9.1%，比2017年同期下降1.2个百分点。剔除价格因素之后，2018年1~11月社会消费品零售实际增速仅为7.0%，比2017年同期下降2.4个百分点。

受国家经济下行压力影响，自2015年起淮安市经济增速首次跌破10%，2018年淮安市GDP达到3601.25亿元，同比增长6.5%，其中，第一产业增加值358.7亿元，增长3.1%；第二产业增加值1508.1亿元，增长4.9%；第三产业增加值1734.5亿元，增长8.8%。三次产业结构比例为

10.0∶41.8∶48.2，第三产业增加值占 GDP 比重比上年提升 0.6 个百分点。人均 GDP 达到 73203 元，按可比价格计算，增长 6.1%，按当年平均汇率折算为 11062 美元。但淮安市 GDP 增速比 2017 年下降了 0.9 个百分点。淮安市 GDP 在江苏省的排名靠后，面临着经济稳增长、扩总量与产业调结构、提质效的艰巨任务。淮安市在江苏各市的 GDP 排名以及人均 GDP 的排名均居倒数第三(见表 7-5)。

表 7-5　2018 年江苏省各市 GDP 汇总

排名	城市	2018 年 GDP(亿元)	2017 年末常住人口(万人)	人均 GDP(元)
1	苏州	18597.47	1068.36	174075
2	南京	12820.40	833.50	153814
3	无锡	11438.62	655.30	174555
4	南通	8427.00	730.50	115359
5	常州	7050.27	471.73	149456
6	徐州	6755.23	876.35	77084
7	盐城	5487.08	724.22	75765
8	扬州	5466.17	450.82	121250
9	泰州	5107.63	465.19	109797
10	镇江	4050.00	318.63	127107
11	淮安	3601.25	491.40	73286
12	连云港	2771.70	451.84	61343
13	宿迁	2750.72	491.46	55970

资料来源：《江苏省统计年鉴(2019)》。

2017 年，淮安市三次产业结构为 10.2∶42.2∶47.6，[①] 淮安市则处于工业化实现阶段的工业化中期(3)(见表 7-6)，其中涟水县、金湖县第三产业占三产比重较大，第二、第三产业占比低于 90%。而江苏整体已超过 90%。

表 7-6　2017 年苏北 20 个县按照三次产业结构划分工业化阶段

城市	区县	三次产业结构占 GDP(%)			工业化阶段
		第一产业	第二产业	第三产业	
淮安市	涟水县	13.8∶38.7∶47.5			工业化中期(3)
	盱眙县	14.2∶39.8∶46.0			工业化中期(3)
	金湖县	13.1∶37.8∶49.1			工业化中期(3)

资料来源：《江苏省统计年鉴(2018)》。

---

①　资料来源：《江苏省统计年鉴(2018)》。

2017 年，苏北五市人口城市化率为 61.99%。2017 年，淮安市的人口城市化率为 61.25%。从空间结构指标分析，苏北总体、淮安市处于工业化后期(4)（见表 7-7）。从整体上来说，淮安市经济社会发展面临着经济社会发展不平衡不充分、产业层次不高、科技创新能力不强等问题，实体经济面临着成本上升以及融资结构性矛盾，民生保障、公共服务等领域的诸多短板还有待提升等问题。

表 7-7　2017 年淮安市各县按照空间结构划分工业化阶段

城市	区县	工业化阶段	城市化率
淮安市	涟水县	工业化中期(3)	0.531
	盱眙县	工业化中期(3)	0.5404
	金湖县	工业化中期(3)	0.5414

资料来源：《江苏省统计年鉴（2018）》。

（3）淮安市基本公共服务有待加强。高质量的基本公共服务是淮安深入推进对外开放战略的重要保障。一方面，基本公共服务水平是城市生活环境、营商环境的最直观体现，外商进不进得来、外资留不留得住，很大程度上取决于城市基本公共服务水平；另一方面，完善的基本公共服务能够为本地区企业的生产经营提供良好的环境，降低制度成本、减少交易费用、提高生产效率，使产品在国内、国际市场上更具竞争力。近年来，淮安市在相关领域持续投入，基本公共服务水平不断提高，连续 7 年获评台商投资"极力推荐城市"，在参评的 112 个台商集中的大陆城市中排名第 13 位，比上年排名提高 6 位，显示出淮安投资环境的强大吸引力。

然而，随着淮安被纳入淮河生态经济带、江淮生态经济区等国家级、省级战略规划，被定位为苏北重要中心城市、航空货运枢纽，淮安市的功能定位也发生了巨大转变，原有的基本公共服务逐渐滞后于经济基础的发展。同时，推进淮安全方位高水平对外开放的战略规划对淮安市现有的基本公共服务也提出了更高的要求。为配合淮安转型升级、进一步扩大对外开放，淮安市的基本公共服务应当与时俱进。

从表 7-8 及图 7-4 可以看出，2017 年淮安市居民对基本公共服务体系的满意度总体略高于苏北地区平均值，低于苏中、全省平均值，更低于苏南地区平均值，这进一步表明淮安在基本公共服务方面仍然有待提高。

表7-8 2017年江苏省全省及各设区市居民对基本公共服务体系满意度的得分情况

地区	总分	基本公共教育	基本就业创业	基本社会保险	基本医疗卫生	基本社会服务	基本住房保障	基本公共文化体育	基本公共交通	环境保护基本公共服务	残疾人基本公共服务	基本公共安全服务
全省	75.2	76.1	73.1	75.2	71.4	75.5	72.8	81.4	80.7	71.1	71.1	78.2
苏南	77.1	76.9	77.0	75.9	72.8	77.7	74.3	89.2	82.9	74.7	72.6	80.0
苏中	74.3	76.8	71.4	75.3	69.5	74.1	73.0	80.8	79.2	70.5	69.5	77.6
苏北	73.6	74.9	69.8	74.3	71.1	74.1	71.2	80.1	79.3	67.7	70.5	76.6
南京市	74.3	73.1	73.3	80.1	71.9	74.0	70.7	79.7	79.9	67.7	67.0	77.8
无锡市	83.9	85.4	84.4	80.3	79.9	85.1	82.2	89.9	88.3	81.9	80.2	85.5
徐州市	71.0	73.8	68.9	72.2	69.9	70.7	68.4	79.3	75.7	58.0	69.2	75.3
常州市	77.1	77.6	76.5	74.8	71.5	77.8	75.0	84.8	84.6	73.6	72.2	79.4
苏州市	77.3	75.0	78.5	72.0	72.6	78.4	72.6	83.7	84.6	76.9	75.1	80.9
南通市	78.9	78.9	76.3	76.7	76.7	78.0	76.7	83.1	84.5	77.6	76.5	81.9
连云港市	69.5	71.2	62.3	70.7	69.0	70.5	67.7	73.1	76.5	66.7	64.2	72.9
淮安市	73.9	72.4	64.6	73.7	73.1	75.3	70.6	81.1	81.9	70.1	69.9	76.6
盐城市	74.9	76.9	74.7	75.0	69.9	75.3	73.6	79.7	79.9	69.3	71.9	77.4
扬州市	70.9	74.1	66.5	77.0	63.9	70.7	69.4	80.0	74.1	69.1	62.9	71.9
镇江市	73.5	74.8	73.1	73.1	69.1	73.7	72.1	76.3	76.6	72.5	69.5	77.2
泰州市	71.4	74.6	69.5	71.7	65.1	71.9	71.5	78.3	77.0	62.3	66.4	77.4
宿迁市	79.6	79.8	77.6	80.3	74.7	79.4	75.7	87.7	83.6	77.7	77.6	81.8

资料来源：《江苏省统计年鉴（2018）》。

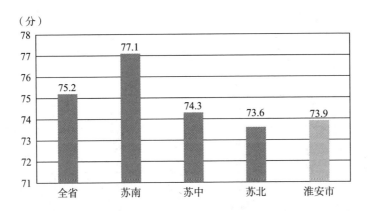

图 7-4 2017 年淮安市居民对基本公共服务体系的满意度对比

资料来源:《江苏省统计年鉴(2018)》。

其一,公共教育领域。2018 年,淮安市教育行业总支出 103.95 万元,同比增长 3%;小学学龄儿童净入学率和九年义务教育巩固率达到 100%,学前教育毛入园率 98.4%,同比下降 0.9%。截至 2018 年底,淮安共有普通高等学校 7 所,在校生数 7.18 万人,同比增加 2.5%;普通中等专业学校 15 所,相比上年减少了 2 所,在校生人数同比下降 7%;普通中学 196 所,相比上年增加了 12 所,在校生人数同比增加 10.37%。

通过与全省以及苏南、苏中、苏北地区居民对当地基本公共教育满意度的对比中可以看出(见图 7-5),淮安市在教育领域的表现有待提高,虽然义务教育的覆盖程度很高,但优质教育资源的分布需要进一步优化。技能型人才、中高层次人才依然存在短缺的现象,应当增加对高等、中等教育领域的投入,顺应淮安市转型升级的时代要求,培养面向不同领域、不同层次的人才。

其二,公共医疗卫生领域。2018 年,淮安市人均基本公共卫生服务经费标准与 2017 年基本持平;卫生行业总收入 113.38 万元,同比增长 10.1%;卫生行业总支出 109.7 万元,同比增长 10.7%。截至 2018 年底,全市医疗卫生机构共 2229 家,相比上年增加了 45 家;卫生机构床位数 29417 张,相比上年增加了 770 张;卫生技术人员数 34342 人,相比上年增加了 2032 人;卫生人员工作数 42826 人,相比上年增加了 1414 人。

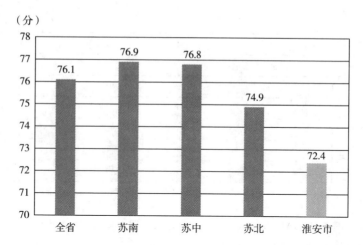

图 7-5 淮安市居民对基本公共教育的满意度对比

资料来源:《江苏省统计年鉴(2019)》。

淮安市 2018 年卫生行业总收支较上一年增长幅度较大，居民对基本医疗卫生状况的满意度也超过全省的平均水平（见图 7-6），但是仍落后于无锡、南通和宿迁三市，医疗机构数量、卫生机构床位数、卫生技术人员和卫生工作人员数量等指标与苏南地区相比也还有很大的差距。同时，淮安市幅员辽阔，总面积在省内排第 3 位，扩大基本医疗卫生服务的覆盖范围需要更多的投入。从当前状况来看，服务的范围、质量仍有很大的改善空间。

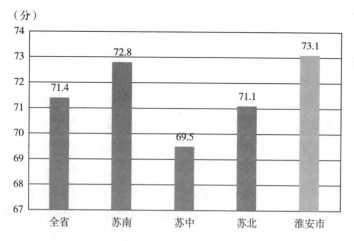

图 7-6 淮安市居民对基本医疗卫生的满意度对比

资料来源:《江苏省统计年鉴(2019)》。

其三，社会保障领域。2018 年淮安市基本养老保险参保人数 224.6 万人，同比增加 1.3%，城乡基本社会保险覆盖面达到 99.5%，同比增长 0.01%，城镇基本养老保险覆盖面达到 97.7%，城镇失业保险覆盖面达到 97.4%，五保人员集中供养率达到 20%，三无人员集中供养率达到 25%。2018 年淮安市新增农村劳动力转移就业人数 26064 人，新增城镇就业人数 6844 人，培训城乡劳动力人数 119743 人，同比下降 16%，城镇登记失业人数 1628 人，同比下降 17%。

淮安市社会保障覆盖面较广，但居民对基本社会保险的满意度低于苏南、苏中、苏北的平均水平（见图 7-7），反映出社会保障的质量、社会保障的落实情况没有达到预期。同时，在政策法规框架内，创新保障方式，赋予社会保障输血、造血的双重功能。

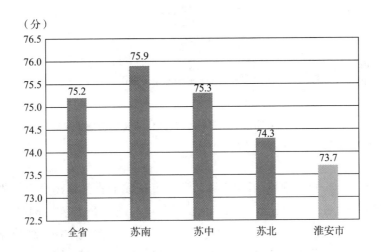

图 7-7　淮安市居民对基本社会保险的满意度对比

资料来源:《淮安市统计年鉴(2019)》。

其四，文化事业领域。截至 2018 年底，淮安市基本建成了"市有四馆、县有三馆、乡有一站、村有一室"四级公共文化设施网络体系，全市有市级、县(区)级文化馆 8 个，公共图书馆 9 个(含少儿)，美术馆 2 个，乡镇街道文化站 95 个，村(社区)基层综合性文化服务中心 1596 个。其中，国家一级文化馆 4 个、公共图书馆 7 个;人均公共文化设施面积 0.15 平方米，公共文化服务设施覆盖率 92.8%;全市新增公共文化设施面积 33.66

万平方米，人均拥有公共文化设施面积 0.22 平方米。

淮安市的公共文化服务水平还在发展阶段，与省内发达地区相比还有差距(见图 7-8)，文体产品和文体服务供给能力需要进一步提升，人民群众的精神文化生活和体育健身活动需要进一步丰富，城乡公共文化服务体系需要不断完善。

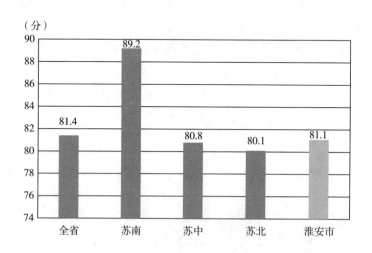

图 7-8 淮安市居民对基本公共文化体育的满意度对比

资料来源：《淮安市统计年鉴(2019)》。

其五，公共交通领域。2018 年，淮安市完成干线公路建设市计划项目投资 18.85 亿元，建成通车 17.28 千米；全年推进 855 千米共 31 个项目前期工作。2018 年，淮安市公路总里程 13435.93 千米，其中一级公路里程 749.46 千米，二级公路 1633.9 千米，镇村公共交通开通率达到了 100%，相比去年增加了 15.52%，投入公交汽车运营车辆 2616 辆，公共交通事业取得了一定成绩。

从省内各地区平均值来看，淮安居民对公共交通的满意度较高(见图 7-9)，但从淮安未来发展角度看，融入南京都市圈、建成航空货运枢纽、苏北重要中心城市对淮安的交通网络提出了更高的要求。淮安市目前国省干线公路总体运行一般，部分干线公路服务水平较低，高速公路、一级公路、二级公路的比重只有 12.62%，高等级公路比例偏少，路网等级结构不尽合理。同时，淮安客货运场站数量少、等级低、规模小、布局不合理，不能满足淮安市未来发展需要。

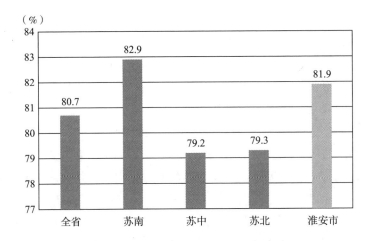

图 7-9 淮安市居民对基本公共交通的满意度对比

资料来源：《淮安市统计年鉴（2019）》。

综上可知，淮安市基本公共服务存在着服务绩效不高，基层设施利用率不足；民生财政的投入效率不高，各项事业的信息化水平不高；城乡之间公共服务基础设施差距明显，外来流动人口在获得基本公共服务方面存在障碍；基本公共服务缺乏地方性法律法规支撑，服务制度不统一、服务标准差别较大；政府购买服务机制尚未建立等问题。未来需要根据以上暴露出来的问题，有针对性地加大资源投入，进一步扩大基本公共服务覆盖的广度和深度，充分发挥基本公共服务在淮安推进对外开放工作中的辅助作用，切实提高基本公共服务给淮安居民、企业带来的获得感、幸福感。

三、新时代淮安市推进全方位高水平对外开放面临的新要求

1. 习近平总书记"把周总理家乡建设好"的嘱托

（1）学习周恩来精神。在中国特色社会主义进入新时代的今天，学习周恩来同志，就是要紧密团结在以习近平同志为核心的党中央周围，高举习近平新时代中国特色社会主义思想伟大旗帜，深入学习贯彻党的十九大精神，传承党的红色基因，发扬党的优良传统，不忘初心、牢记使命，努力朝着全面建成社会主义现代化强国、实现中华民族伟大复兴的中国梦的

宏伟目标奋勇前进。

周恩来同志注重把马克思主义基本原理同中国实际结合起来，认真总结中国革命、建设的经验，深入进行思考，深刻阐释党的理论和路线方针政策，在政治、经济、文化、教育、科技、军事、外交、统战和党的建设等领域都作出了重要论述。要以周恩来同志为榜样，切实加强党性锻炼，坚定理想信念宗旨，牢固树立"四个意识"，不断增强"四个自信"，自觉做到"四个服从"，坚决维护以习近平同志为核心的党中央权威和集中统一领导，在政治立场、政治方向、政治原则、政治道路上同党中央保持高度一致，以实际行动彰显对党忠诚、为党分忧、为党尽职、为民造福的根本政治担当。

努力学习周恩来同志光明磊落、无限忠诚的政治品格，牢记宗旨、一心为民的公仆情怀，艰苦奋斗、实事求是的优良作风，严以律己、清正廉洁的高尚情操，更加紧密地团结在以习近平同志为核心的党中央周围，坚持以习近平新时代中国特色社会主义思想为指导，不忘初心、牢记使命，开拓进取、苦干实干，为决胜全面建成小康社会、夺取新时代中国特色社会主义伟大胜利、实现中华民族伟大复兴的中国梦而不懈奋斗！

（2）宣传周恩来精神。周恩来同志崇高坚定的理想信念、无限忠诚的政治品格、一心为民的公仆情怀、实事求是的工作作风、清正廉洁的高尚情操，感召和激励着一代代淮安人不懈奋斗、奋勇前行。淮安市委号召全市党员干部大力弘扬"周恩来精神"，充分利用周恩来纪念馆、恩来干部学院等红色资源；广泛宣传周恩来同志"十条家规"；通过在淮安设立"周恩来红军小学"、教育引导广大青少年学习周恩来精神、树立远大志向，培育社会主义核心价值观。

2013年全国两会的时候，习近平总书记到江苏代表团参加审议时曾嘱托"淮安人杰地灵，把周总理家乡建设好，很有象征意义"。为了按照总书记嘱托建设好周总理的家乡，淮安市提出了"两个目标"：一是全面建成小康社会，二是建设苏北重要中心城市。围绕这"两个目标"，淮安梳理了地方发展战略，提出"六大战略"，即工业强市、开放引领、创新驱动、全民创业、城乡一体化和生态优先。这是淮安实现中华民族伟大复兴的中国梦、承担更多责任的一种自觉行为。为了进一步推进淮安市全方位高水平对外开放，学习周恩来同志的精神以及贯彻落实"两个目标"和"六大战略"是必不可少的内容。

习近平总书记在纪念周恩来同志诞辰120周年座谈会重要讲话中，用六个"杰出楷模"对周恩来精神内涵作了深刻论述，强调周恩来同志是新中国外交的奠基者、主要决策人之一和直接指挥者，在长期外交实践中形成了许多重要的外交思想。他创造性地提出和平共处五项原则，成为中国外交政策的基石。他主张把"求同存异"作为处理不同社会制度国家间各种矛盾和分歧的基本原则和方法，在国际上产生深远影响。周恩来同志强调要正确处理各种关系，做到统筹全局、全面安排、综合平衡、协调发展，强调建设社会主义强国"关键在实现科学技术现代化"；重视发展对外贸易和经济合作，反对关起门来搞建设，强调"我们不排外，但必须提倡民族化"。

淮安深入学习贯彻习近平新时代中国特色社会主义思想和党的十九大精神，准确把握六个"杰出楷模"精神内涵和时代意义，牢记总书记对淮安提出的"把周总理家乡建设好，很有象征意义"嘱托要求，积极开展"践行周恩来精神，建好周总理家乡"专题教育实践活动，切实将周恩来精神内化为精神追求、外化为发展力量，奋力谱写新时代崛起江淮的精彩篇章，为建设社会主义现代化强国、实现中华民族伟大复兴的中国梦贡献淮安力量。

（3）践行周恩来精神。紧密团结在以习近平同志为核心的党中央周围，深入学习贯彻习近平新时代中国特色社会主义思想和党的十九大精神，继承和发扬老一辈无产阶级革命家开创的事业，为坚持和发展中国特色社会主义、实现中华民族伟大复兴的中国梦而不懈奋斗。周恩来同志坚决贯彻毛泽东主席"一定要把淮河修好"的指示精神，亲自制定了"蓄泄兼筹，以达根治之目的"的治淮总方针，批准了苏北灌溉总渠、江都水利枢纽等一系列大型骨干工程。周恩来同志对家乡充满深情，却从不利用感情代替政策，从不利用手中权力给家乡任何特殊照顾。他谆谆教诲家乡干部，办事情要顾全大局，不要只想着自己那块小天地，不要有丝毫特殊化思想，要靠家乡人民的聪明才智，自力更生、艰苦创业，建设美好家园。

淮安围绕"包容天下、崛起江淮"，打造属于自己的城市名片、城市精神，建设好周总理的家乡。在周恩来精神的指引下，在"三创三先"精神激励下，淮安应当提升自己的精神，即淮安精神。在这种精神的感召下淮安能够凝聚起更加强大的发展力量。建设淮安精神需要做好四个结合：第一，在改革上做出新的文章，结合各方面的力量来共同攻克一些难关。第二，针对淮安的实际情况，要把新时期淮安精神的实践和我们跨越发展结合起来。第三，新时期淮安精神，要和党的群众路线教育实践活动紧密地结合起来。第四，要把践行城市精神和提升城市形象结合起来。与此同时，全面推进深化改革，重点打造地方特色。淮安作为一个地级市，将争取形成自己的一些改革的品牌、改革的特色：一是以八项工程为主战场，二是以五大突破为主攻点，三是以两个创新为主品牌。

"十三五"时期，淮安市以"牢记总书记嘱托，建好周总理家乡"为引领，以"打造增长极，共筑崛起梦"为统揽，认真落实新发展理念和省"七大战略"，确保与全省同步全面建成小康社会，使淮安市成为苏北乃至更大区域的重要增长极。在"十四五"时期，淮安市还应当继续抢抓国家重大战略叠加机遇，着力拓展区域发展新空间，释放国家战略叠加的乘数效应。抢抓供给侧结构性改革窗口机遇，着力增强经济增长新动能。围绕"三去一降一补"，推出一批具有重大牵引作用的改革举措。着力打造"4+2"优势特色产业升级版。除此之外，淮安市还应当进一步开展对外开放，全力拓宽招商渠道，打造区域性外资集聚高地。放大保税区、留创园等平台功能，探索中外合作建设开发园。

建设好周总理家乡，重现运河时代辉煌，一直是淮安人的光荣与梦想、孜孜不倦的追求。中央和历届江苏省委、省政府也都十分重视淮安的发展。鉴于淮安既不沿江也不靠海的实际，省委、省政府为淮安量身打造个性政策扶持，于2011年出台了《关于加快淮安苏北重要中心城市建设的意见》，从省级层面确立了淮安的发展定位，标志着区域发展步入"淮安时刻"。为了更好地将淮安建设为苏北中心城市，应当高站位谋划中心城市建设，大力实施工业强市、开放引领、创新驱动、全民创业、城乡一体化和生态优先"六大战略"，全力推动优势特色产业、县域经济、对内对外开放、区域创新、新型城镇化五个重点领域迅速突破，努力实现发展路径、指标、形象和贡献"四个跨越"；坚持一张蓝图绘到底，明确路线图、任务书、时间表、细化分解、明确责任，按序时推进；确立科学考核风向标，实现发展导向、干事导向、争先导向和用人导向相一致。

建设苏北重要中心城市，关键在提升城市的要素吸引力、产业集聚力、市场竞争力和区域带动力。必须将城市空间作为有生命的整体来谋划，为中心城市建设增添新的动力、开辟新的空间；必须依靠产业支撑、片区支撑和文化支撑，提升综合功能，形成强大的对内集聚吸纳力和对外辐射带动力。在具体工作中，他们全力推动现代产业高地、综合交通枢纽、区域要素市场、特色服务基地、文旅商贸中心、美丽幸福家园建设，着力筑牢中心城市"六根支柱"。全市上下始终围绕"六根支柱"抓项目、壮实力、聚人气、强功能、树形象，苏北重要中心城市正从蓝图迈向现实。

如今，我国处在"两个一百年"奋斗目标的历史交汇期，淮安发展正站在新的历史起点上。淮安以习近平新时代中国特色社会主义思想为指导，认真贯彻落实党的十九大精神，扎实推进各项工作，积极进行基本现代化建设新探索，努力在高质量发展上走在全国前列。牢记习近平总书记要求"把周总理的家乡建设好，具有象征意义"的嘱托，奋发进取、扎实工作，努力把周恩来同志的家乡建设得更加美好。

2. 基于"东融西拓、南联北接"的基本构想，全方位高水平拓展对外开放空间

2019 年以来，淮安市实施"东融西拓、南联北接"重大战略取得突破，"一区两带一枢纽"战略发展空间格局也已确立，发展空间进一步拓展。

（1）东向上。加快融入沿海大开发，实质性参与省沿海发展联合会运作，积极推动"一带一路"（江苏沿海）发展投资基金与淮安市总投资 289.7 亿元的 10 个项目进行对接，并达成初步投资意向。淮安应当更加注重从全局谋划一域、以一域服务全局，努力在苏北地区推进共建"一带一路"中发挥带动作用，在推进淮河生态经济带发展中发挥示范作用。淮安要积极融入"一带一路"倡议，坚定不移地实行对外开放。淮安市要积极打造内陆开放高地，加深开放程度，进一步建设大平台，整合资源要素，增强集聚辐射能力，推动完善开放平台体系，丰富开放平台功能，促进开放平台协同，形成开放发展聚合效应，增强集聚辐射能力。淮安同时位于"一带一路"和淮河经济带上，具有明显的区位优势，应当借助良好的地理位置，打造国际物流枢纽，调整优化物流发展布局，引导物流产业企业向园区集聚发展，推动全市物流园区差异化、特色化发展；强化物流发展政策支撑，瞄准物流业发展趋势和重点领域，创新调整物流扶持政策，分类研究重点领域扶持发展专项政策。淮安参与"一带一路"建设，不仅是物流运输、进出口贸易，还要拓展到产业领域。要做大做强与"一带一路"沿线国家和地区的贸易往来，就要培育壮大各类开放主体，推动产业结构不断调整，拿出附加值较高的拳头产品。提高开放型经济水平，为各类市场主体营造国际化、法治化、便利化的一流营商环境。同时编制沿海开发三年行动计划，在基础设施互联互通、产业发展分工协作等方面明确时间表、路

线图和任务书。

（2）西向上。《规划》正式上升为国家发展战略，填补了国家发展战略直接覆盖淮安市的空白。2018年11月7日发表的《规划》对生态文明、特色产业、新型城镇和合作发展都做出了计划。为了推进全方位高水平的对外开放，应当与《规划》相结合，提出能够促进淮安市发展的切实可行的要求。第一，打造畅通高效淮河水道和健全立体交通网络。需要政府加快基础设施建设，加大对于水道航运和立体交通的投资，城市规划部门应当具有前瞻性思维，建立快速畅通的交通干道，要科学规划城市建设，政府部门要正确引导，要均衡发展，在城市发展上有待科学布局。第二，推进产业转型升级。产业转型升级关键是技术进步，对于引进的先进技术，要消化吸收，进而研究、改进和创新，构建属于自己的技术体系。产业转型升级需要政府行政法规的指导以及资金、政策支持，需要把产业转型升级与职工培训、再就业结合起来，推动战略性新兴产业健康发展，加快企业技术改造并且鼓励企业跨行业跨区域跨所有制兼并重组，大力支持小型微型企业发展。第三，增强自主创新能力。政府应当大力扶持一批拥有自主知识产权、自主创新能力强的重点企业，让淮安的企业走向国际舞台。同时，加强对知识产权的保护，大力改善科技人员的待遇。第四，加快对外开放平台建设、拓展国际经贸合作。政府应当加大对于港口、保税区的投入，加大对外国的合作力度，加强对进出口企业的重视，鼓励进出口企业的发展。第五，深化国内区域合作。应当积极谋划淮河生态经济带与长江经济带、长三角一体化等重大战略融合并进，加快推动淮河生态经济带和中原经济区、皖江经济带及苏鲁皖豫交界地区协同发展。

（3）南向上。全面融入江淮生态经济区、大运河文化带建设，高质量完成江淮生态经济区、大运河文化带，推动大量"淮安元素"融入国家和省规划。以大运河文化带建设为引领，有效释放大运河淮安段"黄金水道"的经济和社会效益。全面参与江淮生态经济区建设，出台淮安市古淮河保护规划，组织编制生态文旅水城规划，参与编制洪泽湖生态经济区实施方案，淮安生态底色得到有力彰显。宁淮挂钩深度合作规划落地实施，宁淮现代服务业集聚区申报省南北共建园区进展顺利，宁淮铁路列入长三角城市群城际铁路网规划。投身长三角一体化进程，积极参加长三角18次市长联席会议和首届长三角品牌博览会，成功加入新成立的2个专委会和4个联盟。17年来，宁淮合作取得了丰硕的成果。当前，南京江北新区建设不仅对南京、对全省乃至全国的发展都有着重要作用，对淮安的发展也是一个重大机遇。未来，淮安要在战略上依托江北新区、理念上学习江北新区、工作上对接江北新区、发展上服务江北新区。谋划"十三五"时期的发展时，淮安提出了"东融西拓、南联北接"的思路，积极对接融入国家战略。其中，南联是要积极对接南京江北新区、苏南现代化建设示范区，融入长江经济带战略。南京的高端创新资源、现代服务业资源等优质资源能够有力支撑淮安未来发展。领悟江北新区建设具有很强的引领性，学习江北新区发展建设理念对淮安发展具有很强的示范借鉴作用。将在重点项目、产业规划、发展平台等方面进一步对接好江北新区，不断深化宁淮合作，让两地合作项目更多、合作领域更广。淮安也将与江北新区共享特色资源，提供特色优质服务，做到优势互补、携手共同发展。

作为苏北重要中心城市的淮安，具有独特区位优势、特色的产业结构，在发展过程中江北新区与淮安能够优势互补、互相借力，双方合作的前景非常广阔。在深化宁淮合作中，南京也将主动做好对接，在更广领域和更大空间推进合作。推动宁淮挂钩深度合作。加快实施宁淮挂钩深度合作规划，宁淮现代服务业集聚区完成挂职干部压茬轮换、建成双创科技园等项目。获得南京市 1000 万元资金支持，5 家南北共建园区获省通报奖励。

（4）北向上。积极参与"一带一路"建设、沿东陇海线经济带建设，连淮扬镇、徐宿淮盐铁路等重大基础项目加快建设，助推基础设施互联互通。对口支援工作扎实推进，完成新疆生产建设兵团一师一团工业园区发展规划并移交第七师，签订与铁岭市对口合作框架协议。扎实推进对口合作与支援工作。签订 2018 年淮安市铁岭市对口合作框架协议、红色旅游合作项目协议，举办 2018 年辽宁（沈阳）农产品交易会暨铁岭—淮安展销会。2018 年，淮安对口援建新疆生产建设兵团第七师实施 20 个援建项目，累计完成投资 14798 万元。此外，推动各县区、园区各展所长做好"小援疆"自选动作，实施了一批批"小援疆"项目，兴办了一个个民生实事，累计援建资金达 1500 万元，县区、园区累计派出 36 名教师、医生到团场连队挂职支援，46 名团场干部职工到淮安对口县区挂职锻炼。高水准编制新疆生产建设兵团一师一团工业园区发展规划，进一步明确援藏援疆干部人才有关待遇，援疆工作持续走在全疆、全省前列。

2018 年，淮安市把建立更加有效的区域协调发展机制作为鲜明导向，"东融西拓、南联北接"，区域合作持续深化。加快融入沿海大开发。实质性参与省沿海发展联合会运作和沿海"3+3"港口联动,高质量编制淮安市沿海开发三年行动计划(2018~2020),10个"一带一路"江苏沿海发展投资基金项目达成初步投资意向。投身长三角一体化进程。组织参加长三角第18次市长联席会议和首届长三角品牌博览会,荣获长三角首届品牌博览会最佳组织奖。联合杭州、南京、苏州等城市成功申报《基于大数据的长三角城市群经济联系网络研究》课题,积极加入新成立的大数据应用委员会、新能源产业委员会、智慧城区合作发展联盟、教育人才服务联盟、智慧医疗发展联盟、产业特色小镇发展联盟等长三角专委会及联盟。积极牵头组织开展长三角生态经济专委会各项活动,成功举办长三角生态经济建设经验交流暨淮河生态经济带高校发展与智库联盟论坛。成功加入新成立的2个专委会和4个联盟。淮安将更深入地实现向东向西双向开放、向南向北全面对接,形成"东融西拓、南联北接"的新格局,成为苏北地区和长三角北部的重要增长极。

3. 淮安扩大与"一带一路"沿线友好城市的贸易、科技、投资等合作,形成经济互利和贸易共赢的良好局面

淮安地处长江经济带、沿东陇海线经济带和沿海大开发多重国家战略交汇区域,具有同时参与新亚欧大陆桥经济走廊建设、融入长江经济带建设和沿海大开发的独特优势。近年来,淮安市坚持地方外事服务总体外交思路,积极策应国家"一带一路"倡议,围绕"一区两带一枢纽"建设,加强友城建设,切实发挥友城在对外交往与合作中的桥梁纽带作用,推动经贸、科技、文化、教育、旅游等方面合作。自1988年与法国韦尼雪市建立首个国际友好城市以来,淮安市以对外招商为契机,以侨胞侨眷为纽带,突出"西连南扩"的友城发展方向,抢抓友城建设,策应"一带一路"倡议,已与世界上11个国家的14个城市缔结国际友城,与21个国家的23个城市建立了友好交流城市关系,国际友城及友好交流城市数量位列江苏全省第八、苏北第二,实现五大洲全覆盖,到目前已与"一带一路"沿线国家正式缔结国际友城5对,友好交流城市12对。其中包括白俄罗斯戈梅利市、保加利亚佩尔尼克市、俄罗斯马格尼托哥尔斯市、波兰普沃兹克市等。

其中,位于白俄罗斯的戈梅利市是淮安市于1997年缔结的第四对国际友城,该城市为白俄罗斯第二大城市,工业发达,有许多现代化的大型工业企业和许多加工型生产企业,既有诸如农业机械制造厂、机床仪器

厂、造船厂、化肥厂等一大批国营骨干工业企业和联合收割机、金属切削数控机床、潜翼艇、尿素、塑料薄膜等拳头产品，又有皮革工业、轻工业和食品工业等配套的加工型生产企业，产品畅销各地。交通便利，是白俄罗斯一个地区性的商品集散中心和经济贸易发达地区。自两市1996年开始接触以来，双方在高等教育、工业技术等方面开展了合作与交流，同时两市还就铸造工艺、液压齿轮泵齿轮精锻工艺、液压阀制造技术和拖拉机设计开展了合作与交流。保加利亚佩尔尼克市与淮安市于2011年缔结国际友好交流城市关系，在食博会期间，佩尔尼克市市长维亚瓦塞罗芙斯卡女士高度重视与淮安的友谊，希望可以组织佩尔尼克市企业赴淮参展。淮安市委书记姚晓东表示，淮安将在"一带一路"倡议引领下，进一步敞开对外开放的大门。淮安与佩尔尼克市在食品方面都有着深厚的产业基础，双方的实质性合作即可起步于食品产业合作。除食品产业，双方在戏剧、民俗文化等方面也存在着很多共同点，合作领域非常广泛，可进一步探讨交流。

友城渠道是推进淮安市与"一带一路"沿线国家交流合作的重要途径，也是进一步加强淮安市对外开放的重要策略。首先要成立对接"一带一路"倡议的友好城市建设工作领导小组，加强宏观指导，制订合理计划，明确淮安市发展的目标，统筹推进与友城的工作。其次应当设立友城联合委员会，定期召开联合会议，保证友城间交流和贸易往来的畅通。淮安结合淮安特点，修订和完善鼓励友城合作的一系列新政策。

（1）调整贸易结构具有紧迫性，推进与"一带一路"沿线友好城市的贸易往来。随着我国对外经济的不断发展，淮安市与其他国家的贸易步伐也日益加快，形成了经济互动和利益双赢的局面。从贸易国别上看，对美国、欧盟和东盟贸易占据半壁江山。虽然，近年来淮安市不断拓展对亚洲、非洲、拉丁美洲等新兴市场，但与这些国家的贸易往来依然只占总量的少数。推进全方位的对外开放，调整贸易结构是淮安市政府需要关注的一个焦点，需要政府进行外贸依存度的研究，尽快建立和完善外贸评价体系，打开对外贸易的大门，加强与"一带一路"沿线友好城市的进一步贸易往来，促进城市间的合作共赢，开辟新的外贸市场，有利于减少淮安市对欧美市场的外贸依赖，减少对外开放的风险，有利于进一步推进全方位高水平的对外开放。

（2）优化产业结构，推进与"一带一路"沿线友好城市的科学技术往来。供给侧结构性改革旨在调整经济结构，使要素实现最优配置，提升经济增长的质量和数量。淮安要依托土地、劳动力、水电等生产要素和一些特有资源如盐矿及凹凸棒等资源优势。这些优势在淮安市对外贸易中产生了重要作用。为了更高效地发挥淮安市特有的资源优势，进一步加强与友城之间的合作，淮安应兴建各种配套设施，优化产业结构，扩大对外宣传，吸引外资来淮。除加强与"一带一路"沿线友好城市的贸易合作，淮安还可以利用资源优势进一步加强与"一带一路"其他沿线国家的合作，加大对外开放的力度。还应大力扶持机电、化工等淮安市具有一定工业基础条件和比较优势的产品出口，努力提高高新技术产品的出口份额。2018年，淮安市实体生产型企业进出口292亿元，占同期进出口总值的88.4%，占据主导地位，实体经济已成为激发淮安外贸快速发展的主要动力。从出口商品结构上看，淮安市的传统优势产业发展平稳，出口机电与纺织服装产品合计占淮安市同期出口总值的59.6%；农产品出口主要为桉叶油、水海产品和宠物食品（以上数据来源于淮安市人民政府）。高新技术产品的比重偏低。面对这样的现状，淮安市应当重视企业的科技创新能力和动力，利用好友好城市的关系，加强与科技发达国家的友好城市的合作与学习，在淮安市传统产业的基础上进行改革，改善贸易商品结构，增加对于高新技术商品的输出，有利于提升淮安企业的国际竞争力。

（3）引导"一带一路"沿线友好国家来淮投资合作。随着经济全球化和"一带一路"倡议的不断推进，淮安市与友城国家俄罗斯、韩国、法国、德国、加拿大、日本、美国、英国等均有投资合作。目前友城国家有83个企业在淮投资，投资总额15.2亿美元，协议外资4.45亿美元，到账外资3.33亿美元，投资行业涉及制造业、批发和零售业及生产性服务业。近3年，淮安市对境外友城国家投资项目11个，协议投资0.77亿美元，集中在化工建材、人造草坪等产能合作项目上，其中淮冶科技有限公司为乌兹别克斯坦钢铁项目增资1500万美元，总投资达1.45亿美元，已成为全省对乌兹别克斯坦投资建设最大的产能合作项目。淮安进一步制定和实施有利于外商的优惠政策，吸引"一带一路"沿线国家来淮投资。

（4）发挥地理优势，增强与"一带一路"沿线国家交流。目前，淮安市的友好城市主要集中在欧洲与美洲，与亚洲国家缔结的友好城市主要在韩国和日本，而东南亚地区作为"一带一路"的必经之路，却鲜有城市与淮安市缔结友好城市关系。人民日报2019年10月11日电，在对尼泊尔进行国事访问前夕，习近平主席在尼泊尔《廓尔喀日报》、《新兴尼泊尔报》和《坎蒂普尔日报》发表题为《将跨越喜马拉雅的友谊推向新高度》的署名文章，在尼泊尔各界引起了热烈的反响。淮安市也应当积极响应国家的号召，加强与东亚和南亚国家的友好交流，应当通过其港口和航运的发展，加大对外开放的力度。除加强与"一带一路"友好国家的贸易往来之，还应该开辟新的市场，加强与新兴市场城市的交流合作，发挥自身的地理优势，加快产业结构调整和产品出口，进一步推进对外开放的进程。

（5）拓展友好城市合作交往，加强文化交融。"一带一路"倡议的重要目的是实现政治互信、经济融合、文化包容的利益共同体、命运共同体和责任共同体。除贸易交流，文化交流也是友好城市合作的重要载体，是淮安市全方位高水平对外开放的不可或缺的部分。友好城市的交往是个长期的过程，双方在搭建了固定贸易往来之余，需要丰富交流合作的方式和内容，从多个方面拉近两国之间的距离。例如，江苏省多次承办"丝路青年行"活动，成为"一带一路"沿线国家留学生了解中国文化的一扇窗口。在 2017 年和 2018 年举行了"友城绘"青少年国际绘画展，友城俄罗斯马格尼托格尔斯克市、波兰普沃茨克市、匈牙利巴托尼市积极组织本市儿童参加，多幅参赛作品获奖，在淮安市友城中得到热烈反响。这些活动提高了淮安与友城之间的信任度，加强了文化交融并且促进了淮安与友城之间的合作包容。

第二节　推进城市全方位高水平对外开放的路径选择

一、打造世界美食之都

淮安市以淮扬美食文化为媒介，从"中国食品名城"提升到"世界美食之都"，并与"一带一路"沿线城市建立友好城市关系，扩大国际影响力。同时发挥大运河沿线重要节点城市的功能，设立综合保税区，优化营商环境，以"美食之都"为基础打造淮安市外资集聚新地标。力争形成淮安外资集聚新地标。2017 年 7 月淮安正式启动"美食之都"申创工作，目前已制作完成中英文申创宣传片和宣传画册等。淮安作为淮扬菜的主要发源地，

2002 年被中国烹饪协会授予淮扬菜之乡。2018 年，淮安成功举办首届国际食品博览会，2018 年 9 月 9 日，"一带一路"淮扬菜国际化高端研讨会在淮安开幕。这标志着淮安申创世界"美食之都"迈出了坚实步伐，为淮安市全方位高水平对外开放提供了新路径。

1. 树立食品品牌

淮安作为淮扬菜的主要发源地，2002 年被中国烹饪协会授予淮扬菜之乡。淮扬菜作为中国四大菜系之一，始于春秋，兴于隋唐，盛于明清，素有"东南第一佳味，天下之至美"之美誉，主要发源于淮安、扬州等地。现存菜点 1300 余种，2016 年"淮安全鳝席"以及涵盖 200 道名菜名点的"淮帮菜"传统烹饪技术入选江苏省非物质文化遗产名录，淮安是目前全国设区市中申报饮食宴席类非物质文化遗产最多的城市。2018 年，淮安成功举办首届国际食品博览会，"食在淮安"越发深入人心。淮安地处淮河流域下游，境内 4 河穿城，5 湖镶嵌，拥有耕地 700 多万亩、水域 450 多万亩、林地 340 多万亩，各种食材丰富，是全国重要的商品粮基地和农副产品深加工基地。2016 年淮安食品产业产值已突破千亿元，先后创成"盱眙龙虾""淮安大米""淮安红椒"等农产品中国驰名商标、地理标志，地理标志证明商标数居全国设区市第一，"盱眙龙虾"品牌价值达 169 亿元，雄踞全国淡水产品品牌价值榜榜首。食品产业成为淮安继电子信息产业后的第二个千亿级产业(见图 7-10)。

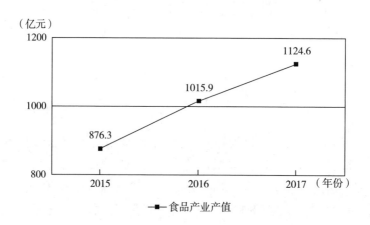

图 7-10 2015～2017 年淮安市食品产业总产值

资料来源:《淮安市统计年鉴(2016～2018)》。

2. 广泛开展淮安美食文化系列活动

淮安成功举办了 12 届淮扬菜文化美食节、17 届盱眙龙虾节、金湖荷花节、12 届洪泽湖国际大闸蟹节，创造了全国多项"第一"和"唯一"。自 2015 年起，淮安市启动"4+1"品牌打造工程，每年投入专项资金 5000 万元，打造优质稻米、高效园艺、规模畜禽、特色水产和休闲农业品牌。在两年多的时间里，品牌农业产值已占全市农业总产值的 80%。2017 年，淮安又成功创成国家农业公园、小龙虾特色农产品优势区、农村产业融合发展示范园和国家级金湖制种基地各 1 个，全国休闲渔业示范基地 2 个、休闲渔业"最美渔村"1 个。截至 2017 年底，全市共有各类餐饮店 4 万多家，从业人员 35 万余人，餐饮销售额达 16.54 亿元。淮安是全国烹饪教育较为发达的城市之一，江苏食品学院、淮扬菜烹饪学院、淮阴商业学校等 10 所院校开设烹饪专业，培训中高级厨师 10 多万人次，现有国家级烹饪大师 40 余人。

3. 提出并申创"美食之都"

"美食之都"可以使淮安的城市特色进一步凸显，以在激烈的区域城市竞争态势下塑造出淮安独特的城市名片和鲜明标志。淮安以美食为媒介，借助全球"创意城市网络"这样的国际化高端平台，全方位高水平扩大对外开放，展示淮安优良的营商环境，深化与海内外企业的经贸合作，扩大利益交汇，促进互利共赢。

4. 美食与人们的生活息息相关

未来的宁淮高铁会使远方的游客来淮安旅游变得更加方便，淮安市打造世界美食之都将吸引更多的人在淮安多停留享受美食，以美食为介全面推广淮安。让人们提到淮安就想到淮扬菜、想到美食，在对外推广上也相当于淮安市多了一个"国际认证的抓手"。这对整个淮安的国际知名度、城市知名度和城市品牌将是一个非常大的提升。

5. 淮安以"食"为"媒"

围绕"美食招牌"融合当地的第一、第二、第三产业，使美食成为向全国及世界推广淮安、讲述"淮安故事"、传播城市形象的一个重要抓手。这有利于推动淮安美食产业及城市产业的升级发展，提升城市品牌、城市国际形象，增强市民对淮安美食文化、淮安人文精神的认同感和自豪感，为淮安发展凝聚人心、增添动力，提高淮安经济高质量发展水平。

6. 淮安市政府通过打造"世界美食之都"这张名片积极主动吸引外资，建立并优化淮安市营商环境

以"美食"产业为基础性产业，从而带动旅游、餐厅、房地产、商业圈等各种产业的外资引进，打造规模化、产业化、品牌化产业，进而推动淮安市全方位高水平对外开放水平提档升级、再上新台阶。

（1）运用"互联网+"，实现产品智能制造。食品企业应积极发展应用互联网技术，加快推进互联网技术与企业生产的深度融合。充分吸收今世缘的智能车间、双汇的全产业链信息管理系统、凯德亚的电子商务等新模式新业态的成功经验，推动传统企业跨越式发展，提升传统产业的经济效益。淮安市食品产业可以通过垂直电商平台打通市场壁垒，围绕产业链打造食品集散中心，搭建配套的物流平台和现代化仓储服务体系，加强供应链各环节的信息采集与跟踪，推进建设食品安全风险评估预警体系，建立食品安全可追溯体系。

（2）发挥大运河重要节点城市功能，设立综合保税区。淮安市是大运河沿线的重要节点城市，淮安市必须持续发力，聚焦打造"运河之都"城市名片，将大运河文化带建设作为推动高质量跨越式发展的重要抓手，主动接轨国家重大区域发展战略。2012 年 7 月 19 日，国务院正式下文批准设立淮安综合保税区。淮安综合保税区是由原先的淮安出口加工区升级而成的，综合保税区拥有研发加工制造、口岸作业、仓储物流、国际中转、转口贸易等九大功能，是目前国内开放层次最高、政策最优惠、功能最齐全、运作最灵活、通关最便捷的海关特殊监管区域。也是江苏省长江以北第一家在出口加工区基础上转型升级而成的综合保税区。综合保税区对淮安全市及江苏北部地区发展将发挥重要的政策服务、大项目聚集和国际化平台作用。淮安综合保税区通过验收后，将为进一步发展开放型经济、优化产业布局创造条件，为淮安乃至苏北外向型经济发展提供新的平台。淮安市需紧紧围绕"江北争第一、全国创一流"的发展定位，高起点制定完善综合保税区总体建设规划、产业发展空间规划和周边区域城市功能规划以及交通、口岸等专项规划，进一步明确功能定位和产业定位，努力将淮安综合保税区建设成为开放度高、功能完善、管理先进、服务高效、全省乃至全国一流的综合保税区。

（3）"对外招商"与"对内培养"双轮驱动。具体如下。

其一，加强招商引资，壮大产业规模。淮安市食品工业要发展，缺资金、缺有市场能力的骨干企业和大项目支撑。首先，淮安市本土企业发展缺资金，靠政府扶持或自身原始积累滚雪球式的发展容易造成企业故步自封，很难做大做强，必须着力增强企业融资能力，广泛利用社会资本实现企业规模的扩张；其次，实现产业快速扩张，引进品牌企业是捷径。淮安市食品工业要实现快速发展，必须在增量上下功夫，加大招商引资力度，在扩张食品工业经济规模的同时，提高淮安市食品工业经济质量。为此，首先要明确招商目标，把世界著名跨国食品公司和国内知名食品企业作为重要对象，开展专题招商，争取取得重大突破；其次实施项目带动，加强项目谋划、包装和推介，利用平台广泛开展合作，实施项目对接；最后做强优势"筑巢引凤"，依托资源搭建平台，加强专业园区建设，引导食品工业向中心城市和农产品主产区聚集，形成食品产业密集区，提供良好的投资环境。

其二，加快本土企业及品牌培育，增强产业发展后劲。在本土企业培育方面，首先要加大力度引进战略投资者。鼓励和帮助本土骨干企业与市内外资本、名牌企业合作，在引进资本优化企业产权结构的同时，引进先进技术、管理、市场网络和人才，提高企业核心竞争力；然后，鼓励有条件的企业上市融资。规范企业法人治理结构，提升企业品牌知名度、增强企业抗风险能力。在本土品牌培育方面，首先要鼓励企业创名牌产品，帮助企业从"商品经营"向"品牌经营"转变，提升企业品牌的质量能力，引进专业品牌设计机构，帮助中小企业开展品牌策划和推广工作；其次要支持骨干企业提升品牌规模能力，鼓励企业以品牌为核心实施资本扩张的同时，加强对品牌的产品开发和技术创新；最后要打造区域名牌，依托区域资源和产业基础优势，政府、企业共同努力，开展区位营销、树立区位品牌形象，联合打造区域名牌。

（4）建立并优化营商环境。

1）营造透明高效的政务环境。第一，更大力度推进简政放权。淮安市要全面贯彻中央和省政府深化"放管服"改革、支持市场主体发展、保障民生的决策部署，加强措施配套，推动各项政策落实落地。充分发挥市场在资源配置中的决定性作用，建立健全权力清单、政策清单、责任清单，坚决把该放的彻底放开、该减的彻底减掉、该并的彻底合并、该清的彻底清除。加强对下放审批事项的监管和指导，确保"接得住、管得好"。第二，推进政务信息共建共享。整合各类政务服务平台，统筹建设全市一体化在线政务服务平台和移动端，建立全市统一的政务服务数据采集、归集、整合、传输、存储、共享、开放、利用等管理标准规范体系，归集政务服务数据资源，根据需要和权限向各级政务服务机构开放端口，推行跨部门、跨地区、跨层级政务信息共享，实行"一网通办""全城能办"。第三，提高政务服务便利化水平。全面推行审批服务"马上办、网上办、就近办、一次办"，提高"马上办、网上办、一次办"事项比例，增加"就近办"服务场所，完善基层综合便民服务平台功能，让数据"多跑路"、群众"少跑腿"。建立"最多交一次"工作机制，对涉及多个部门的关联事项，强化协同办理，加强互认共享，按照"谁设定，谁清理"的要求，清理涉及企业和群众办事创业的循环证明、重复证明等各类无谓证明材料，做到"清单之外无证明"。

2）营造规范有序的市场环境。第一，健全市场准入机制。全面实施市场准入负面清单制度，按照"非禁即入"要求，法律法规未明确禁止的，各类市场主体即可进入。全面规范市场准入程序，除法律法规规定的审查环节其他一律取消，不得以备案、登记、注册、年检等形式设定市场准入障碍。平等对待各类市场主体，让各类市场主体在淮安发展同门槛、同规则、同待遇。第二，完善市场监管体系。加强事中事后监管，改变重审批轻监管的行政管理方式，按照"谁审批谁负责、谁主管谁监管"原则，落实监管责任。全面推行市场监管清单制度，实现"双随机、一公开"监管全覆盖，合理确定抽查比例和频次，防止检查过多和执法扰民。推进服务型行政执法建设，切实解决"重处罚，轻服务""选择性执法""随意性执法"等问题，出台市场轻微违法违规经营行为免罚清单。加强安全生产、环境保护等领域监管，提升风险防控能力。第三，降低企业运行成本。落实国家减税降费政策，完善涉企行政事业性收费、涉企保证金、政府补贴、财政支持企业发展专项资金等清单管理制度，取缔无法律法规依据的收费项目。规范涉企中介服务，严肃查处违规收费、出具虚假证明或报告、谋取不正当利益、扰乱市场秩序等违法违规行为，对符合资质条件的评审机构做出的资产、信用等级评定互通互认，不再重复评估、审计并收费。

3）营造公平公正的法治环境。第一，维护市场主体合法权益。坚持平等保护原则，充分保障不同所有制主体、不同地区市场主体、不同行业利益主体的法律地位平等、权利保护平等、发展机会平等。加大涉企执行工作力度，有财产可供执行案件应在法定期限内得到执行，无财产可供执行但符合破产条件的案件，应当及时移送破产审查，切实解决执行难问题。第二，加大产权保护力度。完善产权制度和各类市场交易规则，加大物权、债权和知识产权保护力度。加强民营企业司法保护，保护民营企业家人身权、财产权，依法慎重决定是否采取相关强制措施，最大限度降低对企业生产经营活动的不利影响。第三，整顿和规范市场秩序。严厉打击虚假宣传、消费欺诈、虚假广告等违法行为，组织开展金融、工程建设、水电气供应等问题多发领域的专项治理工作，进一步净化市场环境，维护市场经济秩序。严厉查处损害市场主体合法权益的各种违法犯罪活动，从严整治"乱收费、乱摊派、乱罚款"以及多头审批、权力寻租、"红顶"中介、招投标乱象等群众反映强烈的问题。

二、加快构建现代综合交通运输体系

基于淮安米字型铁路网，确立"公、铁、水、空、管"综合交通运输体系，构建现代综合大交通体系，助力淮安打造区域中心城市，成为江苏省对外开放的强支点之一。淮安市建设现代化大综合交通体系来提升自己的对外开放水平，可以建设长三角重要综合交通枢纽为近期目标、以建设全国性综合交通枢纽为远期目标，着力推进交通供给侧结构性改革，一年打基础、三年见成效、七年大提升，加快构建现代综合交通运输体系。

1. 全力突破阻碍铁路建设发展的瓶颈

加快建设"米"字形高速铁路网，使淮安真正意义上融入长三角经济圈，形成与核心城市的"同城效应"，改善淮安市的出行条件、降低物流成本、优化招商环境、提升城市竞争力，为淮安建设成苏北重要中心城市提供功能性支撑。淮安市目前需要聚焦通道建设，全面畅通交通网络，集中力量加快建设一批战略性、功能性项目，打通对内对外通道，全链条构筑内联外通的现代交通网络。积极推动京沪通道建设，加快推进京沪高速公路扩容，全力争取沂淮高铁规划建设，加快宁淮连通道建设，实施宁淮铁路、连淮高速公路扩建工程，推动淮安深度融入南京都市圈、江苏沿海大开发。加快沿淮河通道规划建设，推进淮河入海水道二级航道、沿淮铁路、盱眙至宝应高速公路、淮安至滨海高速公路等项目规划建设，支撑淮河生态经济带发展。秉持"密路网、小街区"理念，加快改造天津路、翔宇大道跨古黄河桥、北京南路华兴桥、武黄路，打通勤政路、解放西路、大治路、大同路等断头路，实施杭州路跨古黄河桥及连接线等工程。

2. 充分发挥水运发展优势

着力深化"一带一路"倡议经贸合作，充分利用淮安运河新港作业区作为区域集装箱运输的综合性大枢纽作业区的战略地位，加强与"一带一路"沿线城市的经贸联系。同时增加淮安新港二类水路开放口岸，为淮安本地及周边企业提供"属地报关，属地放行"的便利服务，减少货物运输的手续办理和等待时间，提高进出口贸易效率，为淮安企业提供便利条件。

3. 不断夯实民航发展壮大的基础

全力推进淮河生态经济带航空货运枢纽建设，进一步发挥淮安机场在对外开放中的空中桥梁作用，使淮安机场成为开发区区域经济竞争力提升的重要支撑。

4. 积极提升枢纽服务水平

淮安紧抓国家和省重大战略对淮安枢纽定位的机遇，进一步强化枢纽支撑，充分发挥枢纽经济的极核带动效应。一是加快建设航空货运枢纽。加快完成航空货运枢纽战略规划、集疏运体系规划和机场总规修编，推进实施淮安机场三期扩建工程，大力招引国际国内知名物流和航空货运龙头企业，积极开辟全货机航线，完善机场综合交通网络体系，打造引领淮河生态经济带、服务长三角区域、辐射东部沿海地区的航空货运枢纽。二是加快建设高铁客运枢纽。紧扣高铁建成通车节点，加快建设高铁淮安东站、涟水站和涟水机场客运枢纽，推进金湖、洪泽铁路综合客运枢纽建设，构建集铁路客运、公路客运、市内公共交通为一体的综合客运枢纽。三是加快打造内河航运枢纽。积极融入淮河生态经济带等国家战略，依托二类水路口岸和海关监管作业区，完善干线航道网络，加强与沿江沿海港口合作，将淮安建设成淮海生态经济区和淮河生态经济带城市对接"一带一路"的核心内河枢纽港口、水路开放窗口和航运物流中心。

5. 重点增强资金保障能力

一是积极争取国家发展改革委、交通运输部等部门的专项资金支持。二是进一步加强公益性交通基础设施建设资金保障。三是扩大交通基础设施投融资渠道。对能够采用市场化运作的项目，积极推动企业化运营，支持企业做大做强，提升融资能力，鼓励政府与社会资本合作，大力推广PPP模式。

6. 以大数据引用和科技创新为依托，系统筹划和推进智慧交通建设和发展

一是推进交通运输行业信息资源整合建设，形成淮安市交通运输政务信息资源目录库，指导开展交通运输信息化和智慧交通规划建设，促进系统互联互通和资源整合共享。二是实施"互联网+综合交通"，提升交通运输服务的信息化水平，进一步强化公众出行信息服务。三是加强交通运输大数据的分析应用，聚焦大数据技术行业应用的标准化以及城市交通拥堵、综合枢纽交通组织等问题，完成综合交通枢纽集疏运体系、城市交通拥堵监测与应用等专题研究。

7. 细化服务，打造优良投资环境

淮安市政府需要提高服务意识，建立高效的服务环境，同时规范政府行为，建立严明的制度环境。首先，淮安市政府需要建立外商投诉的快速调处机制，力争做到重大投诉案年年清，一般投诉案月月结，不留积案，不办拖案。其次，加强协调和部门协作，提高服务水平和办事效率，加快金融、物资、技术、中介服务等市场和行业的发育。

8. 规范政府行为，建立严明的制度环境

一要建立和完善与外商定期对话沟通制度，及时发布各类政策法规和经济信息。二要完善外商投资企业管理制度，完善外商投资审批备案、外资统计、联合年检、收费监督等工作。

9. 淮安发挥地理位置优势，成为江苏对外开放强支点之一

淮安东北方向就是徐州都市圈，西南方向紧接南京都市圈，东南方向是苏锡常都市圈，淮安市既可以融入南京都市圈也可以加入徐州都市圈，淮安可以利用自身独特的位置优势：一是淮安可以与扬州、泰州、镇江形成江苏第四个都市圈；二是淮安可以是南京都市圈和徐州都市圈的副城市中心，成为南京都市圈和徐州都市圈之间的联动纽带；三是淮安加强与盐城的密切合作，融入沿海经济带，进而成为长三角第 27 个核心城市。

三、推进区域合作与协调发展

坚持"政府推动、企业主导、市场化运作"，以产业园区为载体，园区联建。充分利用合作机制，加强宁淮深度合作，实现淮河生态经济带与长三角一体化发展"并驾齐驱"。

1. 充分利用现有平台与合作机制，加强宁淮深度合作

（1）以宁淮深度合作为起点，加快打造特色产业集群步伐。淮安与南京互补性极强——淮安有充沛的劳动力资源，南京有大量的专业型人才；淮安有丰富的自然资源，南京有完整的加工贸易产业链；淮安有坚实的工业化基础，南京有高端制造业聚集区。宁淮的深入合作不仅是淮安未来发展的增长点，而且是南京特别是江北新区转型升级的重要保障。借助宁淮合作，淮安可以充分利用南京提供的先进技术资源发展现代农业，与南京加强交流沟通，借助南京作为省会城市能够汇集众多信息的优势，准确把握区域内、省内乃至更大范围内的市场动向，积极调整农业产业结构，发展特色农业、生态农业、观光农业，不断提高农产品附加值和产业竞争力，培育一批具有本地特色的农产品品牌，并通过南京江北新区自贸区平台来向全世界展示淮安特色农产品的魅力。通过宁淮区域合作，南京江北新区的转型升级能为淮安带来前所未有的发展机遇。淮安有规模达千亿级的盐化工、特钢、电子信息、新材料、新能源等产业，机械制造、新能源汽车及零配件制造等行业，能够承接江北新区的产业转移，能够为江北新区提供完善的配套产业。

（2）以产业园区为载体，进一步发展园区联建。苏南地区经过改革开放 40 多年以来的发展，土地资源逐渐减少、环境承载能力下降、劳动力成本上升，产业亟待优化升级，而苏北在这些方面上仍有优势，因此在更高层次上推进南北合作显得尤为重要。开发区具有基础设施齐全、资源配置效率高、产业配套功能强等优点，是推动产业转移的重要载体，是促成南北合作的重要结合点。基于此，江苏省政府于 2006 年发布了《江苏省政府关于支持南北挂钩共建苏北开发区政策措施的通知》，倡导苏南苏北共建开发区，一方面，苏北地区可以学习借鉴苏南地区的成功经验和管理模式，充分发挥苏南在招商引资、资本配置、人才供给上的优势；另一方面，苏南地区可以进行产业转移，将不适应未来发展方向的产业迁移至苏北，为新兴产业的发展提前布局。

共建开发区的基本思路：由苏北地区在本地设立的省级以上开发区中，划出一定面积的土地作为区中园，由苏南地区的开发区负责规划、投资开发、招商引资和经营管理等工作。遵循优势互补原则，苏北提供政策、资源，苏南提供资本、人才、技术；遵循利益共享原则；遵循集约开放原则，推动各种生产要素向重点项目、重点企业、重点产业集聚。

当前，淮安有国信集团淮安工业园、江宁开发区淮阴工业园、南京高新区洪泽工业园、昆山花桥经开区淮安工业园等共建园区。通过完善"政府推动、企业主导、市场化运作"模式，明确各方职责分工——政府负责统筹协调，提供优惠政策和行政资源；园区负责提供配套设施和服务；园区控股的投资公司作为开发主体，实行公司化的方式运营。共建园区将产业层次较低的传统制造业转移到苏北地区，腾笼换鸟，承接苏南地区的产业转移。设立招商引资的门槛，优先引进创新型项目，培育园区的支柱产业。

2. 创新合作机制，实现淮河生态经济带与长三角城市群并驾齐驱

淮河生态经济带与长江三角洲核心城市群定位不同、发展层次不同，相互之间具有很强的互补性。淮安作为淮河生态经济带的重要节点城市，同时紧邻长江三角洲城市圈，需要打破区域的桎梏、规划的界限，通过构建顺畅的供应链、产业链，将两大规划联结起来。

（1）利用淮安市空铁水陆一体化的"米"字形交通网，在淮河生态经济带和长三角城市群之间搭建起顺畅的供应链，成为两大区域间人流、物

流的集散中心。以淮安综合保税区为抓手，依托涟水机场临空产业和一类口岸优势，建设淮安空港物流园，大力发展综合航空物流服务，建设苏北航空快递物流服务平台；以区域电子商务需求为基础，依托四通八达的高速公路网带来的便捷的公路分拨条件，布局国际贸易业务，开展进口商品的保税、展销、分拨、跨境电商等物流服务，打造辐射淮河生态经济带诸市，与上海港、龙潭港、南通港联动的保税物流集散中心。以经贸往来为核心，发挥淮安各大商贸企业、物流企业的管理运作能力，为客户提供一站式的物流服务，高标准打造淮安现代综合物流园区。打造以公路为主、水陆空并举的交通网络，通过线上"互联网物流平台"与线下"公路港实体网络"，打造货源分拨中心，为汽配、建材、小商品、钢材等专业市场的发展提供良好的物流支撑。利用盱眙的区位优势及农副产品资源，建设盱眙物流园，为龙虾、畜禽、经济林果、优质稻米等特色农产品提供流通加工、仓储运输、分拨配送等服务，建设成为对接上海、南京等城市的农产品中转基地。

（2）充分发挥淮安市工业基础雄厚、工业门类多元的优势，以淮河生态经济带作为产业链上游、长三角城市群作为产业链下游，树立淮安在产业链中的枢纽地位。从产业发展的分工来看，淮河生态经济带主要是面向内部优化区域市场分工的规划布局，长三角核心城市群主要是面向全球参与国际市场分工的战略定位。淮安经济技术发展水平决定了淮安在淮河生态经济带中属于领导者，要聚焦各大产业的优势，淘汰落后产业、低附加值环节，转而在淮河生态经济带中广泛地开展资源配置，实现地区产业"轻装上阵"。而与长三角核心城市群相比，淮安只是处于跟跑者和部分产业并跑者的地位，但并不影响淮安融入长三角区域内的价值链和市场分工。一方面，淮安可以发挥自身的比较优势，为长三角城市提供优质的配套产业，实现错位发展、互利共赢；另一方面，淮安在农业、工业和现代服务业中有许多产业与长三角城市群存在紧密的市场关系，完全可以进一步深化市场分工，在经济领域融入长三角城市群。

四、聚焦淮安乡村振兴，构建开放新格局

习近平总书记在党的第十九次全国代表大会报告中提出，要实施乡村振兴战略，并把它作为贯彻新发展理念建设现代化经济体系的六大内容之

一。乡村振兴战略的提出具有重大的历史性、理论性和实践性意义，它是对"十一五"规划中新农村建设、党的十八大报告中新型城镇化建设的升华与创新，不再局限于强调人口和产业的城镇化进程，而是立足乡村本身的发展，提出坚持农业农村优先发展，坚持农民主体地位，最终全面实现农业强、农村美、农民富。

乡村振兴战略是新时代淮安推进高水平对外开放的有力保障和重要组成部分。一方面，淮安市城乡发展仍存在差距，这对淮安统筹城乡发展提出了更高的要求。但同时，通过发挥比较优势、优化资源配置，城乡间的发展落差可以成为丰富产业类型、拓展产业层次、增加产业附加值的机遇，进一步增强淮安对外开放的整体实力。另一方面，淮安自古就是"运河之都""九省通衢"，有着"天下粮仓"的美誉，这充分说明了淮安在农林牧渔业中的巨大优势，并且随着近几年淮安不断加大对农村地区经济发展的支持力度，许多农村企业做出了特色、做出了规模，产业集群效应逐步显现，在对外开放中已经能独当一面。为使乡村振兴战略更好地融入全方位高水平对外开放中，需要优化布局，提升各区县的开放能级，建成一批对外开放的强支点，提升内外联结水平。

1. 统筹规划，错位发展，优化区域布局、支点区县布局

淮安具有很强的承载能力，适宜发展的产业类别多样，但同时也会造成资源利用率不高、各县区重复建设、内部竞争等问题。应站在淮安市整体层面上，根据各县区的资源禀赋、已有优势产业，对产业的区域布局、区域的产业布局进行优化，振兴地方经济，形成对外开放合力。近年来，淮安市已创成5家特色产业基地，分别是金湖石油机械特色产业基地（2009）、淮安盐化工特色产业基地（2013）、盱眙凹土特色产业基地（2016）、金湖仪器仪表特色产业基地（2017）和淮安现代教育体育高端装备特色产业基地（2017）。基地内共有规模以上工业企业725家，占全市32%；国家高新技术企业103家，占全市36%；拥有有效发明专利801件，占全市39%；实现工业总产值635亿元，利税90亿元，均比4年前翻一番，成为推动淮安市工业经济特别是高新技术产业发展的重要引擎。未来，淮安应当以特色产业基地为抓手，一方面加大对现有产业基地的资源投入，壮大其规模、深化其特色，不断提高其在国内、国际市场的份额，使其成为地区经济增长的引擎，带动当地村镇快速崛起；另一方面

以现有特色产业基地为蓝本，总结发展经验、分析成长逻辑，结合各区县、镇、村的实际情况，培育新的特色产业基地，为各地的发展指明方向，以便能充分整合当地资源，心往一处想、力往一处使，用特色产业、特色产品打开对外开放的新局面。

2. 长远规划，可持续发展，优化基础设施布局

"想致富，先修路"，基础设施的完善程度是决定地区经济发展前景的重要因素。基础设施包括交通、邮电、供水供电、商业服务、科研与技术服务、园林绿化、环境保护、文化教育、卫生事业等市政公用工程设施和公共生活服务设施等，它们是地区经济发展的基础，也是地区经济持续发展的保障。完善的基础设施对加速社会经济活动，促进其空间分布形态演变起着巨大的推动作用。近年来，淮安在基础设施建设方面取得了很大成效。2018年，淮安建成农村公路567千米、桥梁152座，行政村双车道四级公路覆盖率大幅提升至97.09%；新增18个乡镇开通镇村公交，镇村公交覆盖率100%。全市移动电话用户481.77万户，增长8.3%；2018年末互联网固定宽带用户91万户，增长8.4%。全市新增公共文化设施面积33.66万平方米，人均拥有公共文化设施面积0.22平方米。全市共有各类卫生机构804个，其中卫生院129个，社区卫生服务中心（站）80个。为了配合乡村振兴战略、提高对外开放能级，淮安未来需要进一步增加在农村基础设施方面的投入，通过新建、改建、扩建一批基础设施，填补当地公共服务缺口，提高当地公共服务水平。要增强基础设施的运营能力，创新考核与激励制度，实现人尽其才、物尽其用，把现有基础设施的支撑、保障作用充分发挥出来。此外，基础设施的建设需要合理规划，不仅要依据地理地图、行政地图，更要参考产业地图、要素地图，使基础设施真正能服务经济发展、服务乡村振兴、服务对外开放。

3. 内外联动，借力发展，注重"引进来、走出去"相结合

2018年，淮安新设外资项目168个，实际到账注册外资11.8亿美元，比上年增长0.3%；新设总投资3000万美元以上外资项目73个，其中1亿美元以上项目16个；制造业实际利用外资占比40%；台资高地建设加快推进，新引进及增资台资项目48个，其中超千万美元项目数增长45%，连续7年获评台商投资"极力推荐城市"。淮安以往的发展经验表明，对外

开放是"引进来"与"走出去"相互依存、相互促进的过程，外资的引入为本地带来充足的资金、成熟的技术、先进的设备，使本地区的产业能够实现跨越式发展；为外资提供配套资源的能力增强、对技术和经营管理经验的消化吸收，提升了本土企业的竞争力，使其能走出淮安，走向更广阔的市场。农村地区要积极参与到对外开放的进程中。一方面，要分析研判自身的资源禀赋，有针对性地引进相关技术、专家、企业，宜精不宜多；在有条件的地区建立村镇级的小型产业园，坚持高起点规划、高标准建设，集中力量发展优势产业、特色产业，争取形成产业集群，通过规模经济来降低成本，提高产品在更广阔市场上的竞争力。另一方面，要结合淮安市整体发展规划，充分发挥农村地区的自然资源优势、人力资源优势，为淮安市的新一代信息技术、新能源汽车及零部件、盐化凹土新材料、食品等"三新一特"优势特色产业提供优质的后勤保障，通过为这些产业提供配套服务，间接实现高质量地"走出去"，同时也能把产业链上更多的高附加值环节留在淮安。

五、积极融入"一带一路"

积极融入"一带一路"，与沿线国家在各领域广泛开展合作，加大对外投资力度；开展交流活动，在国际上树立淮安"美食之都""文化名城""旅游胜地"的形象。

1. 扩大经贸往来

习近平总书记在2019年10月出访尼泊尔时表示，双方要积极推进跨喜马拉雅立体互联互通网络建设，中方支持中资企业赴尼泊尔投资兴业，重点加强贸易投资、灾后重建、能源、旅游四大领域合作。淮安应当以此为契机，广泛开展与尼泊尔等"一带一路"沿线国家的交流合作，积极壮大淮安"国际朋友圈"，深化各领域合作。

（1）缔结友好条约，助力企业国际化发展。截至2019年8月底，已有136个国家和30个国际组织与中国签署了195份共建"一带一路"合作文件。淮安目前已有23个国际友好城市，其中与"一带一路"沿线国家缔结国际友城5对，友好交流城市12对。通过在"一带一路"框架下积极拓展国际友好城市，定期举办重点项目座谈会、客商实地考察对接活动、商贸投资项目推介会、招商项目集中签约活动、金融对接座谈会、电商企业对接会等形式的交流活动，淮安的各大产业能够获得更多在国际上展示形象的机会，开拓海外产品市场；能够在更大的范围内配置资源，降低成本增加利润；能够在更大的范围内开展分工合作，充分利用各国比较优势，凝神聚力做好主营业务。

（2）科学规划"走出去"的重点产业和鼓励政策。根据"一带一路"倡议国家的建设与发展需求，拓展投资规模、深化产能合作，搭建对外投资平台，支持新一代信息技术、新能源汽车及零部件、盐化凹土新材料、食品等"三新一特"优势特色产业开展境外投资和国际产能合作，构建设计、研发、生产、销售、服务合作分工机制，打造全球价值链。鼓励仪器仪表、石油机械等行业走出去，通过对外投资合作和工程承包拓展产业和贸易发展空间，巩固产业竞争优势。推进钢铁、盐化工、有色金属等优势富余产能有力有序地开展国际产能合作，带动通用设备、专用设备、电器机械等相关装备制造业走出去。

2. 深化人文交流

（1）打造淮安品牌活动。充分发掘淮安现有国际交流活动的潜力。为淮安国际食品博览会提供更多政策、资金、配套设施上的便利，做好宣传推介工作，利用互联网、新媒体、社交平台等渠道，吸引更多的国内外企业、行业精英、美食爱好者前来参会，将淮安国际食品博览会打造成为年度盛会。加大资源投入，把淮安国际半程马拉松赛、淮安国际半导体产业论坛、淮安国际掼蛋文化节、淮安国际璀璨灯海光影艺术节等重大国际交流活动打造成城市品牌活动。围绕淮安著名景点、传统民俗等，探索开发新的城市交流活动。

（2）合作开发"一带一路"沿线国家旅游资源。"一带一路"沿线国家景色优美、文化底蕴深厚，旅游资源开发潜力巨大，在自身建设上，要把发展文化旅游摆在"一带一路"建设的重要位置，积极开展多层次、多维度的旅游合作，与沿途友城联合举办旅游节会和主题宣传活动，加强在旅游资源开发、文化旅游融合、景区景点建设等方面的合作，将文化旅游交流合作纳入"一带一路"城市合作机制。

积极融入文化和旅游部及"丝绸之路城市联盟"统一筹划、指导推出的"一带一路"沿线城市旅游项目，根据沿线国家不同发展状况，制定差异化的旅游开发合作方案。对泰国、马来西亚、印度尼西亚等旅游业发达的南亚国家，要充分利用好现有的国际旅游线路，充实完善旅游产品和项目，策划推出国际友城精品旅游线路，与国际友城合作，进一步开发沿线城市风光旅游、文化旅游、体育旅游、民俗旅游等项目。对哈萨克斯坦、塔吉克斯坦等中亚国家以及非洲国家，要针对不同城市开展不同的旅游项目合作，对条件较好的城市，可逐步开展"市民游友城"等城市观光旅游活动；对不具备条件的城市，可帮助这些城市开展市场调研，制定旅游发展规划，开展旅游业务培训，进行旅游产品设计、包装，协助宣传推介等，共同推出能够展现当地风采的旅游产品。

第三节　推进城市全方位高水平
对外开放的战略举措

一、以重大项目为抓手，增强淮安的综合承载力和辐射带动力

坚持以重大项目为抓手，大力发展物流业和金融服务业，建设区域性物流集散中心和金融服务中心，增强淮安的综合承载力和辐射带动力。

为加快推进江淮经济区、淮河生态经济带、大运河文化带"一区两带"建设，近年来淮安市积极建设重大项目，如2018年3月，淮安市总投资100亿元的骏盛新能源项目开工。根据《淮安市2018年重大项目投资计划》共编排2018年重大项目220个，总投资4915.7亿元，同比增长19.7%；2018年度计划投资1342.2亿元，同比增长14.1%。《淮安市2018年市级政府项目计划》编排2018年市级政府项目95项，计划总投资1310.2亿元，同比增长56.3%。开工项目方面，全年新开工项目143个，占比65%；产业项目方面重点突出工业、服务业、农业，三类产业项目共计193个，占比87.7%，工业项目个数占全部项目的六成。据统计，2018年集中开工的重大项目共86项，其中清江浦区12项、淮阴区21项、淮安区6项、洪泽区6项、涟水县8项、盱眙县15项、金湖县7项、开发区9

项、工业园区 1 项、苏淮高新区 1 项。项目分布方面，数量最多的是开发区、盱眙县，达到 29 个，占到全市项目数的 13.2%；2018 年计划投资最高的是淮阴区，达到 225.2 亿元，占全市年度计划的 16.8%；项目体量方面，总投资在 10 亿元以上的项目充分发挥出重特大项目的引领和带动作用，以 43.6% 的项目数提供了 78.9% 的年度计划投资额。为策应"一区两带"战略，淮安市应加大里运河文化长廊、白马湖综合保护开发、洪泽湖生态经济示范区综合开发、西游记文化体验园、御码头运河文化中心、萧湖景区生态旅游、雷尼奥旅游度假区、美丽蒋坝、岔河老街保护与旅游开发、龙虾产业经济园、涟水百花园等项目的开发力度。

1. 民生资源方面

大力落实市区公共教育资源提升工程、市区医疗卫生资源提升工程、清江浦区学校提升工程、淮安养老养生产业园、淮阴人民医院、淮安医养融合产业园、洪泽湖医养融合体、金陵天泉湖养老社区等一系列重大民生项目。以淮安市特色优势为中心，工业编排了比亚迪（江苏）智造产业基地、德淮集成电路制造（二厂）、中璟 8 寸晶圆柔性线半导体、江苏哈模模具及高档数控机床和大型液压冲压机、天一纳米活性炭电池等一批重特大项目。

2. 服务方面

积极打造华强方特文化旅游创意产业园、明发国际游艇小镇、中国（淮安）国际食品博览中心、智慧保税物流园等项目，农业编排了金茸食用菌产业园、金城虾稻共生田园综合体、淮安 150 虫草健康农场等项目。为提高建设中心城市的运行效率，落实以高速铁路建设、国省干线公路建设、重点水利工程、市区内环高架一期工程、高铁商务区、金融中心、清江浦临港新城、盱眙港口产业园等为代表的一批中心城市建设支撑项目。

3. 教育领域

编排了附中高中部迁建、一附小健康路校区校安工程、外实小学校安工程、市妇幼保健院工程、市体育中心体育公园等为代表的一系列民生项目。2017～2020 年，淮安市中心城区共规划学校 377 所，其中幼儿园202 所、小学 86 所、初级中学 49 所、高级中学 23 所、中等职业学校 14

所、特校3所。

2019年，淮安市重大项目共220个，其中，重大创新载体20个，包括17个研发平台，3个科创园区；重大产业项目130个，包括战略性新兴产业项目70个，先进制造业项目20个，现代服务业项目35个，现代农业项目5个；重大生态环保项目13个，包括生态保护项目7个，污染治理项目6个；重大民生工程项目10个，包括社会事业项目7个，民生保障项目3个；重大基础设施项目47个，包括交通类项目33个，水利项目6个，新型信息通信项目2个，能源项目6个；储备项目20个。年度计划投资1172.76亿元，截至6月底，已完成投资564.9亿元，投资完成率为48.17%。根据淮安市近年来重大项目的投资数据，物流业和金融服务业是淮安市计划重点投资和发展的一部分。

二、大力发展物流业，打造物流枢纽

物流业是为保证社会生产和社会生活的供给，由运输业、仓储业、通信业等多种行业整合的结果。随着铁路网、高速公路网、水运网、管道运输网、航空网、通信网、计算机网等不断涌现，物流速度越来越快，越来越精准。淮安是苏北重要中心城市，毗邻东陇海线，具有参与新亚欧大陆桥经济走廊建设的独特优势。淮安应建设东部沿海航空货运枢纽和物流中心城市，积极策应"一带一路"以及长江经济带两大建设，建设与之相匹配的多渠道、多业态、内外贯通、城乡一体的物流发展系统。

为推进重点物流园区建设，提升内河枢纽港口地位，促进物流业联动发展，2018年淮安市编排了200个5000万元以上"4+3"服务业特色产业项目，分为七大类，分别为物流、金融、旅游、商贸四大基础服务业，电子商务、健康养生、文化创意三大新兴服务业，并将物流放在首位。

为打造综合物流枢纽之城，淮安市大力发展航空、公路、铁路、水运运输，实现货物仓储、物流配送、信息咨询一体化。加快推进苏食食品加工及物流中心二期工程、中铁物流、新地物流等重点物流项目建设；依托淮安临空产业发展和机场一类口岸优势，持续推进航空物流产业发展，对落户淮安空港物流园内符合要求的物流项目进行重点扶持；推动淮安电子商务现代物流园创成省级示范物流园区，支持淮安生态物流园创建省级示范物流园区。

作为大运河黄金水道沿线城市，内河港口是推进物流业发展的另一优势资源。目前淮安内河港口实现了口岸开放，建成了亿吨大港。2018年淮安市加快港口基础设施建设，建成开发区临港产业园并投入使用，新建涟水新港（二期工程），大力推进黄码港物流、新金湖港等项目建设。开展东环城河季桥作业区等重要作业区规划研究，打造淮河流域煤炭储运基地。推动盱眙港口产业园作业区一期工程、富强新材料产业园等项目前期工作。继续做大做强港口集装箱产业，整合港口集装箱运输资源，实现市区港口、船舶、空箱、车辆等资源共享，降低物流成本。到2025年，力争淮安市物流业增加值达到1000亿元，年均增长20%以上；新增营业收入亿元以上物流企业100家以上，其中10亿元以上物流企业10家以上；全市3A级以上物流企业达100家，新增省级重点物流基地（企业）20家以上，努力打造10个省级示范性物流园区。

三、推进金融业对内对外开放，有利于淮安进一步对外开放

《淮安市"4+3"服务业特色产业发展蓝皮书（2017）》指出，以构建现代金融服务体系为目标，立足服务实体经济，大力深化金融改革、重点防控金融风险。为推进金融业对内对外开放，应积极发展银行、证券、保险及信托、租赁、基金管理等各类金融机构，鼓励引进更多的商业银行，鼓励有条件的地区成立商业银行、村镇银行等地方法人金融机构。

金融是现代经济的核心。淮安经济正处于高质量发展的新阶段，但当前金融业与经济高质量发展的要求还存在相当的距离。淮安市乃至全国的金融服务业长期以来存在两大短板：一是从整个社会融资构成里面来看，直接融资发展不足；二是小微企业融资难、融资贵的问题。为了使金融更好地服务实体经济，淮安市可以从以下两个方面进一步推动金融服务业的发展。第一，制度创新，助力完善资本市场建设。解决第一个短板，需要用金融创新去助力完善资本市场建设，培育经济发展的新动能。金融供给侧结构性改革的重点内容是要提高直接融资占融资的比重，建设开放、透明、有活力、有韧性的资本市场。淮安市要加快多层次资本市场建设，特别是主动适应创新、创造、创意发展的这个大的趋势，提升资本市场对科技创新企业的服务能力。第二，技术创新，拓展实体经济效率边界。金融

创新就是要从金融服务的供给侧出发，转变金融服务的理念和机制，进行金融服务的效率变革和质量提升。淮安可以将移动互联网、大数据分析、人工智能、区块链等新一代信息技术与传统金融服务的需求相结合，既可以改善信息不对称，降低小微企业的风险溢价，又可以简化服务流程，扩大服务范围。

为推进金融业对内对外开放，应积极发展银行、证券、保险及信托、租赁、基金管理等各类金融机构，鼓励引进更多的商业银行，鼓励有条件的地区成立商业银行、村镇银行等地方法人金融机构。加大信贷产品开放和服务创新，增加有效带宽。积极发展资本市场，推进融资市场化进程，鼓励通过发行企业债、融资券等方式直接融资，支持企业上市融资。积极发展股权投资基金、产业基金等各种股权类投资基金。探索发展股权交易市场和产权交易市场。完善信用担保体系，做大再担保规模，积极发展为科技型企业融资服务的担保机构。建立农村金融服务体系，增强对农业农村发展的金融支持。金融服务业的发展对促进淮安的产业结构优化和升级发挥着重大作用，而产业结构优化，有利于降低企业的生产成本，有利于淮安市经济水平的增长，进一步扩大对外开放。

同时，淮安市组建淮安数字金融产业研究院，通过一个金融科技"加速器"和两大公共服务平台（数字资产登记结算平台、数字普惠金融一体化服务平台），打造"立足应用场景、应用关键技术、示范项目引导"的产业生态培育模式，运用数字化技术评估外商投资企业成长能力、发展前景，为外商投资企业提供个性化的金融支持方案。引进金山云全球供应链金融总部、长三角知识产权金融数字化创新实验室、小米金融科技创新实验室等一批数字金融重点项目落户淮安。

四、以台资高地为基石，实施拓展欧美日韩招商策略

1."淮十条"

2017年1月12日，国务院印发了《关于扩大对外开放积极利用外资若干措施的通知》（国发〔2017〕5号），为当前和今后一段时期我国利用外资工作提出了新的方向和遵循。为深入贯彻国务院文件精神，认真落实省委省政府"两聚一高"战略部署，扎实推进"两大目标"，更大力度扩大对外

开放，更高层次提升利用外资水平，努力打造更加开放公平的营商环境，2018年2月14日，淮安市政府正式出台了《关于进一步扩大利用外资若干措施的通知》，简称"淮十条"。

2. 加深淮台合作，建设台资高地

"淮十条"的第八条指出，要强化对台合作，巩固台资高地。利用台资是淮安市开放型经济的最大特色和亮点。2014年创成国家级台资转移集聚服务示范区并获省政府专项政策支持。"淮十条"明确和重申台资转移集聚服务示范区的鼓励政策，一是推进台资转移集聚服务示范区核心区建设，加大投入力度，完善功能配套，加快台资电子信息、新能源汽车等项目集聚。二是引导县区在省级开发区内设立台资转移集聚服务示范区拓展区，围绕特色产业加快台资项目集聚。三是深化淮台园区共建，支持各省级以上开发园区规划建设台资产业（科技）园区，与台湾产业园、科技园等平台开展长效合作。四是鼓励台商投资企业引进国内外优秀人才，对符合条件的中国台湾优秀人才同等适用高层次人才引进扶持政策，对高端人才团队层次高、创业规模大、带动能力强、发展前景广的项目，给予创业资金支持。五是举办品牌活动，突出项目导向，更加务实办好台商论坛、台湾·淮安周系列品牌活动，促进淮台之间多层次、宽领域的交流合作。

在与台湾省的合作过程中，淮安市与台湾省交流频繁，形成了稳固的纽带，淮安市委市政府主要负责人每年赴台开展"淮安周""淮安经贸文化交流合作周"活动，推动淮台经贸、文化交流。在"2018淮安周"期间，共达成合作意向46个，协议引资41.04亿美元。除此之外，2018年淮安市充分发挥在淮投资发展的1000多位台商台胞、省内祖籍淮安的30000多位台胞、台湾省20多家重要工商团体、全国台企联和30多家地方台协作用，诚请他们推介淮安投资环境、推荐台企台商来淮发展。在产业发展方面，始终将优质项目作为台资示范区建设的重要支撑，立足工业、服务业、农业优势特色产业，重点引进培育一批产业链龙头型、关键型项目。平台建设方面，坚持把园区平台作为建设台资示范区的"火车头""主战场"，完善园区功能配套，提升项目承载能级，建设以国家级园区为引领、省级园区为支撑、地方特色园区为补充的产业园区体系，建成淮安国家级经济技术开发区、高新技术开发区等8个国字号园区、7个省级开发区、13个省级特色产业园区，设立国家级淮阴台湾农民创业园、两岸信息家电

产业园、两岸新能源汽车及零部件产业基地等台资产业园区，以及淮安区台资机电产业园、淮阴区台资半导体产业园、盱眙县台资科技产业园、涟水县台资工业园等县区特色平台，为台资企业落户提供广阔的承载空间。

近年来，淮安市认真贯彻落实中央和省委省政府决策部署，以建设国家级台资企业产业转移集聚服务示范区为主线，全力加强与中国台湾的交流合作，台资高地强势崛起。截至 2018 年 11 月，全市累计设立台资项目 1300 多个，总投资 180 多亿美元，到账台资 60 多亿美元，占据全市利用外资的"半壁江山"。

3. 深化对欧美日韩合作，加强对外开放

近些年，淮安市在对台合作的过程中，取得了很大的成就并且积累了一定的合作经验，台资高地，已成为淮安一张闪亮的"城市名片"。而这座高地，仅仅是淮安开放型经济带动下的一个点。淮安以台资高地为基石，推动全方位对外开放，拓展更广阔的发展空间，实施拓展欧美日韩招商策略，组织开展德国、意大利等一系列境外招商，创新外资产业招商、驻点招商、委托招商、以商招商等方式，先后引进韩国纳沛斯半导体、德国麦德龙、英国信诺医疗等欧美日韩项目超 100 个。主动出击，遍布世界多国，一个个优质项目最终汇聚淮安，筑起开放型经济发展高地。除了台资高地的搭建能够对欧美日韩的招商起到推动作用，2018 年印发的"淮十条"还指出，对总投资 1000 万美元以上外商投资工业项目建设规费实行"零收费"。"零收费"内容包括市政公用基础设施配套费、新型墙体材料专项基金、散装水泥专项基金预收款、工程档案编审费等 17 类。除此之外，支持外商投资的工业企业优先享受低息统贷平台贷款和应急过桥资金，低息统贷是指低利率，贷款利率仅上浮 3%，应急过桥资金指有限支持外商投资工业企业享受；保证金不超过 200 万元，一年内最高可借用 30 倍保证金的资金额度。"淮十条"还指出，在全市商务发展专项资金中，设立外资质态提升引导资金。奖补条件：先进制造业、现代服务业和现代农业项目，奖补资金在项目开工后兑现 50%，竣工后兑现 50%。奖补范围：对投资总额在 3000 万美元、1 亿美元、3 亿美元、10 亿美元以上重大项目，分别给予一定数额的奖补；对中国台湾地区、欧美日韩（均含第三地）投资总额在 300 万美元、1000 万美元以上项目，分别给予奖补；对境外世界 500 强及跨国公司投资项目，给予必要的奖补。"淮十条"是淮安市

走出对外开放道路的一大步，通过对项目建设规费实行"零收费"、提供低息贷款平台和应急过桥资金以及一定的奖补条件，可以有效节约外商来淮投资的成本，打造出淮安特有的名片，扩大对外开放的力度和规模，激发欧美日韩等国家和地区来淮投资的热情，将淮安打造成海内外客商投资兴业的"新热土"。

4. 聚焦主导产业，推动经济发展

实体经济是一个地区的立足之本，有利于促进商品生产和流通，扩大社会服务，满足人民生活需要。有利于增加就业，激发市场活力，促进科技进步创新，发展新兴产业，优化产业结构，提高经济发展的质量。实体经济作为淮安市的支柱产业，应当被紧紧抓住，继续聚力培育主导产业，打造一批规模大、贡献多、发展快、绩效好的骨干企业，做大做强主导产业和龙头企业。具体来说，淮安市的主导产业有盐化新材料、电子信息、食品、特钢及装备制造、生物技术及新医药、新能源汽车及零部件产业等。

（1）盐化新材料产业方面，发展"高科技、高效益、低能耗、低排放"的绿色化工和以"新材料与生物技术"为主的高端化工，以"产业、人才、研发"三大高地为重点，构筑盐化工、石油化工、生物化工等融合发展的现代产业集群。

（2）电子信息产业方面，淮安以终端化、多样化、高端化为发展方向，重点发展信息终端制造、电子元器件、光电子、应用电子、软件与信息服务五大产业链，促进信息终端制造与电子元器件产业协同发展。

（3）食品产业方面，淮安立足大食品产业链打造，以服务中高端消费市场为核心，迎合有机化、生鲜化、功能化、高端化产业发展趋势，依托淮安市资源优势，以特色食品精深加工业为基础，打造方便食品制造、酒及饮料制造两大特色产业，并瞄准未来产业发展方向，进一步提高淮安食品产业美誉度、影响力和市场规模。

在特钢及装备制造产业方面，重点发展"一新、一高、七特色"的九大产业重点方向，通过产业要素集聚和全产业链创新升级，提升产品附加值，推动传统规模企业向智能制造、高端产品、新技术产业拓展延伸，打造两千亿级产业集群。

（4）生物技术及新医药产业方面，以产业化、规模化、市场化为目标，将创新化学药、医疗器械、中药及天然药物作为产业主攻方向，将生

物制造、生物药物、养生保健产业作为鼓励发展方向，努力实现关键技术攻关和重点产品研制的新突破，推进科技成果产业化。

（5）新能源汽车及零部件产业方面，淮安抓住国内外新能源汽车产业链快速扩张的趋势，依托省新能源汽车产业基地，加快突破新能源汽车整车制造，做大做强汽车零部件产业，打造"一整三新一基础"的新能源汽车及零部件产业集群。

通过不断引进和培育、不断嫁接和改造相结合，通过技术创新、技术投入、组织创新、产业集聚、信息化改造、人才培养、品牌培育等多种途径，引导推动优势主导产业向高端发展，传统企业向研发、销售两端延伸，不断提高产业层次和企业核心竞争力，用新模式代替旧模式，新业态代替旧业态，新材料能源代替旧材料能源，实现产业升级，实现数量增长型向质量增长型、外延增长型向内涵增长型、劳动密集型向知识密集型经济增长方式的转变。

通过不断发展主导产业，大力发展战略性新兴产业，充分运用新技术、新业态改造提升传统产业。紧紧抓住有效投入这一关键举措，要坚持以投资为重心组织经济工作，向投资要增长、要质量、要效益；要聚焦招商引资，招引更多既对路又可靠的好项目、大项目；严格把好引进准入关，从源头上提升经济发展质量；抢抓国务院出台《关于扩大对外开放积极利用外资若干措施的通知》带来的机遇，抓好政策措施落实，确保在新一轮外资招商热潮中抢得先机；聚焦先进制造业，把着力点放在外资重大产业项目突破上，着力招引世界 500 强企业和知名跨国公司投资项目，推动产业向高端攀升，在新旧动能转换中"提质增效"，转向经济高质量发展。

五、搭建外商投资高新企业的融资服务平台，探索多元化投资模式

淮安市 2018 年外资利用稳中有质。2018 年新设外资项目 168 个，实际到账注册外资 11.8 亿美元（省口径），相比 2017 年增长 0.3%。新设总投资 3000 万美元以上外资项目 73 个，其中 1 亿美元以上项目 16 个；制造业实际利用外资占比 40%，同时对台资高地建设加快推进，新引进及增资台资项目 48 个，其中超千万美元项目数增长 45%，连续 7 年获评台商投资"极力推荐城市"。外资企业的发展对淮安市经济发展具有重要意义。

图 7-11 是 2014～2018 年淮安市实际利用外资数量统计，从图中可以看出注册外资的实际到账数量整体上呈现出平稳趋势，始终维持在 11.8 亿美元左右，没有太大的起伏。对外贸易总体上呈上升趋势，除 2016 年下降到 35.04 亿美元，其余年份都在稳步上升。从宏观上来看，外资外贸对淮安市经济的高质量快速发展具有重要影响，因此如何合理高效的吸引外资、利用外资成为淮安市经济发展的重要课题。

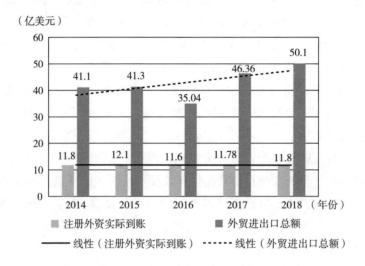

图 7-11　2014～2018 年淮安市实际利用外资数量统计

资料来源：《淮安市统计年鉴(2015～2019)》。

为深入贯彻《关于扩大对外开放积极利用外资若干措施的通知》精神，认真落实省委省政府"两聚一高"战略部署，扎实推进"两大目标"，更大力度扩大对外开放，更高层次提升利用外资水平，努力打造更加开放公平的营商环境，2017 年 2 月 20 日下午，江苏省淮安市人民政府召开新闻发布会，围绕扩大开放、深化改革、优化营商环境，制定出台了具有淮安特色的《关于进一步扩大利用外资若干措施的通知》。通知明确提出要在市权范围内实行优惠政策，降低外商投资和运营成本，加强对外资的金融支持，拓宽外商的融资渠道，并设立专项引导资金扶持外商投资，同时支持外商投资的工业企业优先享受低息统贷平台贷款和应急过桥资金。淮安市正在为外商投资的高新企业搭建融资服务平台，为外商投资的高新企业探索多元化投资模式。

1. 支持外商投资的高新企业依法合规在科创板或海外上市，保障高新企业境内外融资需求

淮安市支持外商投资企业依法依规在主板、科创板、中小企业板上市，以在新三板挂牌及发行公司债券等方式拓展融资渠道，支持外资企业更进一步融入中国市场，对于壮大我国资本市场、提升我国资本市场开放度也有重要作用。同时，优质的跨国企业如果能够在国内上市，对淮安市来说，也有助于淮安市的产业结构调整，为外资企业与本土企业开展更高水平、更广领域、更深层次的合作奠定基础。

（1）淮安市要保障高新企业境内外的融资需求，要全面实施准入前国民待遇加负面清单管理制度，与国际通行规则对接，全面提升开放水平，以开放促改革、促发展、促创新。负面清单之外的领域，任何部门和单位不得对外商投资准入进行限制。加大对外商投资企业享有准入后国民待遇的保障力度，这是进一步积极引用外资，营造优良的营商环境的重要前提。支持外商投资企业依法依规在主板、中小企业板、创业板和境外上市，在新三板挂牌，同等享受市政府鼓励企业上市、鼓励企业在新三板和区域性股权交易市场挂牌的扶持政策。支持发行企业债券、公司债券、可转换债券，运用非金融企业债务融资工具、境外融资，对外发债和跨国公司外汇资金集中运营。

（2）淮安市需要建立健全相关的法律保障机制，完善外商投资的高新企业在境内外上市的法律保障。一方面，完善产权制度和各类市场交易规则，加大物权、债权和知识产权保护力度。加强民营企业司法保护，保护民营企业家人身权、财产权，依法慎重决定是否采取相关强制措施，最大限度降低对企业生产经营活动的不利影响。另一方面，严格规范外资高新企业的上市条件及上市流程，在符合法律法规的前提下，制定涉及外商投资的规范性文件，并听取外商投资企业、商协会的意见和建议；没有法律、行政法规依据的，不得减损外商投资企业的合法权益或者增加其义务，不得设置市场准入和退出条件，不得干预外商投资企业的正常生产经营活动。对于符合上市条件的外资高新企业，政府部门可以向其提供一定的法律援助，降低企业上市的法律成本。

（3）政府部门要提高服务意识，建立高效的服务环境。建立外商投诉的快速调处机制，力争做到重大投诉案年年清，一般投诉案月月结，不留

积案，不办拖案。同时加强协调和部门协作，提高服务水平和办事效率，加快金融、物资、技术、中介服务等市场和行业的发育，创新思路，开展工作，切实解决或缓解外资企业贷款难的问题，如淮安市可积极协调各金融部门，定期或不定期开展银企外资企业专场对接活动，帮助外资解决融资难的问题。

2. 淮安市产业园区设立市级外商投资专项基金或股权投资加盟合作等多种方式扶植优质项目的外引内培

（1）淮安市可以在全市园区设立市级外商投资专项基金或以股权投资形式给予经济支持，同时鼓励外资参与国有企业混合所有制改革，通过合资、参股、并购等方式参与企业改造和兼并重组。市级和各县区、开发园区设立一定规模的产业发展基金或引导资金，以股权、合作权益出资等方式支持科技含量高、投资规模大、市场前景广项目的引进和培育。淮安市根据国家发改委出台的《政府出资产业投资基金管理暂行办法》，鼓励各级地方政府设立政府出资产业投资基金，用于投资战略性新兴产业和先进制造业、创业创新等领域。县区、开发园区也可以设立一定规模的产业发展基金或引导资金，用于引进和培育科技含量高、投资规模大、知名企业多及外资业态新"高大名新"项目。对总投资1000万美元以上外商投资先进制造业和生产性服务业项目，按注册外资实际到账金额给予适当比例支持，在市级商务发展专项资金中，按照项目投资规模对全市范围内外商投资先进制造业、生产性服务业项目给予资金支持，要求县区在制定配套政策中，按照注册外资实际到账金额，对外商投资先进制造业、生产性服务业项目制定明确的扶持比例。对总投资1000万美元以上外商投资工业项目建设规费实行"零收费"。享受建设规费"零收费"的外商投资企业，一方面要有投资规模的要求，总投资达到1000万美元以上；另一方面要为工业项目，既体现市委、市政府工业第一方略的导向，也体现更加突出先进制造业利用外资的目标定位。

（2）根据"淮十条"专门设立外资质态提升引导资金，淮安市政府可以主要奖补五个方面。第一，对投资总额在3000万美元、1亿美元、3亿美元、10亿美元以上的重大项目，分别给予一定数额的奖补。对中国台湾地区、欧美日韩(均含第三地)投资总额在300万美元、1000万美元以上的项目，分别给予奖补。对境外世界500强及跨国公司投资项目，给予必要的奖补。第二，对现有外资企业新上先进制造业项目，每到账 300 万美元按比例给予奖补。第三，对通过省级认定的跨国公司地区总部和功能性机构，分别给予配套奖补。第四，对符合省政府办公厅《关于支持淮安台资企业产业转移集聚服务示范区建设的若干意见》文件政策的台资企业，给予不超过省扶持金额 50% 的配套奖补。第五，根据《市政府关于进一步扩大利用外资若干措施的通知》，对全市范围内外商投资先进制造业项目、生产性服务业项目、现有外商投资企业转型升级项目以及外商投资企业在市场开拓、项目洽谈、产品认证、进口贴息等方面给予支持。以上项目是指先进制造业、现代服务业和现代农业项目，奖补资金在项目开工后兑现 50%，竣工后兑现 50%。

（3）淮安市政府对于科技含量高、投资规模大、市场前景广的项目要给予一定的优惠政策。淮安市可以允许项目所在地县区和开发园区为企业代建设厂房及配套基础设施，一定期限内免费供企业使用，支持企业按照建设成本购买。允许工业项目用地"先租后让""弹性出让"，地价按照全国工业用地出让最低价标准对应的十五个土地等别确定。

3. 保证外商投资的高新企业优先享受低息统贷平台贷款和应急过桥资金，并在市场拓展、项目洽谈、产品认证、技术升级、高端技术人才引进、知识产权保护等方面给予积极支持

（1）支持外商投资的工业企业优先享受低息统贷平台贷款和应急过桥资金。将原来低息统贷平台贷款主要只针对中小微企业的改为支持外商投资工业企业优先享受。低息统贷平台最大的优势在于低利率，一般商业银行的贷款利率是在基准利率基础上浮 10%~30%，而低息统贷平台的贷款利率仅上浮 3%。应急过桥资金则主要用于解决骨干工业企业偿还银行贷款的临时周转资金问题，现在也应该同样支持外商投资工业企业优先享受。借款企业在缴纳不超过 200 万元保证金的前提下，一年内最高可借用 30 倍保证金的资金额度。

（2）在全市外资质态提升引导资金中，对外资先进制造业项目、生产性服务业项目、现有外企转型升级项目以及外企在市场开拓、项目洽谈、产品认证、进口贴息等方面给予支持，努力为外商投资打造良好的营商环境。同时鼓励本土企业引进外商先进的生产技术，从而达到自身的技术升级，进一步帮助淮安市的产业结构转向环境友好型，绿色生态型。鼓励外

商投资企业申报国家高新技术企业和高新技术产品，并按规定对企业所得税和研发费用给予优惠。对外资科研、科技服务等机构，给予科技创新项目优先立项、配套专项资金支持。对外商投资企业符合条件的技改项目给予资金扶持。加大力度吸引跨国公司设立地区总部和功能性机构，帮助争取省级扶持资金。

（3）鼓励外商投资企业引进高端技术人才、高级管理人员，对年缴纳个人所得税总额 3 万元以上的给予适当比例奖补。参照福建省平潭自贸区相关扶持政策，根据市税务局测算，年缴纳个税 3 万元以上人员，年薪在 20 万元以上。至于奖补比例，由县区、开发园区根据本地实际情况具体确定。支持外商投资企业建设工程技术研究中心、企业重点实验室、院士工作站和博士后科研工作站（创新基地），同等享受研发费用加计扣除、高新技术企业和企业研发机构优惠政策。鼓励外资参与国有企业混合所有制改革，通过合资、参股、并购等方式参与企业改造和兼并重组。支持外资依法依规以特许经营方式参与基础设施和公用事业项目建设运营。严格按法律规定保护外商投资企业知识产权，切实保护外商投资者的合法权益。

六、完善国内外航线运输网络，形成具有区域影响的、国内外通达良好的货运枢纽网络

1. 淮安市打造航空货运枢纽站的基础条件

淮安市区位优势独特，是江苏北部的中心城市，素有"南船北马"水路中转中心之称。全市地处江苏省淮河两岸，邻江近海，东毗盐城，南连扬州和安徽省滁州市，西邻宿迁，距离南京只有不到 2 小时的车程，距离上海也只有不到 4 小时的车程，京沪、宁宿徐、淮盐、宿淮、宁淮 5 条高速公路在淮安交汇，新长铁路纵贯淮安全境，将淮安与盐城、南通连接起来，是南下北上的交通要道，其区位优势独特，是江苏省的重要交通枢纽，也是长三角北部地区的区域交通枢纽。

2. 航空货运运行持续平稳

通航 8 年来，淮安机场安全运行持续平稳，走出了一条具有淮安特色的民航发展道路，是广受赞誉的"支线样板机场"。机场二期扩建工程投运

后，飞行区等级达到 4D，航空货运综合区 6600 平方米，其中国际货站 1000 平方米，可满足货邮吞吐量 1.3 万吨。2018 年 11 月，经国务院批准，《淮河生态经济带发展规划》正式印发。推进淮安航空货运枢纽建设，是《长三角一体化发展规划纲要》和《淮河生态经济带发展规划》确定的重点任务之一，也是省委、省政府为完善现代综合交通运输体系、支持苏北地区发展做出的重大决策。2018 年以来，淮安机场继续保持良好发展势头。二期扩建工程主体完工投用，跑道由 2400 米增加至 2800 米，新增 11 个客机位，飞行区等级升级为 4D，服务保障能力大幅提升，可满足开通国内所有城市航线需求。航空口岸功能日益完善，获评省级文明口岸，口岸出入境人数首次突破 10 万人次，同比增长超过 70%，对于淮安扩大对外开放意义重大。航空货运增长显著，货邮吞吐量首次超过 6000 吨，同比增长 25%，为打造货运枢纽迈出坚实步伐。

3. 完善航线运输网络，打造货运枢纽

发展航空枢纽经济，机场自身的发展规模和运行品质是基础。2019 年以来，淮安机场紧紧围绕货运枢纽建设战略定位，完善利于货运发展的航线网络，增加了银川、汕头、武汉等航线，加密哈尔滨、杭州、天津等航班，通航境内外城市共达 35 个，运营航空公司 12 家。淮安提出了"机场带动物流、物流带动产业、产业带动城市"的发展模式，按照 2020 年、2025 年、2035 年"三步走"的发展顺序，全力打造航空货运枢纽。目前，已有 3 家快递企业在淮安设立陆运转运中心，包括顺丰、圆通以及百事汇通，但其位置均不紧邻机场分布。淮安市政府应支持和鼓励 EMS、顺丰等航空货运企业在淮安机场及周边区域建设航空货运枢纽、货运集散地和快件处理中心。同时，淮安成功招引龙浩航空开通淮安首条全货机航线。淮安空港产业园先后签约总投资 5 亿元的新加坡装备式建筑、总投资 1 亿元的金属制品等项目。淮安根据建设苏北地区重要的国际货运机场的目标，分期建设货运站、货运堆场，大力发展全货运包机，积极开辟淮安至中国台北、广州、深圳等城市以及至日本、新加坡、马来西亚、泰国、斯洛文尼亚等国家的货运航班，尽快建成较为完善的货运航线网络。

4. 开辟组织航空货源，为淮安机场航空货物集散提供保障

淮安地处中国南北地理分界线和苏北地理几何中心，是淮河流域的重

要节点城市，三次产业已实现由"二三一"向"三二一"的历史性转变。加之苏北、苏中、鲁南、皖北等淮河流域城市以特色农产品、电子信息、高端装备制造等为主的产业加快集聚提升，形成了大批体积小、生产周期短、附加值高的产品，催生了运输时效高的物流需求。目前全国快递前10强企业均在淮设立了区域分拨中心，日均转运量240万件，主要集中在西安、成都、沈阳、广州、深圳等地，之前主要经陆路运输中转，通过南京、无锡、南通以及省外机场集散。淮安市应当积极统筹客货运发展，加快建设枢纽平台，吸引产业集聚，继续推进基础设施的建设，积极启动机场扩建工程，建设进出境快件处理中心，加强机场与高速、城市快速通道、高铁站、公路客运站等的连接；大力招引龙头企业，引进航空物流龙头企业、全货机航空企业，促进货物集散、包装加工、分拨配送业务发展，吸引联邦快递、UPS及中货航、国货航、邮航等国际国内知名企业来淮建立航空货运基地或区域航空货运分拨中心。

5. 打造"航空+"多式联运服务

加快推进淮安机场二期工程建设，完善机场配套服务设施。尽快建成503省道、老张集机场连接线等工程，积极开辟相关县区及宿迁、盐城、连云港等周边城市的公路客运专线，提高机场辐射能力。第一，畅通内外连接通道。加快实施京沪高速、长深高速扩建，全面推进淮滨、北沿淮高速建设，提升"两纵一横"大通道通行服务能力，进一步强化与连云港海港、徐州铁路枢纽的"三角支撑"，着力提升对淮河流域城市的辐射能力。第二，加快连淮扬镇铁路建设，做好宁淮铁路开工准备，开展沂淮、淮滨铁路接入淮安机场的可行性研究，开工建设机场与淮安东站铁路枢纽及涟水站之间的快速通道，实现机场货运与高铁快运的高效衔接。第三，推进346和503省道等干线公路建设，加密机场周边地区公路及城市道路网，形成功能明确、层次清晰的路网体系，实现机场与高速公路、内环高架以及陆港、内河港的快速连通。构建高效集疏运体系。强化与长三角、淮河流域城市机场群的业务协作，与国内外铁路运输、卡车运输、内河航运、综合物流企业开展战略合作，组建本土多式联运公司，支持具有空陆联运需求或能力的企业在淮开展业务运营，全力打造"航空+"多式联运服务。

6. 加强淮安机场与周边机场的竞合关系

淮安机场发展航空物流的主要竞争来自门户枢纽上海机场、货运枢纽郑州机场、干线南京机场、无锡机场以及苏北其他三座机场。因此，正确处理好与周边机场的关系显得尤为重要。

（1）加强同门户枢纽机场、货运枢纽机场、干线机场的联系，强化淮安机场在我国航空物流网络中末端节点的作用，力争成为区域性中心。开辟直达航线或卡车航班，实现立体式互联、无缝式对接。例如，通过卡车航班方式，与上海机场、郑州机场进行互通，以最短的时间，实现货物转运衔接。

（2）加强同周边三座机场的合作。近期来看，淮安机场与周边三座机场货运业务的规模较为接近，竞争同质化严重，大量货源均流失，流向于货运能力较为突出的大型机场。因此，要改变现有各自为战的发展格局，组成战略联盟发展航空货运。对于组织构成、收益划分等方面形成统一方案，将四地紧密联系起来，专注细分市场，共同打造一个区域航空物流中心，实现共赢。

七、大力发展临空产业，推动电子信息产业集群式发展，打造苏北地区有独特性的航空配餐业

根据江苏省委、省政府总体部署，淮安市统筹客货运发展，建好枢纽平台，吸引产业集聚，加快推进航空货运枢纽建设，大力发展临空产业，重点发展飞机零部件及附属专用设备等航空产品，推动电子信息产业集群式发展，打造苏北地区具有鲜明特色的航空配餐业。为此，淮安市应加快淮安空港产业园建设，充分发挥规划引领作用，尽快出台《淮安市临空经济区空间布局规划》和《淮安市临空经济区发展规划》，充分发挥临空产业发展和机场一类口岸优势，加快推进空港保税物流中心建设；进一步推动空港东西片区融合联动发展，实行一张蓝图管控，统一规划建设，统一产业定位，统一招商政策。

淮安空港产业园位于淮安涟水国际机场进场路南侧，一期规划开发面积约 12 平方千米，是淮安市政府重点打造的一个新的经济增长极，更是淮安对外开放的重要窗口。作为淮安市发展临空产业的重要园区，淮安空

港产业园肩负着重要的责任。为了进一步发展淮安市临空产业，淮安市政府可以按照集约紧凑、产城融合、区域协同的发展理念，将淮安空港产业园区规划形成"一心一轴四区"的总体布局框架。"一心"指的是淮安涟水机场。以淮安涟水机场为核心，强化空港货运枢纽与综合交通枢纽建设，提升机场运营保障能力与服务水平，将涟水机场打造成苏北地区重要的航运物流枢纽。"一轴"指的是临空经济发展轴。依托淮安市现有的临空经济发展资源和位于淮河生态区的地理优势，加强与"长三角"地区的合作交流，打开对外开放窗口，促进淮安临空产业升级和经济发展。"四区"指的是航空港区、临空现代物流集散区、城市功能区和生态功能区四大区块。

为进一步推动淮安市临空产业的发展，淮安市应加快建设和完善机场口岸联检设施，支持口岸联检单位、机场公司、基地航空公司建立统一的业务数据电子信息交换平台，推动电子信息产业集群式发展，实现淮安机场范围内航空物流信息一体化。同时，淮安还应当关注航空配餐业的发展，淮安作为淮扬菜的主要发源地，有 1300 多种菜点，打造苏北地区具有独特性的航空配餐业也是推动淮安临空产业发展的一条重要路径。淮安应当不断传承和发展淮扬美食，做好食物质量把关，积极招商引资，吸引淮安本土美食企业与机场进行合作，节约成本，形成一条紧密的供应链，让淮扬美食成为推动淮安航空配餐业发展的动力。具体表现在以下方面：

1. 加快建设航空物流信息平台

目前淮安机场只有货运信息查询系统，淮安物流信息网发布的大多又都是运输信息。建设航空物流信息平台，促进淮安机场、航空运输企业、地面物流企业、海关、检验检疫机构等之间的高效流动，交互共享物流信息，可以提高物流效率，提升物流服务。搭建淮安物流服务平台开发 App 或微信平台，为社会公众查询物流信息提供便捷服务。包括货源信息、航班动态、物流线路、在线估价、物流跟踪、航班计划、物流助手等。

2. 淮安市应加快建设和完善机场口岸联检设施

支持口岸联检单位、机场公司、基地航空公司建立统一的业务数据电子信息交换平台，实现淮安机场范围内航空物流信息一体化；充分发挥综保区平台功能，加快发展跨境电子商务，按照海关监管场所标准建设电子口岸平台和国际快件监管中心。

3. 实现淮安智慧物流

淮安物流应将大数据、物联网、云计算等数字技术应用于仓储配送领域，招引苏宁集团、菜鸟物流在淮安设立基于物联网的机器人分拨中心；招引京东在淮安建立运营中心，将打造集工业机器人、射频识别、红外识别、图像识别、数据挖掘、人工智能技术为一体的现代化智能物流技术示范基地。打造"空港电子物流信息平台""跨境电商公共服务平台"等物流信息监控与调度平台，为跟踪追溯、路径优化、快速通关提供了高效的解决方案。

八、加强人才"外引内培"的力度

人才是发展对外开放的重要推动力，要提升培养人才、引进人才、留住人才的能力，壮大淮安市人才队伍。要保持台资企业及其他外资企业在淮安的稳定发展，同时政府要制定各种人才优惠政策，注重外来人才的引进和本地高校人才的培养及毕业生的留淮工作。构建以复合型高端人才为核心的多元化人才服务系统。打造人才"十百千工程"，外引内培复合型高端人才。近年来，在淮安市"十三五"人才发展规划的基础上，淮安出台了一系列进一步加强人才引培的政策，但目前大量复合型高端人才的缺失仍是制约淮安经济发展的瓶颈。必须打造人才工程，通过"外引＋内培"两手齐抓，吸引国内各大高校的高端人才、行业实战领军人物，以及国外发达国家高端人才。同时，淮安高校要根据自身的专业优势，改变传统单一化人才培养模式，制定学科交叉复合型人才培养方案，注重前沿领域、高端产业所需人才的培养。力争到 2030 年，培育出国际知名的智能制造、电子信息、网络管理、城市规划、商务贸易、公共管理、物联网、金融、旅游管理、路桥工程研发团队 10 个，国内智能制造、电子信息、网络管理、城市规划、商务贸易、公共管理、物联网、金融、旅游管理、路桥工程等领先科技人才 100 名，长三角地区智能制造、电子信息、网络管理、城市规划、商务贸易、公共管理、物联网、金融、旅游管理、路桥工程等科技后备人员 1000 名。

九、提供资源展示舞台，打造系列高峰论坛

论坛、展会是展示城市形象的窗口，能够在短时间内给访客留下深刻的印象。近年来，淮安举办了数场双边、多边交流活动，如 2016 年第十一届台商论坛两岸智能装备产业发展分论坛、淮台学术交流笔会，2017 年纪念周恩来诞辰 120 周年"伟人故里淮安行"活动之"国际友城交流"论坛，2018 年淮安国际半导体产业论坛，2019 年中国（淮安）国际食品博览会，与来自全球各个国家和地区的政府官员、行业精英、专家学者共同探讨产业前沿资讯，向外商展示淮安风采，让更多外商了解淮安、关注淮安、投资淮安。

未来淮安要树立自己的产业品牌，抓住数字经济风口，利用自身在发展新一代信息技术、高端装备制造方面的优势，通过系列峰会，云集政府、企业、机构各领域专家，着力打造数字经济的展示舞台，如人工智能大会、机器人大赛、智能科技博览会、智慧城市高峰论坛等，聚集领域强企，汇聚英才，论道淮安经济发展，把握领域新风向，共商未来发展新理念、新路径，商讨智能制造等深化拓展的新方案和新路径，推动数字创新创业成果对接落地，以实际行动助力构建"淮安智造""数字淮安""智慧淮安"。

十、建立"一带一路"交流中心，发挥淮安的引领作用

淮安从长三角、江苏、苏北三个层面，打造"一带一路"沿线网络城市的国际交往节点，建设具有"一带一路"影响力的城市。一是主动服务"一带一路"沿线国家合作交往，建立淮安"一带一路"交流中心与"一带一路"协同合作机制。要积极探索建立淮安"一带一路"交往中心建设联席协调机构，协调淮安"一带一路"交流中心建设与"一带一路"沿线国家的国际交流活动。举办"一带一路"合作会议、"一带一路"沿线友好城市交流、美食、旅游、文化合作等方面推进战略协同。建立淮安与"一带一路"友好城市常设对话和定期交流机制，就旅游、文化教育、信息和通信技术、基础设施和物流、农业和食品等专题进行研讨。二是以"一带一路"沿线友好城

市合作为依托，打造淮安友好城市交流合作新平台。加强淮安与"一带一路"沿线国家的友好城市交往，增加淮安友好城市数量。扩大和深化与"一带一路"沿线友好城市的交往范围及领域，制定友好城市发展战略规划，建立淮安与"一带一路"沿线友城信息数据库，推进"一带一路"沿线友好城市间全方位、多层次、宽领域合作。三是强化淮安航空枢纽功能，结合淮安机场建设逐渐形成通达全球的航空网络，推进淮安与"一带一路"沿线城市民航合作，朝着建设国际化航空都市方向发展。

第八章
结论与展望

　　共同富裕是社会主义的本质要求，同时也是中国现代化的重要特征。中国经济社会发展的目的和归宿，就是要实现全体人民共同富裕。新中国成立以来，共同富裕经历了漫长的探索和实践历程，从温饱不足到总体小康再到全面小康，中国人民的生活面貌日新月异，生活质量和水平相应得到显著提升，经济、社会发展实现了历史性跨越。当前，在全面建设社会主义全面建设社会主义现代化国家新征程上，如何扎实推动共同富裕？不仅是一个重大的理论问题，更是一个现实问题。2021年8月的中央财经委员会第十次会议强调"要坚持以人民为中心的发展思想，在高质量发展中促进共同富裕"。2021年5月，国家赋予浙江高质量发展建设共同富裕示范区先行使命，探索可操作、可复制、可推广的经验做法。率先实现现代化推进共同富裕需要区域范例，更需要城市范例。因此，在全面建设社会主义现代化国家新征程上，积极探索共同富裕下城市经济高质量发展的推进路径，对在加快推进中国式现代化进程，实现全体人民共同富裕具有重要的理论和现实意义。

　　改革开放以来，中国城市经济发展成效显著，城市经济实力显著增强、对外开放度大幅提高、城市化水平快速提高、结构转型升级速度加快，为实现共同富裕奠定了坚实基础。然而，我们仍然面临着创新动力不足、不平衡和不可持续、城乡差距和区域不平衡等挑战。在全面建设社会主义全面建设社会主义现代化国家新征程上，精准识别这些挑战对于未来更好推动城市经济高质量发展，不断满足人民日益增长的美好生活需要，扎实推进共同富裕具有重要意义。目前，大多数学者对城市经济高质量发展的研究主要集中在城市竞争力、可持续发展和创新等方面，但对于以实现共同富裕为目标导向的城市经济高质量发展缺乏系统性的实证分析。本书基于共同富裕的视角，以新发展理念为背景，采用理论与实证相结合、定性与定量分析并重的论证方法，选取样本城市进行个案分析，探索加快推进城市经济高质量发展的有效路径，以期为地方政府在现代化新征程上制定和实施经济高质量发展的政策措施，扎实推进共同富裕提供参考。本书得出的主要结论如下：

第一，通过对共同富裕与高质量发展的内在逻辑探究，得出共同富裕是高质量发展的根本目的，高质量发展要把共同富裕作为主要目标。同时，高质量发展是实现共同富裕的重要途径，是解决逐步实现共同富裕一切问题的基础和关键，实现共同富裕必须依靠高质量发展。高质量发展与共同富裕二者具有统一性，统一于新发展理念的指导和贯彻，统一于全面建设社会主义现代化国家、实现中华民族伟大复兴的实践中。

第二，基于共同富裕目标下城市经济高质量发展的核心要义及面临的挑战，经分析得出，中国城市经济实力显著增强、城市化水平快速提高、结构转型升级稳中有进、基础设施不断完善，为实现共同富裕奠定了坚实基础。然而，城市经济高质量发展仍然面临着创新动力不足、不平衡和不可持续、城乡差距和区域不平衡等挑战。这对于精准把握当前中国城市经济发展的态势与基于共同富裕城市经济高质量发展的目标要求奠定了实践基础。

第三，基于新发展理念为引领，从"创新、协调、绿色、开放、共享"五大方面构建出了城市经济高质量发展分析框架。同时，选取淮安市为研究对象，对城市经济高质量发展的态势进行实证分析，在此基础上提出具有针对性和可操作性的城市经济高质量发展的政策建议。认为基于共同体富裕目标下量城市经济高质量发展应当由数量快速增长转向质的有效提升和量的合理增长、要素驱动转向创新驱动、资源消耗粗放发展转向绿色生态发展、城乡二元转向城乡融合发展。在共同富裕目标下，加快推进城市经济高质量发展，必须完整、准确、全面贯彻新发展理念，坚持以推动高质量发展为主题，着力增强城市创新驱动能力、加快新旧动能转换培育和发展新产业新业态新模式、完善城乡融合体制机制、着力缩小城乡居民收入差距、深化区域合作，推动形成全方位高水平对外开放格局。

总之，在开启全面建设社会主义现代化国家新征程、向第二个百年奋斗目标进军的新阶段，推动城市经济高质量发展，不仅关乎能否持续推进经济社会持续健康发展，更关乎能否实现人民美好生活、人的全面发展以及全体人民共同富裕的终极使命。因此，未来推进城市经济高质量发展中促进共同富裕必将会成为理论界和地方政府关注的重点领域。本书以共同富裕为视角，通过对城市经济高质量发展相关问题的实证分析，以期为地方政府在全面建设社会主义现代化国家新征程上制定和实施经济高质量发展的政策措施提供新的研究视角，也为助推实现城市经济的高质量发展，扎实推进共同富裕提供支撑。

参考文献

［1］［英］阿瑟·刘易斯.经济增长理论［M］.伦敦:艾伦与昂温出版社,1957.

［2］安礼伟,张二震.中国经济新旧动能转换的原因、基础和路径［J］.现代经济探讨,2021(1).

［3］白素霞,陈井安.收入来源视角下我国城乡收入差距研究［J］.社会科学研究,2013(1):30.

［4］保罗诺克斯,史蒂文平奇.城市社会地理学导论［M］.柴彦威,张景秋,译.北京:商务印书馆,2005.

［5］庇古.福利经济学［M］.金镝,译.北京:华夏出版社,2017.

［6］蔡爱军,朱传耿,仇方道.我国开放型经济研究进展及展望［J］.地域研究与开发,2011(2).

［7］陈宗胜,康健.中国居民收入分配"葫芦型"格局的理论解释:基于城乡二元经济体制和结构的视角［J］.经济学动态,2019(1).

［8］陈昌兵.新时代我国经济高质量发展动力转换研究［J］.上海经济研究,2018(5).

［9］陈川,许伟.以人民为中心的高质量发展理论内涵［J］.宏观经济管理,2020(3).

［10］陈飞翔.开放利益论［M］.上海:复旦大学出版社,1999.

［11］陈伟雄.习近平新时代中国特色社会主义对外开放思想的政治经济学分析［J］.经济学家,2018(10).

［12］陈文胜.中国迎来了城乡融合发展的新时代［J］.红旗文稿,2018(8).

［13］陈云松,张翼.城镇化的不平等效应与社会融合［J］.中国社

会科学，2015(6)．

[14] 陈再齐，李震，杨志云．国际视角下经济高质量发展的实现路径及制度选择［J］．学术研究，2019(2)．

[15] 陈子曦．中国各省市区开放型经济水平比较研究［J］．地域研究与开发，2010(5)．

[16] 陈梓睿．环境、理念、内涵与空间：新时代中国对外开放特征的四维审视［J］．华南师范大学学报（社会科学版），2020(4)．

[17] 程恩富．论新常态下的五大发展理念［J］．南京财经大学学报，2016(1)．

[18] 迟福林．转向高质量发展，要突出强调动力变革［J］．环境经济，2018(5)．

[19] 大卫·李嘉图．政治经济学原理［M］．北京：光明日报出版社，2009.

[20] 大卫·李嘉图．政治经济学及赋税原理［M］．北京：商务印书馆，1962.

[21] 戴维·罗默．高级宏观经济学［M］．上海：上海财经大学出版社，2003.

[22] 戴翔，张二震．逆全球化与中国开放发展道路再思考［J］．经济学家，2018(1)．

[23] 邓小平文选（第3卷）［M］．北京：人民出版社，1993.

[24] 董小麟，陈万灵，郑亚伟．开放发展理念研究［M］．北京：社会科学文献出版社，2020.

[25] 樊纲，王小鲁，马光荣．中国市场化进程对经济增长的贡献［J］．经济研究，2011(9)．

[26] 樊纲，马蔚华．中国新一轮对外开放：机遇与挑战［M］．北京：中国经济出版社，2015.

[27] 范硕，何彬．新时代中国特色社会主义对外开放的经济内涵与实践路径［J］．经济学家，2020(5)．

[28] 方向明，覃诚．现阶段中国城乡发展差距评价与国外经验借鉴［J］．农业经济问题，2021(10)：32-41.

[29] 费孝通．中国城乡发展的道路［M］．上海：上海人民出版社，2016.

［30］弗朗索瓦·佩鲁．新发展观［M］．北京:华夏出版,1987.

［31］高虎城．适应新常态实现新作为加快构建开放型经济新体制［J］．求是,2017(12).

［32］辜胜阻,李正友．中国自下而上城镇化的制度分析［J］．中国社会科学,1998(2).

［33］关白．开放型经济理论与实务［M］．北京:北京理工大学出版社,2000.

［34］郭建军．日本城乡统筹发展的背景和经验教训［J］．农业展望,2007(2).

［35］郭晓鸣．乡村振兴战略的若干维度观察［J］．改革,2018(2).

［36］国家发展和改革委员会国际合作中心对外开放课题组．中国对外开放40年［M］．北京:人民出版社,2018.

［37］韩保江．论习近平新时代中国特色社会主义经济思想［J］．管理世界,2018(1).

［38］洪银兴．论创新驱动经济发展战略［J］．经济学家,2013(1).

［39］胡键．“一带一路”与中国软实力的提升［J］．社会科学,2020(1).

［40］胡锦涛文选（第2卷）［M］．北京:人民出版社,2016.

［41］胡月,田志宏．如何实现乡村的振兴?:基于美国乡村发展政策演变的经验借鉴［J］．中国农村经济,2019(3).

［42］加藤弘之,吴柏君．城市化与区域经济发展研究［M］．上海:华东理工大学出版社,2011.

［43］简新华．产业经济学［M］．湖北:武汉大学出版社,2001.

［44］江小涓．新中国对外开放70年［M］．北京:人民出版社,2019.

［45］江泽民文选（第3卷）［M］．北京:人民出版社,2006.

［46］解安,王立伟．基于城乡融合视角的相对贫困治理对策研究［J］．学习与探索,2021(2).

［47］金碚．关于“高质量发展”的经济学研究［J］．中国工业经济,2018(4).

［48］竟辉．习近平关于改革开放重要论述的方法论特质［J］．邓小平研究,2021(1).

［49］库兹涅茨．现代经济增长:速度结构与扩展［M］．北京:北京经济学院出版社,1989.

［50］赖德胜．在高质量发展中促进共同富裕［J］．北京工商大学学报（社会科学版），2021（6）．

［51］李海舰，杜爽．推进共同富裕若干问题探析［J］．改革，2021（12）．

［52］李健．我国城乡居民收入差距的主要影响因素及对策研究［D］．哈尔滨：东北农业大学，2017.

［53］李晓斌．以产业转型升级推进新型城镇化的动力机制研究［J］．求实，2015（2）．

［54］李爱民．我国城乡融合发展的进程、问题与路径［J］．宏观经济管理，2019（2）．

［55］李红玉．马克思主义城乡融合发展理论及其现实意义［M］．北京：中国社会科学出版社，2018.

［56］李继樊．内陆开放型经济理论与重庆实践［M］．郑州：河南人民出版社，2011.

［57］李俊松，李俊高．美日欧农业补贴制度历史嬗变与经验鉴镜：基于速水佑次郎"农业发展三阶段论"［J］．农村经济，2020（4）：134-142.

［58］李兰冰，刘秉镰．"十四五"时期中国区域经济发展的重大问题展望［J］．管理世界，2020（5）．

［59］李清彬．迈向共同富裕的分配行动探究［M］．北京：人民出版社，2021.

［60］李长英，周荣云，余淼杰．中国新旧动能转换的历史演进及区域特征［J］．数量经济技术经济研究，2021（1）．

［61］李志翠，马雪梅，陈颖．改革开放以来中国利用外资的实践、成效、经验及对策［J］．国际贸易，2019（12）．

［62］里昂惕夫．投入产出经济学［M］．北京：商务印书馆，1980.

［63］厉以宁，黄奇帆，刘世锦．共同富裕科学内涵与实现路径［M］．北京：中信出版社，2022.

［64］梁吉义．区域经济通论［M］．北京：科学出版社，2009.

［65］林学军．战略性新兴产业的发展与形成模式研究［J］．中国软科学，2012（2）．

［66］刘志彪．理解高质量发展：基本特征、支撑要素与当前重点问

题［J］．学术月刊，2018(7)．

［67］刘万华．开放发展具有丰富深刻的内涵［J］．红旗文稿，2016(1)．

［68］刘志彪，凌永辉．结构转换、全要素生产率与高质量发展［J］．管理世界，2021(7)．

［69］卢卡斯．经济理论周期研究［M］．北京：商务印书馆，2000．

［70］罗纳德·哈里·科斯．变革中国：市场经济的中国之路［M］．王宁，徐尧，李哲民，译．北京：中信出版社，2013．

［71］罗斯托．从起飞到持续增长的经济学［M］．成都：四川人民出版社，1988．

［72］马嘉爽．新时代城乡融合发展实证研究［D］．长春：吉林大学，2019．

［73］马克思恩格斯文集（第9卷）［M］．北京：人民出版社，2009．

［74］迈克尔·波特．国家竞争优势［M］．北京：华夏出版社，2002．

［75］毛泽东文集（第7卷）［M］．北京：人民出版社，1999．

［76］门洪华．"一带一路"与中国：世界互动关系［J］．世界经济与政治，2019(5)．

［77］孟庆红．区域优势的经济学分析［M］．成都：西南财经大学出版社，2000．

［78］孟鑫．新时代我国走向共同富裕的现实挑战和可行路径［J］．东南学术，2020(3)．

［79］缪尔达尔．经济理论和不发达地区［M］．杰拉尔德·达克沃斯出版公司，1957．

［80］潘晓成．论城乡关系：从分离到融合的历史与现实［M］．北京：人民日报出版社，2018．

［81］全毅．改革开放40年中国对外开放理论创新与发展［J］．经济学家，2018(11)．

［82］饶会林．城市经济学［M］．大连：东北财经大学出版社，2000．

［83］任保平，钞小静，魏婕．中国经济增长质量发展报告(2014)［M］．北京：中国经济出版社，2014．

［84］申静，刘莹赵，域航．国际大都市创新评价指标体系构建及应用［J］．技术经济，2018(2)．

［85］沈丹阳．我国构建开放型经济新体制与推动建设开放型世界经济［J］．世界经济研究，2017（12）．

［86］沈满洪．生态文明视角下的共同富裕观［J］．治理研究，2021（5）．

［87］施峰．缩小居民收入差距：中国和平发展亟待解决的一个重要问题［J］．经济研究参考，2005（38）．

［88］十八大以来重要文献选编：上册［M］．北京：中央文献出版社，2014．

［89］十八大以来重要文献选编：中册［M］．北京：中央文献出版社，2016．

［90］十九大以来重要文献选编：上册［M］．北京：中央文献出版社，2019．

［91］斯蒂格利茨．经济学［M］．北京：中国人民大学出版社，2000．

［92］苏东水．产业经济学［M］．北京：高等教育出版社，2005．

［93］苏昕．新型城镇化背景下的城市新移民社会权利保障［J］．马克思主义研究，2014（2）．

［94］孙锦．新型城镇化背景下城中村失地农民就业路径选择的思路创新［J］．改革与战略，2015（12）．

［95］孙久文．区域经济学［M］．北京：首都经贸出版社，2014．

［96］WTO事务咨询中心．中国推进构建开放型经济新体制［M］．上海：上海人民出版社，2015．

［97］万海远．新发展阶段推进共同富裕的若干理论问题［J］．东南学术，2022（1）．

［98］王晓亮，王英．区域开放型经济发展水平评价指标体系构建［J］．地域研究与开发，2013（3）．

［99］王朝明，张海浪，王彦西．改革开放四十年中国特色社会主义收入分配理论回顾与展望［J］．江西财经大学学报，2019（2）．

［100］王全景，郝增慧．中国城乡收入差距的经济结构基础：所有制结构与金融结构［J］．经济科学，2018（3）．

［101］王相宁，曾思韶．金融包容性对收入差距和金融稳定性的影响：基于"一带一路"沿线43个国家的面板数据［J］．经济与管理研究，2019（4）．

［102］王勇．战略性新兴产业简述［M］．北京:世界图书出版公司北京公司，2010.

［103］王悦侠．我国居民财产性收入差距的实证研究［D］．合肥:安徽大学，2017：12-14.

［104］王振亮．城乡空间融合论［M］．上海:复旦大学出版化，2000.

［105］维诺德·托马斯，王燕．增长的质量［M］．北京:中国财政经济出版社，2001.

［106］魏后凯．现代区域经济学［M］．北京:经济管理出版社，2011.

［107］温涛，何茜，王煜宇．改革开放40年中国农民收入增长的总体格局与未来展望［J］．西南大学学报(社会科学版)，2018(4).

［108］吴敬琏．供给侧改革:经济转型重塑中国布局［M］．北京:中国文史出版社，2016.

［109］吴晓波．历代经济变革得失［M］．杭州:浙江大学出版社，2016.

［110］伍海华．产业发展论［M］．北京:经济科学出版社，2004.

［111］武丽娟，刘瑞明．唤醒沉睡的资本:农地抵押贷款的收入撬动效应［J］．财经研究，2021(9).

［112］武小龙，刘祖云．城乡关系理论研究的脉络与走向［J］．领导科学，2013(11).

［113］习近平．论坚持全面深化改革［M］．北京:中央文献出版社，2018.

［114］习近平．高举中国特色社会主义伟大旗帜为全面建设社会主义现代化国家而团结奋斗:习近平同志第十九届中央委员会向大会作的报告摘登［N］．人民日报，2022-10-17.

［115］习近平．推动形成优势互补高质量发展的区域经济布局［J］．求是，2019(24).

［116］习近平．在党的十八届五中全会第二次全体会议上的讲话（节选）［J］．求是，2016(1).

［117］习近平．在庆祝中国共产党成立100周年大会上的讲话［M］．北京:人民出版社，2021.

［118］习近平关于科技创新论述摘编［M］．北京：中央文献出版社，2016.

［119］习近平关于全面建成小康社会论述摘编［M］．北京：中央文献出版社，2016.

［120］习近平谈治国理政（第1卷）［M］．北京：外文出版社，2018.

［121］习近平谈治国理政（第3卷）［M］．北京：外文出版社，2020.

［122］习近平谈治国理政（第4卷）［M］．北京：外文出版社，2022：144.

［123］肖兴志．发展战略、产业升级与战略性新兴产业选择［J］．财经问题研究，2010(8).

［124］肖依．城乡统筹发展中的农村建设：国外经验与启示：以英国、美国、日本、韩国、印度五国为例［D］．武汉：华中师范大学，2011.

［125］谢伏瞻．扎实推进全体人民共同富裕［N］．人民政协报，2021-03-08.

［126］新玉言．国外城镇化比较研究与经验启示［M］．北京：国家行政学院出版社，2013.

［127］徐飞．共同富裕的理念演进、实践推动与基础性制度安排［J］．人民论坛·学术前沿，2021(22).

［128］徐冰清．城乡居民财产性收入差距的比较研究：以杭州市余杭区为例［D］．杭州：浙江大学，2017：3-4.

［129］徐建华．计量地理学［M］．北京：高等教育出版社，2010.

［130］徐建荣．新型城镇化下江苏农民工市民化成本探析［J］．现代经济探讨，2015(2).

［131］徐娟，常金华，黎娇龙．经济增长的环境成本及国民健康：一个国际比较的视角［J］．南方经济，2016(7).

［132］亚当·斯密．国富论［M］．唐日松，等，译．北京：华夏出版社，2005.

［133］杨煌．共同富裕：中国共产党百年的奋斗与追求［J］．世界社会主义研究，2021(9).

［134］杨永华．后刘易斯时代的经济发展［J］．学术月刊，2012(1)：79-85.

［135］姚士谋，朱英明，陈振光，等．中国城市群［M］．合肥：中国

科学技术大学出版社，2001.

［136］姚玉祥，吴普云．中国城镇化的收入分配效应：理论与经验证据［J］．经济学家，2019(9)．

［137］余妙宏．论自由贸易区(FTA)与国家战略的对接联动［J］．山东社会科学，2019(12)．

［138］袁宝龙，李琛．创新驱动我国经济高质量发展研究：经济政策不确定性的调节效应［J］．宏观质量研究，2021(1)．

［139］张为付，张二震．对提高南京城市综合竞争力若干问题的研究［J］．南京社会科学，2001(2)．

［140］张国兴，冯朝丹．黄河流域资源型城市高质量发展测度研究［J］．生态经济，2021(5)．

［141］张二震，戴翔．新时代我国对外开放的五大新特征［J］．中共南京市委党校学报，2020(2)．

［142］张立群．中国经济发展和民生改善进入高质量时代［J］．人民论坛，2017(35)．

［143］张明斗．新型城镇化与城市可持续发展［M］．北京:中国财政经济出版社，2014.

［144］赵瑾．习近平关于构建开放型世界经济的重要论述：理念、主张、行动与贡献［J］．经济学家，2019(4)．

［145］郑世林，熊丽．中国培育经济发展新动能的成效研究［J］．技术经济，2021(1)．

［146］中共中央关于党的百年奋斗重大成就和历史经验的决议［M］．北京：人民出版社，2021：66.

［147］中共中央、国务院关于全面推进乡村振兴加快农业农村现代化的意见［M］．北京:人民出版社，2021.

［148］中共中央、国务院关于支持浙江高质量发展建设共同富裕示范区的意见［M］．北京:人民出版社，2021.

［149］中国共产党第十八届中央委员会第五次全体会议公报［M］．北京:人民出版社，2015.

［150］中国共产党第十九届中央委员会第六次全体会议公报［M］．北京:人民出版社，2021.

［151］中国共产党第十九届中央委员会第四次全体会议公报［M］．

北京:人民出版社，2019.

　　[152] 中国共产党第十九届中央委员会第五次全体会议公报［M］.北京:人民出版社，2020.

　　[153] 周晨，谢福生.论西蒙·库兹涅茨"倒U型曲线"假说理论的实质［J］.辽宁大学学报（哲学社会科学版），2010(6).

　　[154] 周弘.促进共同富裕的国际比较［M］.北京:中国社会科学出版社，2021.

　　[155] 周明生.经济周期与产业结构升级的政策选择［J］.贵州财经学院学报，2010(3).

　　[156] 周小川.走向开放型经济［J］.经济社会体制比较，1992(5).

　　[157] 朱美珍.创新驱动引领资源型地区发展的策略分析［J］.经济问题，2021(6).

　　[158] Carter C F. Science in industry policy for progress［M］. New York: Oxford University Press，1959.

　　[159] David B. Audretsch. Industry policy and competitive advantage［M］. Cheltenham: Edward Elgar Publishing limited，1998.

　　[160] Louis philips. Applied Industrial Economies［M］. Cambridge: Cambridge University Press，1998.

　　[161] Roy Harrod. Economic Dynamics［M］. London: Macmillan Press Ltd.，1973.

　　[162] S. Rowntree. Poverty: A Study of Town Life［M］. London: Macmillan Press Ltd.，1901.

　　[163] Williamson. Regional inequality and the process of national development: a description of the patterns［J］. Economic development and cultural change，1965，13(4): 1-84.

后　记

城市经济社会发展是笔者一直从事的教研领域。近年来，笔者一直致力于共同富裕与城市经济高质量发展方面的研究，本书是由近年来笔者所承担的教学、科研成果基础上修改完善而成的。虽然凝聚了许多艰辛，恐怕也将留下诸多的遗憾。对于本书的撰写，正是在这样的心境下画上了一个暂时的句号。

本书写作过程中得到了江苏省社科基金项目《淮安市实施创新发展战略的目标与实现路径研究》(16XZB003)、2019 年淮安市"十四五"规划重点研究课题《淮安市建立健全城乡融合发展体制机制和政策体系研究》、江苏省党校(行政学院)系统学习贯彻党的十九届六中全会精神专项课题《江苏在高质量发展中推进共同富裕的实现路径》(ZX22034)、江苏省党校(行政学院)系统学习贯彻党的二十大精神专项课题《完善分配制度扎实推动共同富裕》(ZX23032)的资助，在此一并表示感谢。

本书得以顺利完稿并出版，得到了学校领导和同仁的大力支持。感谢经济管理出版社为此书的出版所付出的辛劳。借此机会，特致以深深的感谢。

在高质量发展中推进共同富裕是全面建设社会主义现代化的重大课题。城市作为经济社会发展和人民生产生活的重要载体，以城市为样本来研究共同富裕，是一项很有意义的研究课题。由于笔者学力有限，书中难免会出现错误、疏漏之处，恳请各位专家、学者给予批评和指教。

葛涛安
2023 年夏于金陵